지조를 지킨 지도자들

고당 조만식

김경옥

도서출판 월인

머리말

전기와 참된 실명소설

전기는 편년대編年代로 사실을 기록한 것이다.

실명소설은 어디까지나 그 인물의 전기적 사실에 더하되, 그 사람의 성격이나 철학을 살펴 작가의 창작적 상상력을 최대한 살려 그 사람의 그런 성격과 철학으로는 충분히 그런 행동을 하겠다고 생각한, 곧 개연성蓋然性으로 새로이 창작하는 작업이다.

다른 나라의 보기를 들면, 영국의 셰익스피어Shakespeare의 <햄릿Hamlet>이나, <맥베스Macbeth>, <리어왕King Lear>, <오셀로Othello> 등의 4대 비극을 비롯해서, 유명한 <로미오와 줄리엣Romeo and Juliet>과 그 밖의 모든 작품들을 들 수 있다.

우리나라에 있어서도, 춘원 이광수春園 李光洙의 『이차돈異次頓의 죽음』, 『성웅 이순신聖雄 李舜臣』, 『단종애사端宗哀史』 및 『원효대사元曉大師』 등과 월탄 박종화月灘 朴鍾和의 『금삼錦衫의 피-연산군燕山君의 이야기』, 『자고 가는 저 구름아-世宗大王의 이야기』, 그리고 팔봉 김기진八峰 金基鎭의 『청년 김옥균靑年 金玉均』 등과 벽초 홍명희碧初 洪命憙의 『임꺽정林巨正』, 근래의 최인훈崔仁勳의 『상도商道-임상옥林相玉의 성공비화』와 그 밖의 여러 소설, 황석영黃晳英의 『장길산張吉山』 등 이루 헤아릴 수 없이 많다.

이 모든 창작물들은 지은이의 무한한 상상력이 무지개 빛 꿈을 좇아 푸른 하늘을 누빈 천재적인 달걀 노란 자위들인 것이다. 마침내는 그 사람의 전기적인 사실이 뼈대가 되고 거기에 창작자의 상상력이 살갗이 되어 옷을 입히게 되었던 것이다. 곧 앙상한 마른 나뭇가지에 마치 연인의 눈처럼 콩깍지가 끼게 된다. 물론 사실주의의 옷인 참모습보다 더 참되게 보이는 허구인 예술이 자리잡게 되었던 것이다.

『지조를 지킨 지도자들-고당 조만식古堂 曺晩植』은 천재시인 김소월이 아래와 같이 노래했듯이

제이. 엠. 에스.

김소월

평양서 나신 인격의 그 당신님 제이. 엠. 에스
덕없는 나를 미워하시고
재조 있던 나를 사랑하셨다.
오산五山계시던 제이. 엠. 에스
십년 봄만에 오늘아침 생각난다.

근년 처음 꿈없이 자고 일어나며,
얽은 얼굴에 자그만 키와 여윈 몸매는
달은 쇠끝같은 지조가 튀어날 듯
타듯 하는 눈동자만이 유난히 빛나셨다.
민족을 위하여는 더도 모르시는 열정의 그 임

강철 같은 의지의 애국자였다.

8·15해방 뒤 <고당 조만식 기념사업회>가 제정하고 주요한 작사, 김동진이 작곡한 <샛별의 눈동자>라는 <고당 찬가>도 있다.

김요나 목사는『고향을 묻지 맙시다』라는 제목으로 그의 전기를 엮었다.

조만식이 일본의 서울인 도쿄東京의 메이지明治대학 법과에 다닐 때, 백남훈白南勳과 함께 <기독교청년회>를 세운 바가 있었다. 이 때 김성수金性洙와 송진우宋鎭禹도 함께 활동하고 있었다.

헌데 하루는 그들이 <호남학우회湖南學友會>를 만들겠다고 했다.

"아니 우리 한반도가 얼마나 크다구 호남이구 영남이구 뭐니 뭐니하구 지방색을 따지면 되갔소? 난 반대요!"

단호하게 반대한 적이 있다. 그래서 <오산학교> 교장으로 있을 때에도 같은 도, 같은 군 출신끼리는 한 방에 있지 못하도록 세심하게 배려했던 것이다. 따라서 전기도『고향을 묻지 맙시다』로 지었던 것이다.

그는 철저한 실천주의 교육자였다. 그것이 남강 이승훈이 세운 <오산학교> 설립의 교지敎旨에 맞아 떨어져 세 차례씩 8년간이나 단 돈 한푼 받지 않고 오히려 평양 집에서 용돈을 가져다 쓰며 학생들의 교육을 맡아하며, 신사참배란 우상숭배가 아니고 국민의례일 뿐이니 안심하고 참례하라고 갖은 고문과 회유로 강요했지만 끝까지 반대하며 옥중에서 순교한 소양 주기철蘇羊 朱基徹 목사를 키우고, 윤봉길 의사尹奉吉 義士에게 도시락형 수류탄을 만들어 주어서 일본군 장성들과 고관을 상해 홍구공원虹口公園에서 폭살시킨 오성장군 김홍일五星將軍 金弘壹과 종교계의 노벨상이라고 일컫는 템플턴Templeton상을 받은 한경직韓景職 목사, 앞서도 말한 바 있는 대표적 서정시인 소월 김정식素月 金廷湜, 고려대학교의 석조전과 모교 <오산학교>의 3층 벽돌 건물을 설계한 건축가 박동진朴東鎭 씨 등 민족의 간성과 제제다사를 키웠던 것이다.

그 뿐만이 아니다. 어학의 천재였으며 일본 메이지대학을 나왔음에도 불구하고 일본말을 결코 쓰지 않고 조선인 김호우 경부로 하여금 통역을 시켜 일본 관헌들과 대화를 했던 철저한 한국인이었다. 그토록 철저한 민족주의자였으며, <조선물산장려회>를 만들어 일본의 경제적 침략에 항거한 지조있는 애국자요, 철저한 무저항주의자로 조선의 간디로도 유명하였다.

8·15해방 후에도 대다수의 정치가들이 남쪽으로 망명했음

에도 불구하고 또 비밀결사대까지 보내 구출하려고 여러 번 종용했음에도,

"나혼자 살려고 800만 북한 인민을 내버려두고 도망칠 수는 없지!"

딱 잡아떼었다. 그리하여 6 · 25 때, 마침내 인민군 장교에게 총살을 당해 순국했던 것이다.

차례

나라사랑의 외고집

오산五山이란 시골에서

"조 교당! 데……."

"와요? 남강 선생! 무슨 말씀인디?"

"다른거이 아니구……. 이번에 우리 <오산학교>레 덩식으로 5년제루 승격하는 건 아시디요?"

"기거야 알디요!"

"기래서 말인데……. 그 승격 툭하식에 피안북도 생던生田디사레 오기루 됬는데, 기래서 말인데 그 툭하식만은……."

"……."

"기 자리에서만은……."

"기래서요?"

교장인 조만식은 설립자인 남강 이승훈이 대강 무슨 말을 하려는지 짐작은 하고 있었지만 항상 상대편의 말을 다 듣고 나서 다음에야 자기 의사를 밝히는 성미라 남강의 그 다음 말을 지긋이 기다리고 있었던 것이다.

"어카갔소? 그때만은, 네복으로 갈아 입는 거이……."

"예에?"

교장 조만식은 너무 어이가 없었다. 그야 남강이 말투로 보아 그 비슷한 말이 있으리라고는 짐작은 했지만 딱 부러지게 말을 듣고 보니 황당하기도 했던 것이다. 남강은 <오산학교>를 아들보다도 더 사랑하고 있지 않은가! 또 남강은 <오산학교>의 설립자가 아닌가!

그러기 때문에 <오산학교>로서는 4년제에서 5년제로 승격을 한다는 것은 신식 학교를 하나 세우는 거나 마찬가지였던 것이다. 고당 조만식으로서는 진퇴유곡이다. 여기서 남강의 청을 들어 주지 않으려면 아예 학교를 그만두고 오산을 떠나는 것이 옳을지 모르겠다.

아무리 그렇더라도 옷까지 바꿔 입으라고까지 할 줄은 몰랐던 것이다.

'그러나 여기서 굻려서는 안된다, 안되구 말구! 내가 일생에 있어서 이기느냐! 지느냐! 만일 여기서 물러나면 영원히 지는 것이고, 이 어려움을 뚫고 나면 영원한 승리의 길로 접어드는 것이다!'

고당 조만식은 그동안에 쌓아 왔던 의지의 힘을 다시 한 번 다짐하는 것이었다.

'그렇디 요만한 일루 좌절해선 안되디.'

그렇게 결정하고 나니 한결 마음이 가벼워지는 것 같았다. 이제 남강이건 누구건 도무지 무섭지가 않았다.

한편 남강도 고당의 그 굳은 의지 아니 철썩 같은 지조, 결코 꺾일 수 없는 그 옷차림에 나타나는 태도 곧 살아가는 자세를 모르는 바는 아니나 그런 말을 하면서까지 일본인들에게 잘 보여야 하는 자신의 욕된 모습이 차라리 밉기까지 하다고 느껴지기도 하였으나 그건 학교를 꾸려가야 한다는 것으로 변명을 한다손 치더라도 너무나 서글프기도 했던 것이다. 허나 일단 그러기로 했으니까 도지사가 오기로 되어 있고, 5년제로의 승격 축하식은 치루어져야 하니 이제는 뒤돌아보지 말고 전진하는 수밖에 없지 않겠는가!

남강은 고당에게 양복으로 갈아 입으라고 하는 것을 너무 쉽게 생각했던 것 같아 한껏 미안하기도 했다. 남강은 오히려 멋쩍어서,

"기런 공연한 말을 해서 미안하게 됬이다."

그리고서는 교장실-실은 기성회 방이지만-을 나가다가 돌아서서,

"기릴다구 고읍덩거당까디 나가디는 안갔디요?"

"허허허허. 내래 거긴 와 나가야디요?"

"역시 기렇군!"

그렇게 정면으로 거절을 당했어도 남강은 별로 불쾌한 빛이 없이 교장실을 나갔다. 실은 고당의 대답이 그러리라고 이미 짐작하고 있었던지 모르는 일이었던 것이다. 남강은 고당에게 거부당한 것이 오히려 고마웠을는지 모른다. 고당의 그런 철석 같은 의지야말로 오산의 건아들을 믿음직하게 길러 줄 터이니까! 남강과 고당의 사이는 일반 사회에서 본다면 일종의 주종관계라고 할 수 있을는지 모르지만, 그 두 사람은 어디까지나 끈끈한 쇠사슬로 엮어진 동지요, 형제 같은 사이라고나 할 수 있을 것이다.

고당 조만식은 남강에게는 매정스러울만큼 양복으로 갈아입으라는 것도 또 고읍정거장까지 이꾸다 도지사를 마중 나가자는 것도 딱 잘라 거절은 하였으나, 역시 뒷맛은 그리 개운치 않았던 것이다. 남강이 교장실을 나가 고읍정거장으로 떠나간 뒤, 고당은 홀로 교장실 창문 밖으로 흐린 하늘을 내다 보았다. 어디선가 길 잃은 까마귀 한 마리가 너울너울 날아오더니 황성산 뒤 너머로 날아가는 것이 아닌가!

고당은 문득 이제 자기도 오산을 떠나야 할 때가 되었다는데 생각이 미쳤다. 세 번씩이나 오산에서 일을 하였으니 남강에 대한 의리도 지켰으며, 민족의 일꾼도 그만 하면 키우는데 조금쯤은 이바지 하였다고 생각할 수 있지 않은가! 그러니까 이제 오산을 떠나도 별 유감은 없으리라 생각되었던 것이다.

남강 이승훈은 일찍이 사업에 대성을 하여 조선 재계의 갑부로 행세한 적도 있었지만 장년에 접어 들면서 무언가 민족과 나라를 위해 일을 하려고 벼르던 차에 한번은 평양에 나갔을 때에 젊은 논객인 도산 안창호島山 安昌浩의 열렬한 애국적인 연설에 감명을 받고 그 즉시 머리를 깎고 향리인 평안북도 정주군 갈산면 익성동 용동平安北道 定州郡 葛産面 益城洞 龍洞에 돌아와서 자기네 집 지붕에 올렸던 기와를 벗겨다가 새로 짓는 신식 학교인 강명의숙講明義塾의 지붕에 덮을 정도로 열성적이었으며 그 의숙을 곧 <오산학교>로 개칭을 하여 이번에는 마치 친자식처럼 아끼고 애지중지 하였던 것이다. 그 <오산학교>를 민족독립의 기지로 여겨 무슨 일이 있어도 학교만은 꼭 살려야겠다는 일념으로 설립자 남강은 온갖 정성을 다했다.

고당도 남강이 학교에 대한 그 정성을 잘 알고 있기 때문에, 또 예전에 졸업반인 우수한 학생 김기석金基錫과 방종현方鍾鉉 등이 울다시피 간청하던 사실도 있고 해서 이번 5년제로의 승격 축하식이 얼마나 중요하다는 것도 익히 알고 있기 때문에 설립자 남강의 그 고충도 이해가 가지 않는 것은 아니지만 그렇다고 오랫동안 자기의 지조를 굽힐 수는 없었던 것이다. 그리하여 남강의 마음에 큰 상처를 주리라는 것을 알면서도 결코 물산장려회의 뜻을 어길 수는 없었던 것이다. 그것이 곧 애국이었으니까! 우리 것의 두던이 말이다.

남강도 고당의 그런 신념을 존경하고 있었기 때문에 이번으로 세 차례가 되는 데도 고당을 또다시 교장으로 초빙해 온 것도 그 굽힐 줄 모르는 지조와 신념 때문이 아니었던가! 이번 이꾸다 도지사의 건 만해도 그건 순전히 학교의 경영문제이지 교육의 내용에 관한 문제는 아니니까 고당에게 강요할 성질의 것은 아니었다. 그래서 당연히 고당이 자기의 청을 거부하리라고 예상하고는 있었으며 그래야만 고당을 교장으로 모셔온 보람을 느낄 거라고 기대했던 것이 아니었던가!

남강은 기차 시간이 되어서 경의선 정거장인 고읍역으로 걸어 나가면서 저절로 배어나오는 미소를 금할 수가 없었다. 혼잣말로 중얼거리는 것이었다.

'그렇디. 나는 설립자니끼니 설혹 남한테 오핼 받는다구 티드락두 버테 나갈 수는 있디. 허디만 학생덜을 가리티는 교당인 조 교당은 기래선 안되디. 고롬 안되구 말구! 허허허허. 고당은 벽창호야 벽창호 존경스런 벽창호! 하하하…….'

그러는 사이에 벌써 철도 건널목을 넘어서 북새거리에 접어들었던 것이다.

다 알겠지만 벽창호라는 평안도 사투리는 꽉 막혔다는 뜻이지만 나쁜 말은 아니고 오히려 애교스러운 맛이 있다고 할 것이다. 남강은 다시 한 번 고당은 틀림없는 벽창호야! 그리고서는 미친 사람처럼 혼자서 껄껄 웃는 것이었다.

고당이 남강을 그토록 존경하는데는 남강이 <오산학교>를 민족의 독립기지로 삼는데 대해 전적인 찬의를 표함으로써 동지로서 우선 도와야겠다고 열의를 보였으나 남강이 그 <오산학교>를 아끼는 마음이 친자식보다도 더하다는데 감동했던 것이다.

고당은 남강이 같은 군내이긴 하나 오산에서 서북쪽으로 6, 7십리 가량에 있는 곽산郭山에 <오산학교>의 경영자금을 모으기 위해 갔을 때의 이야기를 들은 바가 있었다.

"우리레 굶는 한이 있더라두 학교는 살레야디요. 우리 식구레 살 수 없으문 학교 기숙사에서 학생덜 밥을 해주구락두 살디요."

며느리까지 학교살림을 해나가는데 보탬이 된다면 자기네 얼마 안 되는 땅까지 팔자고 나섰다는 말을 전해 들은 바도 있고 해서 남강 선생네 식구가 모두 학교 경영에 일치 단결하고 있다는 사실도 잘 알고 있는 터라 고당은 일생동안 <오산학교>에 몸 바치기로 마음을 굳히려고도 했다. 그런 가운데도 곽산에서의 남강이 목숨을 내놓고 오로지 학교만을 위한 결사의 싸움은 눈물이 아니고서는 흘려 버릴 수가 없는 감동의 일화 한 토막이었다.

하늬바람이 휘몰아치는 한겨울 밤 눈이 무섭게 퍼붓는 허허벌판 한치의 앞도 내다볼 수 없는 어둠 속에 남강은 허기에 지쳐 길 한가운데 쓰러졌던 것이다. 눈은 사정 없이 남강의 몸

위를 덮었다. 그 속에서도 남강 이승훈은 오로지 <오산학교>를 살려 달라고 하느님께 피눈물로 간구하는 것이었다.

하느님에게 그 피눈물의 기도가 상달되었는지 모르겠다. 때마침 투전을 하다가 돈이 떨어져서 밤늦게 돌아가던가, 마실을 갔다가 좀 늦어졌던가 늦게 집에 돌아가던 한 중 늙은이가 흩뿌리는 송이눈에 자꾸만 가려지는 앞을 두 손으로 헤치면서 한 발 한 발 떼어놓으며 가다가 낮에는 없었던 눈 무더기를 발견하고는 주춤하고 발걸음을 멈추고 유심히 들여다보니 그 눈 무더기가 흐물흐물 움직이면서 그 속에서 누군가 중얼중얼 하는 소리가 들려왔던 것이다. 그는 후닥닥 놀래서 눈을 헤치니까 웬 중 늙은이가 눈 속에서 중얼거리고 있는게 아닌가! 그는 그 사람을 들쳐 업고 부지런히 자기네 집으로 달려가서 따뜻한 아랫목에 눕혀 몸을 녹혀 간신히 살렸다.

남강은 그 다음에 오산으로 돌아와서 다시 학교경영에 매진했으며, 자기를 구해 준 그 곽산의 귀인에게 정중한 보답도 했던 것은 물론이었다.

고당은 그 뒤 남강을 다시 쳐다보았다. 정말 존경스러웠던 것이다.

교육자로 꿈을 키우고

고당이 처음 오산에 온 것은 1913년 4월이었다.

여기서 고당이 오산과의 인연을 맺고 전후 8, 9년간 그러니깐 1913년부터 1926년까지 그 동안에 쉬었던 때도 있지만 세 번씩이나 <오산학교>의 교장으로 있으면서 수많은 민족인재를 키운 사실은 고당의 일생에 있어서 빛나는 금자탑을 쌓았다고 아니할 수 없다.

제1차는 1913년 4월에 평교원으로 부임했다가 1915년 5월에 교장이 되었고, 1919년 2월에 남강의 밀령을 받고 중국으로 망명을 하려다 열파라는 데서 체포되어 평양에서 10여 개월 동안 징역살이를 했으며, 다시 남강의 요청으로 제2차로 <오산학교>의 교장으로 부임하였으나 일본관헌의 불인가로 1921년 4월에 물러났다. 그러다가 1925년에 다시 교장으로 초빙되어 갔다가 일본관변당국이 인가하지 않아 이번에는 영구히 오산과는 인연을 끊게 되었다.

또 남강과 도산과 고당의 연령 차이를 살피면 남강은 1864년생이고 도산은 1878년생, 고당은 1883년생이다. 남강은 도산보다 14년 연상이고 고당은 도산보다 5년이나 연하다.

이른바 105인 사건으로 <오산학교>의 설립자 남강 이승훈이 감옥에 갇혀 있으면서 사람을 보내 고당을 초빙했던 것이다. 이때 만학의 고당 조만식은 청운의 꿈을 지닌 채 일본의 메이지대학 법학과를 졸업하고 고향인 평양에 돌아와 있을 때였다.

그동안 <오산학교>에는 교장대리로 이광수가 시무하고 있었는데 그는 자유주의가 지나쳐 교원과 학생들 간에 약간의 물의

가 생겨나 이광수는 부득이 사임하고 시베리아로 떠난 뒤였다. 그런 와중에서 교내에 동요가 조금 생겼던 것이다. 그 동요와 바람을 잠재우기 위해서라도 새로운 교육자가 필요했던 것인데 그 적격자로 고당 조만식이 지목되었던 것이다. 고당 조만식은 동경에 있을 때부터 유영모柳永模·김지환金智煥·정노식鄭魯湜 등과 사귀면서 <오산학교>와 남강 이승훈에 관한 자세한 이야기를 들은 바 있었으며 설립자 남강 이승훈의 열정적인 민족정신을 익히 듣고 있었던 터라 오산과 남강에 대해 머릿속에 충분한 예비지식이 있었던 차에 남강이 사랑하는 제자인 김세윤·정세윤 두 사람을 보내 간곡히 초빙하는 통에 일단 응낙을 해 처음에는 석달을 한정하고 평교원으로 부임했던 것이다.

그래서 처음에는,

"학교 사덩이 정 기렇다문 내가 힘은 없디만 학교 내부를 덩니하는데 조금이락두 도움이 된다문 일단 가 보갔디만 우선 석달 한덩하고 힘껏 애쓰갔쉬다. 그담엔 피양으로 도루 돌아가갔쉬다."

헌데 고당이 왜의 수도인 동경에 가서 법학과를 택해 공부하려고 한 것은 평안도 사람으로서 이씨조선의 서북인물중용이라는 편협된 인사정책에 항거하여 새로운 시대에 있어서는 신식학문을 배우고 게다가 법률을 공부하고 법을 공정히 집행하는 법부대신이 되어 이 나라 법질서를 바로 잡아서 살기 좋은 사회로 만들려는 높은 이상에서였다.

그렇다고 처음에는 현실적인 이욕을 전혀 도외시한 것만은 아니었다. 사람이란 우선 먹고 마시고 입고 자고 또 아내와 살을 섞으며 살아야 하니 그래서 이상과 현실적 욕망이 서로 상충했었다. 고당의 경우는 마음속의 오랜 갈등과 악전고투 끝에 결국 이상이 이겼던 것이다

고당은 <오산학교>에 와서 애당초의 생각과는 달리 그냥 머물러 있게 되자 성경은 물론이고 영어도 가르치고 법제・경제와 세계지리 과목도 맡았던 것이다. 물론 보수는 한푼도 받지 않았다. 숙식도 학생들과 같이 하였으며 따라서 일종의 사감이기도 하였던 것이다.

오산이란…

여기서 <오산학교>의 환경과 실정에 대해서 잠깐 살펴보는 것이 필요할 것 같다. 젊은 날의 고당의 인간과 정서가 조성되었으며 결국 그의 일생은 그때에 빚어진 철학과 인생관에 의해 좌우됐다고 해도 과언이 아닐게다. 그러기 때문에 이때의 오산이 그에게 작용한 바는 결코 가볍게 볼 수가 없다.

오산은 그때의 행정상의 위치는 평안북도 정주군 갈산면 익성동이며 학교건물이 자리잡은 황성산荒城山의 남쪽 기슭이다. 이 황성산은 나즈막하나 오산의 인물들이 늘 친근하게 사귀던 숲이 있다. 그 중에도 이 작품의 주인공인 고당 조만식과 깊은

관계가 있는 절세의 서정시인 소월 김정식素月 金廷湜이 문학소년의 정서와 시상을 가다듬으며 인성의 깊은 밑바닥에 아름다운 수액을 곱게 고여 놓았던 그 숲속의 요정이 꿈꾸던 곳이 그 어딘가에 있었을 것이리라.

그리고 남쪽에는 남산南山이 솟아 있고, 서쪽은 <오산학교>에 다닌 사람이면 꿈에도 잊을 수 없는 제석산帝釋山, 북쪽의 연향산鳶香山 그리고 멀리 동쪽의 천주산天柱山 그러니까 황성산을 합쳐 그 다섯 개의 산이 둘러 쌓여 있다고 해서 오산五山이란 이름을 지었다고 하였다. 오산이란 경의선 고읍古邑역에서 서쪽으로 약 2킬로미터 가량 떨어진 곳에 자리잡은 아주 평범한 조선의 전형적인 농촌이다.

본디 <오산학교>는 경의제經義齊-승첨재昇薦齋를 고친 이름-라는 유교 건물을 강명의숙講明義塾이란 신식학교로 고쳤다가 다시 <오산학교>로 이름을 바꾸었던 것이다. 그리고 학교 주변에는 하숙집들만 있으며 그것들은 기숙사와 같다고도 할 수 있다. 밤마다 교사들이 순시를 하니 말이다. 따라서 학교마을에 또 있다는 것은 학생들이 일상생활을 해 나가는데 있어서 꼭 필요한 것, 말하자면 이발소라든가 목욕탕, 학용품을 취급하는 문방구점 등등만 있었던 것이다. 그밖에도 학생들의 일상생활에 관계되는 물건을 수급하는 집들만 있었다.

고당 조만식은 평교원으로 있을 때는 물론이고 그 뒤 1915년부터 교장으로 시무할 때에도 늘 학생들을 돌볼 수 있었던 것이다. 집이 학교와 가까워서 통학을 하는 학생들은 그렇지 않지만 대개 다른 지방에서 유학 온 학생들이 대부분인데 그들은 모두 하숙하면서 기숙사에 들어가 공부를 하는 것이었다.

그리고 고당은 동경 있을 때부터 지방색을 가리는 것을 아주 싫어하여 각 지방 출신을 고루고루 섞어서 있게 하였던 것이다. 예컨대 평안북도 학생과 황해도 학생이 함께 있게 하거나 경상도에서 온 주기철이라는 학생과 평안남도의 학생을 한 방에 있게 하는 경우처럼 말이다. 그리하여 김요나 목사님 같은 이는 고당의 전기에 『고향을 묻지 맙시다』라는 제목을 붙일 정도였다. 고당이 도쿄에서 대학에 다닐 때 사귀었던 친구 중에 고하 송진우와 인촌 김성수가 있었는데 두 사람 모두 호남사람이라 무심코 호남유학생친목회라는 것을 발기했다가 고당으로부터 좋지 않은 말을 들은 적이 있다고 했다. 그토록 고당은 지방색을 가리는 것을 싫어했다는 것이다. 도산도 같은 생각을 가지고 있었다고 한다.

오산에 있어서의 생활은 대체로 엄격하였다. 아침 6시 기침종이 울리면 일제히 일어나서 운동장에 모여 단심강丹心岡 둘레에서 아침 체조를 하고 뛰어서 뒷산을 한바퀴 돌아 내려오곤 하였는데 그 뒤 조반을 먹고 아침 8시부터 학과를 시작하고 하오 4시에 학과가 끝나면 곧 6시까지 쉬고 저녁을 먹고 복습을 하고서는 10시에 불을 끄고서 자게 된다. 고당은 소금으로 이를 닦고 치약과 칫솔은 쓰지도 않았다. 물론 비누도 가게에서 파는 신식 비누는 쓰지 않고 팥비누 같은 것을 썼는데 나중에는 학생들도 그에 따라 가게에서 파는 비누는 쓰지 않았다고 한다.

고당은 학생들에게 결코 이래라저래라 강요한 적은 없었다. 단심강이란 운동장 한 복판에 흙으로 만든 화단을 말하는데 밤 10시 칠흑같이 어둠이 깔렸을 때 학생들은 교장 선생님과 다른 선생님들의 인솔 하에 교가나 다른 애국의 노래를 열창하며 그 단심강을 빙빙 도는 것이다. 그 뒤에야 모두 숙소로 돌아가서 자는 것이었다.

단심강은 글자 그대로 학교와 나라를 위한 일편단심의 사랑과 열성을 모으는 중심적인 역할을 표징하는 것이기도 했던 것이다. 당시에 <오산학교>를 다닌 사람은 단심강을 잊지 못할 것이다.

우리나라 조선땅에서 나오는 것만으로

앗 저것이다

땡그렁땡그렁 종소리가 울려 퍼진다. 삼일 저녁이다. 주일날부터 사흘째가 된다고 해서 수요일을 삼일저녁이라고 한다. 미국에서는 삼일저녁에 예배를 보는 교회가 그리 많지 않지만 한국에서는 모든 교회가 으레 삼일저녁 예배를 본다. 본디 정식 예배시간 한 5분 전에 예비종을 친다. 거리가 먼데서 모여들기 때문에 미리 준비도 하고 또 빨리 집을 나서라는 친절한 부름인 셈이다.

아직 교세가 자랑할 만큼 대단치도 않아서인지 더욱이 오산에는 아직 정식으로 예배당다운 건물이 지어지지 않아서인지 또 오산에는 담임목사도 없고 고당 조만식이 학교 교장으로 성경을 해설 할 겸 설교도 해서 신도들은 극히 극소수에 불과했다. 물론 다른 교회와 마찬가지로 남녀의 좌석이 구별되어 있고 교인이라야 고당이 가르치고 있는 <오산학교> 학생들이 대부분이고 동네 사람들은 띄엄띄엄 눈에 뜨일 정도였다. 그래도 여자석은 어느 정도 꽤 많이 자리를 메우고 있었다.

본디 강대상에는 목사나 또는 옛 직분에 조사라고 불러졌던 전도사라야 설 수 있었지만 아직 그런 전문적인 성직자가 없는 <오산교회>에선 예수를 진실하게 믿는 <오산학교>에서 성경을 가르치는 고당 조만식이 그 성직자들을 대신해서 오늘도 마치 학교에서 성경을 가르치듯 강단 위에 섰던 것이다.

그때만 해도 조만식은 여느 교사들처럼 신사복에 중절모자를 쓰고 부임하였었다. 버젓한 신사였던 것이다. 비록 키는 작았지만 나무랄데 없는 30대의 신사였다. 교인은 학생들이 대부분이었다. 고당은 강대상 앞에 서자마자 무슨 생각인지 옆에 놓았던 중절모자를 짝짝 찢는 것이었다. 교인들은 깜짝 놀랬다. 도저히 영문을 몰랐다. 그것도 새 모자였기 때문이다. 그러면서 교장 고당 조만식 선생은 무슨 생각에서인지 빙긋이 웃는 것이었다.

고당은 교인들을 한 바퀴 둘러 보고서는,

"여러분! 내가 디낸 번에 금강산에 야소교 학생들 모임에 강사로 초빙을 받고 갔다왔다는 걸 아시디요! 경성에 잠깐 들렀다가 개성에 들렀더랬디요. 거기서 둥대한 결심을 했습네다. 이제

부텀 우리나라에서 나오는 물건만으루 입성두 데님구 벙거디두 만들어 쓰구 하가시오! 정말 금강산에 갔다 온 것이 천만다행이었디요!"

그러면서 개성에서 보고 느끼고 한 것을 자세히 설명하는 것이었다. 금강산은 보석 금강석 곧 다이아몬드라는 뜻처럼 기기묘묘한 형상의 산이라는 것인데 이름이 네가지로 불려지고 있다. 봄의 이름은 그대로 금강산이고, 여름엔 숲이 울창해서 봉래산蓬萊山, 가을에는 전 산이 붉은 단풍으로 물든다고 해서 풍악산楓嶽山, 겨울에는 나뭇 잎들이 모두 떨어져서 마치 뼈다귀만 앙상하게 남아 있는 듯 보인다고 해서 개골산皆骨山이라고 각각 불려지고 있다.

그 중 외금강의 만물상萬物相은 말 뜻 그대로 조물주 아니고서는 도저히 생각조차 할 수 없을 정도로 기기묘묘해서 벌어졌던 입을 다물 수 없으리만큼 절묘하기 짝이 없었던 것이다. 그래서 중국의 시인 묵객들도 자기네 나라 중국의 그 수려한 경관들을 제쳐놓고 죽기 전에 조선의 금강산을 한 번 구경하는 것이 평생 소원이라고 할 정도인 것이다. 그럴 정도로 금강산의 경관은 수려의 극치였던 것이다.

여기에서 고당 조만식은 전국의 청소년 학생들에게 '죽기로서 향토를 지켜야 하겠습니다'라는 제목으로 빼앗긴 나라를 다시 찾자는 애국정신을 고취하는 강연을 하였던 것이다.

"무슨 일을 한다는 우리들 가운데에두 이러한 일이 있습니다.

곧 자기가 나구 자란 그곳이나 또는 나구 자라지는 아니하였어두 얼마큼 낯이 익은 곳이 있으면 이런저런 하다가 버리구 다른 곳으루 도망치는 경우가 있는데 그것은 잘못된 일입니다. 그 모두가 우리가 지켜야하지 않겠습니까. 결국 마침내는 내가 지켜야 할 고장입니다. 언젠가는 내가 찾아야 할 땅입네다……. 지방으로 돌아가라. 그리하여 새 조선의 정초석定礎石을 쌓읍시다. 나는 이 한 마디를 다시 한 번 강조합니다."

이 말을 숲의 그윽한 금강산에서 청소년들에게 나라 잃은 우리들의 젊은이들에게 깨우쳐 주려고 했던 것이다.

고당은 마냥 바쁘기만 했던 오산학교 생활에서 잠깐 놓여나서 오랜만에 한가로운 여행 기분도 맛볼 겸 설혹 하룻동안의 쉼일망정 명승 중의 명승인 곳에서 함빡 취하려고 했다. 우선 금강의 백미라고 할 수 있는 구룡연九龍淵 폭포 앞에 섰다. 굉장한 물줄기였다. 시원하게 부서지는 안개였다. 그 세찬 물줄기는 저 위의 전설의 못 상팔담上八潭에서 흘러 내리는 천녀들이 목욕한 물이라고 했다.

옛날 옛날 아주 옛날 호랑이 담배 피던 아주 오랜 옛날 금강산 상팔담 연못가에 한 나무꾼이 홀어머니와 함께 살고 있었다. 그 날도 뒷산에 가서 나무를 한 짐 해가지고 돌아오는 길에 짐을 내려놓고 잠시 쉬고 있는데 난데 없이 절룩거리는 사슴 한 마리가 사냥꾼에게 쫓겨 도망쳐 오는 것이었다. 그러면서 잠깐만 숨겨 달라고 하였다. 상처 입은 짐승이 품에 들어오면은 숨겨 주라는 속담이 있듯이 본디 마음이 착한 그 나무꾼은 그 상처 입은 사슴을 나뭇단 뒤에 숨겨 주었던 것이다. 이슥만 하더니 사냥꾼들이 와서 절룩거리는 사슴을 못 보았느냐고 물었으나 못 보았다고 고개를 젓자 사냥꾼들은 의아해 하면서도 그냥 가버리고 말았던 것이다. 그러자 사슴이 그 나무꾼에게 고마웠다고 몇 번씩이나 절을 하고서는 이제 곧 저 상팔담이란 연못에 하늘로부터 천녀들이 내려와서 목욕을 할 터인데 그 중 제일 이쁜 천녀의 옷을 감추었다가 모두 하늘로 올라간 다음 나타나서 그 천녀를 데리고 가서 살라고 하면서 아이를 몇이고 낳은 다음에도 결코 그 옷을 보여 주면 안 된다는 것이었다. 아니나 다를까 갑자기 하늘에서 무지개가 못까지 드리워지고 잠자리 날개 같은 옷을 입은 천녀들이 한 아리따운 아가씨를 따라 물가로 내려와서 옷들을 벗고 뽀얀 살갗을 부끄럼 없이 들어 내놓고 목욕들을 하는 것이었다. 그 나무꾼은 너무 황홀해서 침만 삼키다가 얼핏 그 사슴이 일러준 말이 생각나서 얼른 그 첫 번째로 내려온 천녀의 옷을 감추었던 것이다. 저녁이 되어 천녀들은 모두 무지개를 타고 하늘로 올라 갔는데 그 천녀만은 옷이 없어서 하늘로 올라가지 못하고 쩔쩔 매고 있을 때 나무꾼이 능청스럽게 나타나서 자기 집에 같이 가기를 종용하고 다음부터는 같이 살게 되었던 것이었다. 여러 해가 지났다. 이제 아이들도 여럿 낳았다. 나무꾼은 사슴이 일러준 영원히 옷을 보여주면 안된다고 한 말을 까마득히 잊어 버렸던 것이다. 한번은 아내가,

"이제 당신과의 사이에 아이들도 여럿 낳았으니 그 옷 그때 숨겨 놓은 옷을 한 번만 보여주세요!"

나무꾼도 지금에 와서야 설마하고 옷을 내주었더니 그 옷을 보자마자 날쌔게 입고 하늘로 올라가는 것이었다. '앗차 내가 깜빡 잊었구나!' 하고 후회했지만 이미 때는 늦었던 것이다. 그러나 하늘나라에 올라간 그 천녀 곧 옥황상제의 외동딸인 그녀는 지상에 있을 때의 그 남편을 잊을 수가 없어서 늘 눈물로 지새우자 아버지가 그 이유를 물은즉 상팔담 곁의 남편이 그리워서 그런다고 하자 그럼 1년에 한 번씩 만나게 해 준다고 해서 견우직녀의 전설이 생겼다는 것이다. 그 날이 바로 음력 7월 7일인 칠석날이다. 그 날엔 그 애달픈 남녀의 만남을 도와 주노라고 지상의 까막·까치가 모두 다리를 놓기 위해 하늘로 올라간다는 것이다.

이 전설의 출처인 상팔담에서 흘러 내리는 물의 양이 엄청나게 많아 아홉 마리의 용이 형상으로 떨어지는 폭포에 하마터면 그 물의 정의 유혹에 이끌려 그 푸른 물속으로 뛰어 들어가고 싶기도 했다. 사실 이 풍진 속세의 티끌로부터 떠나 그 맑고 푸른 영겁의 깊음 속으로 뛰어 들고도 싶었던 것이다. 그만큼 물이 떨어지는 그 물웅덩이는 오묘하고 신비스러워서 조용히 그러나 쑥 들어가고 싶었다. 어떤 시인은 그 물빛은 신이 소녀를 사랑하는 마음과 같다고 했다더니 정말 그렇게 청정한 맑음이었던 것이다.

고당은 내금강역에서 기차를 탔다. 철원을 지나 일단 경성으로 갔다가 다시 경의선을 타고 벌써부터 꼭 들리고 싶었던 개성에 내렸다. 개성開城은 다 알다시피 고려의 옛 서울인 송도松都의 현재 이름이다. 흔히들 개성 깍쟁이라고들 하지만 그것은 개성사람들은 모두 헤프지가 않기 때문에 빗대어서 하는 우스갯소리라고 할 수 있다. 그만큼 성질도 깔끔하고 까다로왔던 것이다.

개성에 내린 고당은 우선 송도사람들이 자랑하는 충절의 상징인 포은 정몽주圃隱 鄭夢周가 이방원-그는 이씨왕조의 제3대 임금이 되었음-의 자객에게 쓰러진 선죽교善竹橋 위에서 그가 읊었다고 일컬어지고 있는 시조인

이몸이 죽고 죽어 일백번 고쳐죽어
백골이 진토되어 넋이라도 있건 없건
남향한 일편단심이야 가실줄 있으랴

를 입속으로 읊조리면서 깊은 감회에 젖어 들었던 것이다.

다음에는 그 유명한 만월대滿月臺를 찾았다. 잡초 속에 파묻힌 옛날의 영화는 찾을 길이 없었다. 허지만 고당이 진짜 송도에 들린 것은 다른 데 목적이 있었던 것이다. 과연 개성사람들이 사는 모습 살아가는 방식 살아가는 자세가 과연 어떤 것인가! 하는 바로 그 실상을 알고 싶었던 것이다. 우선 정거장 건물

이 순 한식 기와집으로 고풍스러워서 마음에 들었다. 아니나 다를까 거리 분위기도 차분히 가라앉아 마음의 안정을 꾀할 수가 있었다.

거리를 오가고 있는 행인들도 그렇게 보아서 그런지 모두 침착해 보였다. 조금이라도 들뜬 기운은 없었다. 조금도 부화스러움이란 없었다. 옷차림도 검소하였다. 사치의 첨단을 걷고 있는 경성과는 딴판이었다. 거리로 보아서는 눈코 사인데도 말이다. 그러면서 어떤 자랑스러움마저 느껴지는 것 같았다.

고당은 개성사람들의 그런 기질이 어디서부터 생기게 됐는지 궁금했다. 그런 생각을 하면서 골목길을 가노라니까 앞에 꽤 품위가 있어 보이는 중년부인이 걸어가고 있었다. 언뜻 보기에 집이 많이 부유해 보였다. 그런데도 굵은 베로 지은 옷을 입고 있는 것이다. 여름이니까 발이 고운 모시 적삼이라든가 못해도 안동포 쯤은 입어야 할 지체 높은 가문의 마나님 같은 데 아주 실질적인 천으로 지은 옷을 입고 다니는데 고당은 충격을 받았다. 앗 저것이다! 그건 벼락이었다. 날카로운 쇠꼬창이로 뼈까지 찌르는 아픔이었다. 그렇구나! 바로 저런 정신이 개성을 지키는 주체였구나! 한줄기 강렬한 빛이 하늘 저 멀리로부터 자기 가슴으로 내려 꽂히는 것을 느꼈던 것이다. 머리를 스치고 지나가는 번뜩임이 있었다. 고당 조만식은 마침내 하나의 깨달음을 터득한 것이다. 그것은 성신의 역사함이였던 것이다.

고당은 몇 안되지만 교인들에게 자기가 저번 여름에 금강산에 갔다 오다가 개성에 들렸을 때 그곳 사람들의 검소하고 실질적인 생활 모습을 보고 깨달은 바가 있어서 그것을 자상하게 보고를 하고 아주 희열에 넘치는 태도로 말하면서 벗어서 옆에 걸쳐놓은 신사복을 가리키며 비웃으며 내동댕이치고,

"그래서 이제부터는 이따위 외국에서 들어오는 하꾸라이는 일체 입디 않구 우리나라에서 나는 무녕이나 베루 딘 입성만 입구 댕기갔쉬다. 결심했이소! 이번에 금강산에 갔다 온 것이 정말 다행이었습네다. 하느님께서 성신으로 하여금 역사하신 겁네다!"

결국 고당이 다음 일생의 사업으로 실행한 조선물산장려회의 착상은 여기서부터 비롯된 것이라고 하겠다.

젊음의 불결 속에서

네 눈이 밝구나

아지랑이가 피어 오르는 황성산 기슭에는 초여름의 싱그러운 바람이 뺨을 부드럽게 훑으며 지나간다. 좀처럼 한가한 시간을 가질 수 없었지만 그날 따라 바로 얼마 전에 청천강 철교를 건너면서 덜컥이는 소리가 신경을 건드려 <오산학교>를 아예 그만둘까 하는 생각이 잠깐 그야말로 찰나적으로 머리를 스치고 지나 갔으며 그것이 자꾸만 문득 문득 생각이 나고 은근히 괴롭혀서 그런 사치스런 생각, 그건 동지요 선배인 남강에 대해서나 독립기지라고 여긴 그 <오산학교>를 떠나는 것은 민족에 대해서도 어떤 배신행위 같은 것으로 생각되어 다시는 그런 망상을 떨쳐 버리려고 툭 트인 대자연으로 나오기로 했던 것이다.

가슴을 달랠 시간도 필요했다.

고당은 이윽고 굴다리 위에 섰다. 멀리 동쪽 고읍정거장에서 떠나는 화물열차인 듯 기적소리가 한껏 늘어지게 들려왔다. 쳐다 보았다. 까만 송충이 같은 기차가 꿈틀거리며 점점 가까이 오고 있었다. 기차는 곧 고당이 서 있는 이 굴다리 밑을 지나 정주로 가겠지?

훗날 이 굴다리 위에서는 천재적 서정시인 소월 김정식이 그 굴다리 위를 배회하면서 시상을 가다듬었으며, 중학교 재학시절에 고당의 훈도를 회상하고 그 훈도를 기려 J.M.S. 곧 조만식의 영어로된 머리글자로 시를 지은 사실을 어찌 상상할 수 있었으랴!

싱그러운 바람은 파릇파릇하니 돋아나는 여린 싹을 앞으로 몰아칠 세찬 바람에 다칠세라 부드럽게 쓰다듬는 것 같았다. 연초록이었던 것이 짙은 녹색으로 물이 짙어가고 있었다. 더더욱 다가올 정열의 여름을 기다리는 듯 하였으나 어쩐지 설움이 서리는 듯 하였다.

고당은 쓸데 없는 감상에서 벗어나려고 고개를 두어 번 절레절레 흔들고 급히 회중시계를 호주머니에서 꺼내 보았다.

"앗차 벌써 수신시간이 됐군. 30분 뒨데 어서 내려가야 갔는데……."

서둘러 산을 내려오고 있었다. 어느 교실에서는 음악시간인 듯 노랫소리가 들려오고 있었다. 교가였다.

네 눈이 밝구나 엑스 빛 같다
하늘을 꿰뚫고 땅을 들추어
온 가지 진리를 캐고 말련다
네가 참 다섯 뫼의 아이로구나

노랫말은 이광수가 지었다고 하였다. 순 우리말을 써서 남강의 교육 이념을 나타내려고 애쓴 흔적이 역력했다. 고당 조만식이 일본에 유학 갔을 때 도쿄에 유학하던 조선인 학생 가운데 가장 머리가 뛰어난 세 사람이 있었는데 그 3대 천재는 벽초 홍명희碧初 洪命憙, 육당 최남선六堂 崔南善 그리고 바로 춘원 이광수春園 李光洙였던 것이다. 그 이광수의 지나친 자유주의가 빚어낸 물의로 인해 조성된 <오산학교>의 흐트러진 분위기를 수습하기 위해 고당 자신이 <오산학교>와 인연을 맺게 되었고 이제는 오산인으로 그 이광수가 지은 <오산학교> 교가를 들어야 하는 자리에 있는 것이다. 어찌보면 묘한 인연이라면 인연이었던 것이다. 그러나 역시 노랫말이 좋고 마음에 들었다. 조만식은 발걸음을 재촉하면서 다음의 3, 4절의 노래를 입안에서 흥얼거렸다.

학생들의 제창소리에 여운은 하늘 저쪽으로 꼬리를 감추면서 사라져 갔다. 그러는 동안에 조만식 교장의 발은 이미 허름한 교장실에 들어서고 있었다.

본디 교가는 여준이 교원으로 있을 때 처음으로 지은 노래가 있었다. 이 노랫말을 희대의 문호인 춘원이 새로 지었다. 여준은 남강이 처음으로 교원으로 데려온 사람으로 호는 시당是堂이다. 경기도 용인 사람이다. 박학다식해서 학생들에게 많은 영향을 끼쳤던 것이다

제석산帝釋山의 사제간

다 저녁이었다. 해창海滄 저너머 태양은 서쪽바다 밑으로 꼬리를 감추기 시작했다. 벌써 산 밑에는 어둠이 깔리고 산중턱 절이 자리잡고 있는 골짜기까지 검은 그림자가 기어 오르고 있었다.

"교당 선생님! 인제 그만 내려 가시디요."

"주 군! 발세 제법 피안도 사투릴 잘 쓰는데!"

"벌서 여기 와서 공부하기 시작한 게 멫 핸데요!"

경상남도 청원군 웅천雄川에서 사촌 동생 주기용朱基瑢과 함께 유학 온 주기철朱基徹은 벌써 평북 사투리에도 능숙해졌으나 역시 아직도 경상도 억양은 빠지질 않았다. 오후 내내 자르거나 꺾은 장작들을 모아가지고 새끼로 묶으면서 교장인 고당 조만식을 재촉하는 것이었다.

주씨 형제는 <오산학교>의 설립자인 남강 이승훈이 그 당시 교장대리였던 이광수에게 조선 전지방으로 유세를 시켜 민족을 사랑한다면 <오산학교>로 공부하러 오라고 권유했었는데

그때 그 강연을 듣고 멀리 평안북도까지 사촌끼리 유학 온 학생이었던 것이다.

당시 교장이었던 고당 조만식은 이런 말을 하면서 주기철 학생을 칭찬한 적이 있다.

"<오산학교>에는 준재들이 많디만 그 듕에두 주기털은 수학의 텬재일뿐 아니라 신앙두 두텁구 장래가 촉망되는 학생이었디!"

그 주기철은 훨씬 뒤에 고당이 장로로 시무하던 평양의 산정현교회의 당회장으로 청빙 받고 왔었으나 신사참배를 끝끝내 반대하다가 옥중에서 순교하고 말았던 것이다. 한국 최초의 순교자였다. 『저 높은 곳을 향하여』란 주기철 목사를 두고 지은 책인 것이다.

한편 그의 사촌인 주기용은 남강 이승훈의 사위가 되어 동경고등사범을 졸업하고 모교인 <오산학교>에 돌아와서 교편을 잡다가 마침내 교장이 되고 해방 뒤에는 신생 대한민국의 문교부 고등교육국장을 지내다가 국회의원에 당선되었으며 <오산학교>가 재건되자 다시 교장으로 있다가 별세하였다.

일언이폐지하고 다시 제석산으로 돌아가자. 주기철 학생의 재촉을 받은 고당은 그답지 않게 길 잃은 까마귀 한 마리의 처량한 울음소리에 넋을 잃고 뒤쫓고 있다가 제정신으로 돌아와 주기철에게로 다가가서,

"기롷가디. 벌서 해가 뎄구만 기래 내리가야디."

그러면서 자기가 해 놓은 장작을 들쳐메려고 하자,

"교당 선생님 제가 디구 내레가디요."

주기철이 이제 제법 평북사투리를 배운 모양으로 자 줄을 다 줄로 바꿔 쓰는 것이었다.

"괞디않네. 내 일은 내가 해야디. 헌데 주군두 이제 제법 여기 사투릴 잘 쓰는군!"

"하하하. 그냥 한 번 써 봤을 뿐인데요."

"허허허. 아닐세 그렇딜 않아. 제법 한다니까!"

고당은 그 주기철이 장차 무언가 큰 일을 할 인물이라고 마음에 간직하였던 것이다. 과연 그러했다.

나라를 되찾아야지

빼앗긴 풍요의 땅

수신 시간이었다. 수신이란 몸과 마음을 닦아야 하는 규범을 배우는 시간이어서 대개의 학생들은 그리 좋아하는 과목은 아니었다. 담당선생은 교장인 조만식 선생이었다.

"김홍일 군!

"예!"

"예수님이 인자루서 우리 인간에게 주신 가르침의 골자는 무엇이라구 생각하디?"

"기거야 물론 사랑이디요."

"기룷디. 기독교는 물론 사랑의 종교니까 모든 거이 둥심은 사랑이구 그 사랑으로부터 시닥되는 것이디."

교장 조만식의 표정은 유달리 엄숙하다.

“헌데 그 사랑은 제절루 생기는 게 아니구 그야말루 눈물과 피와 땀으로 이루어 데야하오.”

조 교장은 잠시 말을 끊고 학생들을 한 사람 한 사람 둘러보고 마치 노려보듯 그리고 한 사람 한 사람에게 타이르듯,

“눈물은 즉 동정과 사랑이며 그 사랑은 땀으로 깊어 디구 피, 즉 희생과 피로서 그 사랑은 완성되는 것이다. 이 세가디를 본받아서 남을 사랑하문서 나랄 위해 땀을 흘레서 일을 해야 하디.”

갑자기 교실 안이 조용해졌다. 조금 전까지 약간 웅성웅성하던 교실과는 딴 판이었다.

“마지막에 가선 나라를 위해.”

다시 말을 끊고 다시 모두를 뚫어져라 노려보고서는,

“나라를 위해 희생할 수 있는 각올 가데야 하오.”

그리고서는 무슨 생각이 떠올랐는지 빙긋이 웃고서,

“실은 내가 일본에 가서 대학에서 법학을 공부할 때 우리나라에 돌아와서 대신이 되어 나라를 부강하게 만들겠다는 포부를 가뎄디만 도선에 돌아와 보니끼니 나란 이미 빼앗겨구 이제 오산에 와서 성경과 법학통논을 가르티게 됐으니……. 핫핫핫 하하하…….”

그 김홍일은 <오산학교>를 졸업하고 설립자 남강 이승훈의 권유대로 잠깐 동안 황해도 재령의 경신학교에 교원으로 근무하다가 중국으로 망명 항일 독립운동 전선에서 혁혁한 공을 세

웠다. 더욱이 <대한민국임시정부> 주석 백범 김구白凡 金九-이때 그는 한인애국단의 단장이었다-를 도와 이봉창李奉昌이 일본천황을 저격할 때 사용한 폭탄과 윤봉길尹奉吉 의사가 4월 29일인 소위 일본천황의 생일인 덴쬬세쯔天長節날 상해 홍구공원虹口公園에서 도시락형의 수류탄을 던지게 함으로써 시라까와白川 대장 등 상해사변을 일으킨 원흉들을 폭살시켰을 때에 그 수류탄을 제작한 그 중국군의 장군인 왕웅王雄 소장이 바로 조선인 김홍일金弘壹이었던 것이다. 그는 8·15해방을 맞이하자 곧바로 만주라고 했던 동삼성東三省으로 가서 그곳의 조선동포들의 귀국을 도와 주었으며 서울로 돌아와서 한국군 육군중장으로 육군사관학교 교장이 되어 신생 한국군의 간성을 키우는데 진력하다가 야당인 신민당의 당수를 지내기도 하는 등 국가의 장래를 위해 애쓰다가 별세한 파란만장의 애국자였던 것이다. 물론 모교 <오산학교>의 동창회장으로 모교 발전을 돕기도 했다. 그런 훌륭한 인재를 바로 고당이 키웠던 것이다.

칠흑 같은 밤인데 웬만하면 방에 그냥 앉아 있으면서 성경이나 읽거나 누워 있으면 좋을 것 같은 시간이었다. 저녁때 제석산에 가서 장작을 해가지고 내려왔었기 때문에 고단하기도 했었던 것이다. 사지가 노근했으며 꼼짝달싹 할 수가 없었던 것이다. 그러나 학생들의 어떠한가를 살피기 위해 마을을 한바퀴 돌아야만 했다. 그 유명한 수목두루마기와 말총 모자를 쓰고,

"도 당노, 기럼 다녀 오갔쉬다."

"고단 하실터인데 웬만하문 오늘밤엔 쉬시디요."

"아닙네다. 조끔 고단하다구 내가 도는 걸 쉬문 학생덜에게 공교롭게 또 어드른 일이 생길디 알가시오? 자아 갔다 오가시오."

부득부득 하숙집들을 한바퀴 돌려고 밖에 나섰다. 그 밤 따라 날이 흐리고 찌뿌드드해서 한치의 앞도 내다 보이지 않았다. 우선 가까운 운동장 서쪽 마을 언덕으로 올라섰다. 불빛이 환한데 문은 꼭 닫겨 있었고 이상하게도 방안은 조용했다. 아무래도 좀 달라 잠깐 머물렀다. 육감이 이상했다. 고당은 큰 기침을 했다. 두런두런하던 소리도 뚝 그치고 이상하리 만치 조용해졌다.

"학생 방문을 열디."

방 안에서는 부시럭거리는 소리가 들려오더니 당황하는 듯 한 소리로,

"예에, 지금 열가시오."

문이 열렸다. 담배연기가 확하고 풍겨나왔다. 고당도 전에는 골초였지만 담배를 끊은지가 이미 오래라 연기가 역겨웠다. 어떤 학생은 급해서 불도 끄지 않은 채 불이 그냥 붙고 있는 담배를 바지 호주머니에 쑤셔 넣었기 때문에 그냥 타고 있었다.

이때 학생들은 애기아버지도 있을 정도로 나이들이 많아 담배를 피울만 했지만 학교 교칙에 중학생은 엄연히 담배를 피워서는 안되게 되어 있었기 때문에 학생들의 담배피우는 것은 금지되고 있었다. 학생들은 어쩔 줄을 몰라서,

"앗 교당 선생님!"

교장 조만식은 엄숙한 표정이지만 그렇다고 노한 얼굴은 아니었다. 여전히 인자한 평상시의 표정 그대로였다. 그럴수록 학생들은 더더욱 몸둘 바를 몰라했다.

"학생 바디 호주머니에서 담배가 타구 있디 않나 어서 꺼내서 꺼야디."

그 학생은 당황해서 급히 담배를 호주머니에 넣은 채로 부벼 껐다. 그리고서는,

"죄송합네다. 다시는 절대루 담배를……."

"학생들 다시는 담밸 피어선 안되네."

"예에. 여부가 있갔습네까!"

고당은 별로 노한 빛을 보이지 않고 돌아서서 다른 집으로 사라지는 것이었다. 불과 몇 발자국 떼어놓지 않았는데 큰 하푸염소리가 들려 왔다. 고당은 잠깐 얼굴을 찡그렸다. 문밖에까지 하푸염소리가 들린다는 것은 다른 학생들의 복습에 방해가 되기 때문이다. 단단히 꾸지람을 할 작정으로,

"누군가? 지금 밖에 들릴 덩도루 하푸염한 학생은?"

문이 벌컥 열리면서 얼굴을 내민 것은 평소에 얌전하기로 정평이 나있는 한경직韓景職이란 학생이었다. 한경직은 그날밤 이후로는 평생 다시는 소리를 내어 하푸염을 하지 않았다고 술회할 정도로 그날 저녁의 일을 깊이 참회하였다고 했다.

그 한경직은 뒤에 목회자로 대성하여 한국 개신교계에 있어서 1인자가 되었으며, 서울 중구의 저동苧洞에 있는 영락永樂교

회의 당회장으로 오래 시무하였고, 연전에는 종교계의 노벨상이라고 일컬어지는 템플텀Templetom상을 수상한 바도 있다. 한국의 대표적인 종교인인 것임이 틀림없다.

애국자이며 전형적인 군인이었던 김홍일 장군과 한국의 대표적인 종교가 한경직 목사 모두가 고당 조만식의 손에서 자란 사람들이었던 것이다. 그밖에 도규계刀圭界의 거장 백인제白麟濟 의학박사와 건축계의 귀재 박동진朴東鎭-그는 고려대학교의 석조전과 모교 <오산고보> 위 삼층교사도 설계하였음-그리고 조진석 박사, 주기용 교장 등 제제다사를 키웠던 것이다.

물론 당산이에 통학하던 김주항金周恒이라는 얌전한 학생도 성적도 좋고 무언가 한몫할 것으로 보였는데 마침내는 미국으로 건너가서 미국정보관계에서 활동하고 있었고, 『코리아의 아내』라는 책을 내어 세상을 놀래킨 미국여자와 결혼하였다고 들린다. 그러고 보니 이약신李約信이란 학생은 목회자인 아버지가 아들을 아예 목사를 만들려고 이름도 그렇게 지었던 모양으로 재학 중에도 믿음이 좋았던 기억이다.

임창선林昌善, 박천규朴天圭 등도 머리가 좋았다! 아마 의학계에서 크게 성공했을 것이다. 그러고보니 정말 우수한 학생들이 많았다. 그 수많은 뛰어난 제자들을 생각하니 <오산학교>에서 교편을 잡은 것이 결코 헛되지는 않았던 것 같다. 고당은 새삼 <오산학교>에 온 것이 설혹 남강의 권유로 마지못해 왔기는 했으나 보람있던 젊음이었다고 생각되었다. 그것도 민족의 간성을 키우는 나라 찾는 일에 한몫을 했다는 뜻 있는 일에 이바지 하지 않았던가! 새삼 흐뭇함을 느낀다.

선생님의 판정에 따르라

대 운동회날이었다. 다른 지방에서도 대개 마찬가지지만 그 고장의 보통학교나 고등보통학교의 운동회날이면 동네의 큰 잔칫날이다. 마을 사람들이 모두 들떠서 음식을 차린다 그 음식을 서로 나누어 준다 하는 식으로 네것 내것 할 것 없이 서로 나누어 먹으며 즐기는 것이었던 것이다. 모두 법석들이었다.

오산에서는 다른 데서 보다도 더 요란스러웠다. 보통학교와 고등보통학교 등 둘씩이나 학교가 붙어 있었기 때문이었다. 오산은 물론이고 인근 마을인 모안이, 신리, 당산이, 남산이 등 오산에 가까운 마을은 물론이고 조금 멀리 떨어져 있는 세냄이 고잔 떡다리처럼 십리 이십리씩 떨어진 곳에서도 준비한 음식을 이고지고 해가지고 널찍한 운동장이 있는 오산까지 오는 것이었다.

아이들은 징징 울면서도 엄마의 손을 꼭 붙들고 기어코 쫓아가는 것이었다. 그 잔치에 가보지 못하면 큰 노다지라도 놓치기나 하는 것처럼 말이다. 그러니 자연히 운동장은 난장판이 되었던 것이다.

천막도 주최석을 중심으로 여러 개가 쳐졌다. 한가운데는 상품이 산더미처럼 쌓여 있어서 경기에 임할 학생들의 구미를 돋

구고 있었다. 주로 학용품들이어서 공책, 연필, 크레용 등이고 어른들의 찬조 출장을 위해서 타올 같은 것도 어머니들의 관심을 끌었다. 주로 2인 3각이라고 뛰다가 중간에 각기 적어 놓은 쪽지를 집어 쪽지에 적은 동네 부인네의 이름대로 찾아서 발목을 동여 매고 뛰는 경주인데 구경꾼들을 위해서도 재미가 있고 웃음도 자아내어 퍽 흥미로운 경주이기도 하였다.

학생들에게는 기마전이 인기였다. 두 학생이 어깨를 어겨 겨루어 말 같이 서면 한 학생이 그 위에 타고 상대편의 모자를 뺏는 것인데 말이 되는 학생은 별루이지만 기수가 되어 상대편의 모자를 뺏는 학생은 참으로 기가 막힐 정도로 재미가 있었던 것이다. 모든 경기가 대강 끝나고 이제 운동회에 있어서 가장 흥미롭고 절정을 이루는 것은 계주인 릴레이가 시작되었다. 누구나 아는 경기지만 바통이라는 짧은 막대기를 넘겨주고 그것을 이어 받아서 한 선수가 100미터나 200미터씩을 달려서 네 명이 한 조를 이루어 400미터나 800미터를 이어서 달리는 경기로 흥미진진하였던 것이다. 대강 이 경주는 모든 경기가 끝날 무렵에 진행되므로 요샛말로 모든 경기의 하이라이트인 셈이다. 이 경주에서 이기는 편이 승패를 좌우하는 수가 많기도 했던 것이다.

경기는 거의 백중이었는데 그만 한 편에서 그 바통을 떨어뜨렸던 것이다. 보다 못해 변봉현邊鳳峴이라는 체조 선생이 그것을 집어 주었다. 그래서 그 편이 이겼던 것이다. 그러자 그로 인해 진 편이 항의를 했다. 엄정 중립을 지켜야 할 선생이 어느 한 편을 도와주면 되느냐는 것이었다. 사실 그 말도 틀리지 않았다. 그래서 옥신각신 말썽이 빚어졌던 것이다. 그때 마침 교장인 고당 조만식이 지나가고 있었다. 분쟁이 있는 것 같아서 고당이 비집고 들어 서자,

"마침 교당 선생님이 오셨으니 교당 선생님한테 시비를 가려 달래디요."

"기룷디. 기랗게 합시다."

변봉현은 일본에서 공부하고 돌아와서 <오산학교>에 봉직하고 있었던 차였다. 그 변 선생이 틀림없이 잘한 것은 아니었다. 그 편이 졌으면 문제는 간단했지만 그러나 그 반대가 됐으니 문제는 간단하지가 않았던 것이다. 졌다고 판정받은 편에서 도저히 승복을 하지 않았다.

조만식 교장도 입장이 곤란했다. 실제에 있어서 변 선생이 잘못한 것이었다. 그렇다고 변 선생의 판정이 틀렸다고 하면 학생들 앞에서 선생체면이 깎일테니 그것은 더욱 안될 것이었다. 고당은 단안을 내렸다. 교장이 무슨 결단을 내리는 것 같아서 변봉현 선생도 조마조마했다. 만일 자기가 잘못이라고 판정하면 자기는 이제 영영 학생들 앞에 설 수가 없게 될터이니 그건 마치 사형선고나 다름 없는 것이었다.

"학생덜 우리 <오산학교>에선 선생님이 일단 결정을 하면 그 것이 옳은 것이다."

변봉현은 고당이 마치 구세주처럼 한줄기 환한 빛이 하늘로부터 내려 비취는 것 같았다. 한숨을 푹 내 쉬었던 것이다. 그러나 진 편의 학생들은 교장의 결정에 쫓으려구 들지 않고 아무래도 불만인 듯 계속 반대하고 나섰다. 그러자 조 교장은,

"기런 태도루 공부할라구 하문 당장 우리 학꾈 그만둬. 우리 오산의 정신은 한번 옳다구 판뎡하문 그대루 승복해야디. 기게 우리 오산의 교풍이다. 학교의 이 방팀에 따르기 싫다믄 당장 학꾈 떠나두룩 해."

조만식 교장의 선언은 엄숙하기까지 했다. 사실 변봉현 선생의 판정이 설혹 좀 잘못이 있었다고는 하나 만일 거기서 변 선생이 잘못이라고 판시하면 선생의 권위는 완전히 땅에 떨어지고 교권이 서지 않을 터이니 그렇게 해서는 민족을 위한 교육은 도저히 해낼 수 없을 것이 뻔했던 것이다. 학생들은 조용해졌다.

"자아 그럼 우승기를 수여하기루 한다. 그리구 오늘 경기는 승자두 패자두 없다. 다같이 함께 싸웠으니 학부형두 자모님덜두 모두 승복하기 바란다. 나는 교당으루 만족한다."

이 말을 들은 교직원들도 학부모들도 그리고 학생들도 모두 박수를 쳤던 것이다.

일찍 눈을 쓸어야디

사감 조형균趙衡均 장로는 눈이 번쩍 뜨였다. 옆을 보니 같이

자던 조만식 교장이 보이지 않는다. 그는 빙그레 웃으면서,

"응! 이 낭반이 발세 나갔나?"

하고 혼잣말로 중얼거리며 옷을 주섬주섬 들쳐 입고 문을 열었다. 싸늘한 북풍이 선듯하고 얼굴을 베었다. 차가운 바람에 몸이 움츠려 들었다.

"아잇 추워!"

그러나 그 추위를 싫다 하지 않고 밖에 나가 눈을 쓸기 시작했을 조만식 교장을 불렀다.

"조 교당! 조 교당!"

대답은 없고 윙윙 얼음보다 차가운 바람소리가 뺨을 도려냈다. 사지가 찢어지고 있었다. 조형균 장로는 걱정스러워서인지 신발에 묻은 눈을 털고 이번에는 더 크게,

"조 교당! 조 교당!"

하고 외쳤다. 어디선가 부시럭거리는 소리가 들렸다. 조금 떨어진 곳에서,

"도 당노 나 여기 있소."

그러자 눈을 쓸고 있는 고당더러,

"아니? 이 새박에 또 눈을 쓰오?"

"학생덜 발이 눈에 빠디문 안 되디 않갔소?"

조형균 장로는 혀를 끌끌 차면서 혼잣말로,

"데렇게 학생덜을 걱정하니 존경을 받을 수밖에!"

조 교장은 눈을 쓸다 말고 갑자기 기찻간에서 본 그 남루한

옷차림의 중년 남녀가 눈앞에 떠 올랐다. 망망한 만주 벌판 차가운 눈보라가 휘몰아치는 영하 35.6도의 강추위 속에서 꽁꽁 얼어붙은 어린아이들의 손을 이끌고 끝도 없는 벌판 속에 이어진 한줄기 길을 가고 있는 것이었다.

고당은 그들을 불렀다. 물론 들릴 리가 없었다. 고당이 정신 나간 사람처럼 한참 멍하니 그 찬바람 속에 서 있는 것을 보고 조형균 장로는 어안이 벙벙해서 바라다 보고만 있다가 아무래도 어떤 사연이 있는 듯하여 가까이서,

"조 교당 무슨 일이오?"

그제서야 조만식 교장도 다시 현실로 돌아오는 듯,

"아 엣 잠깐 딴 생각 하누라구……. 헛헛헛허허허……."

고당은 어쩐지 멋쩍었다. 허지만 남부여대로 간도-서간도인지 북간도인지 모르지만-하여튼 만주의 미개간된 땅으로 가던 그 방랑객이 눈에 밟혀서 도저히 떨쳐 버릴 수가 없었다. 조형균 장로는 고당을 재촉했다.

"조 교당 자 디리갑세다레 잉."

두 사람은 눈길을 헤치며 학교 쪽으로 가는 것이었다.

남부여대하고 간도間島로

교장실에 앉아 있기는 하지만 아까 아침에 기찻간에서 목격한 그 허름한 중년 남녀의 모습이 좀처럼 눈에서 사라지질 않아

가슴이 답답해왔다. 잊어버리려고 일어서서 창 밖을 내다보고 바깥 풍경에 신경을 돌리려고 애도 써보았지만 그럴수록 그 덤덤하고, 어딘가 지쳐 쓰러질 듯한 체념한 심사가 배어 있으면서 밖으로는 아무런 내색도 하지 않는 듯한 그 무덤덤한 표정이 자꾸만 마음에 걸렸던 것이다.

아마 나이는 한 40대 쯤 되어 보였으며 그 옆에서 찡얼거리는 어린 아이에게 젖을 물린 그 사내의 아내인 듯한 여인네도 약간 짜증을 내고 있지만 그건 전혀 우는 아이를 달래도 그냥 울어 제끼는 아이의 보챔 때문이고 역시 가난에 쪼들려 살아 가는데 지쳐 있는 것은 마찬가지인 것 같았다. 아마 고향이 경상도나 전라도인 듯 하였다. 입을 꼭 다물고 있기 때문에 사투리를 들을 수 없어서 자세히는 출신도를 알 수는 없었다. 소식에 의하면 그런 피난민 아닌 피난민이 경의선이나 함경선에서는 흔히 볼 수 있는 정경이라고 하였다. 서러운 일이지만 그건 나라 잃은 백성의 운명인 것이다.

이른바 동양척식주식회사東洋拓植株式會社라는 일본제국주의의 착취기관이 교묘하게 한국농민의 토지를 헐값으로 매수하였으며 따라서 땅을 빼앗긴 한국농민들은 어쩌는 수 없이 정든 고향을 떠나서 시베리아 찬 바람이 세차게 휘몰아치는 스산한 만주벌판으로 목구멍에 풀칠을 하기 위해 흙을 파서 그나마의 몇 되박의 낟알을 거두려고 찾아가는 것이었다. 그 비참한 정경을 3등 찻간에서 목격했던 것이다.

실은 평양에서 고읍까지는 적어도 서너 시간은 걸리므로 지금까지의 살아온 모습도 한번 챙겨보고 또 앞으로 일본 제국주의와의 투쟁방법도 구상할 겸 모처럼 시간을 가질 수 있겠거니 생각해서 약간 들떠 있었으나 그 중년 남녀의 정처없는 강요된 유랑의 길, 결코 기약할 수 없는 방랑의 모습이 눈에 밟혀 모처럼 기대했던 생각을 가다듬을 수가 없었다. 새삼 망국의 설움이 가슴을 찢었다.

한편으로 고당을 괴롭히는 망령이 또 있었다. 사회주의라는 괴물이었다. 그 괴물은 마치 그자들이 종교는 아편이다 라고 공언하듯 그야말로 아편 이상으로 학생사회를 휩쓸고 있었다. 일단 그 사상에 취하면 기존의 도덕률은 맥을 출 수 없으니까 그것이 골치가 아팠던 것이다. 사제지간이란 벽이 무너졌던 것이다. 스승의 권위 따위는 저리가라였던 것이다. 고당은 학생들에 대해 말빨이 서지 않았던 것이다. 그야말로 악질이었다.

1920년대부터 러시아의 공산주의 혁명에 힘입어 그 요사스런 사상은 광풍처럼 전세계를 휩쓸고 있었다. 그것은 자기 몸 속에서 자동적으로 커가는 세균같기도 했던 것이다. 그건 안으로부터의 파괴를 초래할 수도 있었기 때문에 더욱 처치 곤란했다. 고당의 교육을 밑바닥으로부터 흔들어 놓을 수 있었기 때문이다. 사상적인 붕괴를 뜻하기 때문이기도 했던 것이다. 고당은 진퇴양난이었다

더 중요한 임무를

오산을 영 떠나야 하나?

남강이 분주하게 경성을 오르내리고 있던 어느날이었다. 그 남강이 고당을 조용히 불렀다.

"조 교당! 조 교당두 대강은 딤작하갔디만 내래 요새 나라 일루 좀 분주하디요 독닙운동 말이우다."

남강은 무얼 잘못한 것은 없지만 마치 큰 죄나 지은 듯 말을 하기가 거북해하며,

"조 교당은 이번엔 좀 빠데줘야데. 무사니 다름이 아니구 남아서 뒤처리를 좀 해 줘야갔구 또 내 상해에 부탁을 해뒀는데 기리루 가설라무니 니광수 알디요. 전에 우리 학교에 있던 그 니광수와 만나서 본때 있게 독립운동을 해달라는 거요. 기래서

이번 거사에는 넣디 않했으니 니해해 주갔디요?"

"기리디 않아두 남강 선생이 말씀할 때를 기다리구 있어시오! 대강 딤작은 하구 있었디만요!"

남강은 호주머니에서 잘게 접은 종이를 끄집어내서 고당 앞에 내놓으며,

"이것이 상해루 가디구 갈 밀서웨다. 잘 간딕하우."

고당은 남강이 그렇게까지 면밀하게 준비해 두었을 줄은 몰랐던 것이다.

한편 교장 선생이 모두 모이라고 하길래 아마 남강 선생과 만난 직후에 소집하는 것이라 필시 무슨 중대한 말을 하려는가 보다 생각들 하고 약간 흥분된 기분으로 교장실로 모였다. 교직원들이 다 모인 것을 보고 고당은 조용히 입을 열었다.

"여러분! 여러분덜두 대강 딤작은 하구 계시갔디만 요즘 남강 선생님은 나라 일루 무척 바쁘게 경성을 오르내리고 있었소. 아마 우리 기독교특 주동자루 활동하시는게 아닌가 생각됩니다만 하횡든 둥요한 일루 날자를 보내구 계시는 것 같으니까 ……."

조 교장은 일단 말을 끊었다가 모두 긴장해서 자기 말을 듣고 있는 것을 확인이나 하는 듯,

"우리 <오산학교>에 근무하고 있는 전 교딕원덜두 남강 선생님의 얼굴에 먹틸을 하드 않드룩 뭔가 해야디 않갔습네까!"

그러자 모든 직원들의 얼굴이 무슨 기쁜 소식을 받은 듯 회

색이 만면해서 들뜨기 시작했다.

"우리레 할 일이 뭐이 있가시오? 남강 선생님이 경성에서 일을 벌리문 우린 거기 따라서 행동할 수밖에요."

"좋습네다."

전 교직원은 한결같이 그 의견에 찬성했다. 그러자 조 교장은,

"기리구 여러 선생님덜은 이번 일은 모르는 척 입을 다물구 있어야 합네다."

그런데 문제는 고당에게 있었다. 자기는 오산을 떠나야 했으며 그 말을 그들 교직원들에 밝혀야 했기 때문이다. 그건 날벼락이 될 것이 뻔했던 것이다. 그렇더라도 아무말도 하지 않고 떠날 수는 없다는 것을 잘 알고 있었으므로 더더욱 고민스러웠던 것이다. 만일 자기가 오산을 떠난다고 하면 그건 벌집을 쑤셔 놓는거나 마찬가지가 될 것임이 틀림없을 것이다. 그만큼 고당은 <오산학교>에 있어서 거의 절대적인 존재이기도 하였던 것이다. 비록 남강이 세운 학교이기는 하지만 실제 학교 살림살이와 교육은 고당이 전적으로 맡아 왔으며 그는 학교 경영의 기둥이었던 것이니까. 이제 고당이 없어진다는 것은 기둥뿌리가 뽑혀 나간다는 것이나 마찬가지가 되는 것이기 때문이다. 그러기 때문에 더욱이 고당은 고민하는 것이었다. 그러나 남강과의 굳은 약속은 절대적인 것이다. 자기 앞날을 위해서도 그러지 않을 수가 없었기도 하였다.

조만식은 결단을 내리지 않을 수 없었다. 어차피 오산을 떠나

야 한다. 그러자면 전 교직원들에게 자기가 오산을 떠나야 한다는 것을 밝히지 않으면 안된다. 그렇게 결심하고 나니까 한결 마음이 가벼워졌다. 매도 먼저 맞아야 한다는 속담이 있듯이 전 교직원을 한번 둘러보았다.

"여러분! 내가 또 여러분께 드릴 말씀이 있왜다. 난두 이참에 오산을 떠날 수밖에 없다는 사덩이 올시다."

아니나 다를까 그건 폭탄이었다. 교장실 안은 갑자기 아수라장이 되었던 것이다.

"뭐요?"

"아니 그것이 무슨 말이요?"

한동안 교장실은 낙망과 흥분의 도가니로 화했다. 걷잡을 수 없는 소용돌이 속으로 빠져들었던 것이다. 교직원들에겐 그건 청천벽력이었다. 모두 어안이 벙벙했다. 도저히 있을 수 없는 일이었던 것이다. 조만식 교장이 학교를 그만 두다니!

물론 남강이 세운 학교이기는 하지만 학생들을 가르치는 교육과 학교 안의 제반 행정은 전적으로 고당이 맡아서 집행했던 것이다. 그러니까 고당이 학교를 그만 둔다는 것은 학교의 안주인이 없어진다는 것이나 마찬가지인 것이다. 안주인이 없는 집이란 중이 없는 텅빈 절간이나 마찬가지가 되는 것이다. 교직원들은 자기들 앞에 다가온 현실을 깨닫기 시작했다. 칠흑 같은 어두움 같은 침묵이 교장실을 뒤덮었다. 감히 아무도 입을 뗄 수가 없는 그런 무거운 침묵이 모두의 가슴을 짓누르고 있었다.

하지만 무언가 말은 해야겠다는 긴박한 순간임을 느끼고 있었다.

"기건 안됩네다. 기럴 수는 없어요."

어느 선생이 강력한 어조로 반대하고 나섰다. 좁은 교장실은 갑자기 웅성거리기 시작했다. 모두 절대루 그럴 수는 없다는 것이었다. 특히 체조선생 변봉현은 하도 기가 막혀서 멍하니 앉아 있을 뿐이었다. 잠시 후에야 지금 어떤 일이 벌어지고 있는지를 깨닫고,

"도대체 무슨 일입네까? 고당 선생이 왜 학교를 그만두셔야 합니까?"

그는 흥분했다. 그건 있을 수 없는 일이라고 생각했던 것이다.

"안됩네다. 그럴 수는 없어요. 물론 남강 선생님이 이 <오산학교>를 세우시긴 했디만 실제에 있어서 학교를 맡아서 하신 분이 고당 선생님 아니십니까? 이제 고당 선생님이 학교를 떠나신다문 학교문을 닫자는 겁네까?"

더욱이 변 교사는 지난번 릴레이 경주 판정 때 고당의 두둔으로 위신이 섰던 일이 있었기 때문에 더더욱 고당의 사임을 막고 나섰던 것이다. 고당은 이럴 때에 결정타가 되는 것은 남강의 의견을 내세우는 것이 가장 효과적이라는 것을 알고 있었다.

"여러분! 이 못난 저를 기룽게 아껴주시는 건 고맙습네다. 저두 이 <오산학교>를 그만두겠다는 생각은 추호두 없습네다만 남강 선생님이 딕덥 명하셨기 때문에 어떠는 수 없이……."

그러자 그렇게 강경하게 반대하던 교직원들도 더 반대 의견

을 내세우지 못하고 거두어들였던 것이다. 그 자리에 앉아 있는 모든 교직원들은 거의 빠짐 없이 남강이 직접 초빙해서 이 <오산학교>와 인연을 맺었기 때문이었던 것이다. 말하자면 고당은 남강이라는 거인의 위력을 빌려 위기를 모면했던 것이다. 그러나 난관은 아직 남아 있었다. 학생들이 문제였다. 학생들은 물불을 가리지 않는 철부지이기도 했던 것이다. 사리를 따지지 않고 안되면 안된다고 잡고 늘어질 수도 있었기 때문이었다. 그렇게 되면 남강과의 굳은 약속이 그 자리에서 깨지고 마는 것이약간 비겁하다고 여길지는 모르지만 역시 학생들 몰래 오산을 빠져나가는 수밖에 없다고 결정하였다.

'학생들두 나중에 사정을 알면 니해하갔디!'

하지만 말수가 없던 김이열金彛烈 선생이 울먹이며,

"남강 선생이 그러시래서 떠나신다문 모르갔디만 고당 선생이 이 오산을 떠나시문 우린 불빛 없는 밤바다를 저어가는 매생이나 다름 없소이다."

그 김이열 선생의 말을 생각하면 새삼 목이 메여 왔던 것이다.

고당은 마치 도둑고양이처럼 새벽에 몰래 오산을 빠져 나와 고읍을 나가서 평양으로 가는 경의선 완행열차를 탔다. 기차는 긴 기적을 울리며 허나니 고개가 있는 산기슭을 돌아갔다. 이제 오산은 보이지 않았다. 갑자기 울음이 왈칵 솟구쳐 올랐다. 그동안 참았던 울음이 모두 쏟아졌던 것이다. 이제 영원히 오산과는 이별이로구나! 라고 생각하니 자기도 모르게 감상적으로 되었던 것인지도 모른다. 사실 그는 대학을 졸업하자마자 청운의 꿈을 안은 채 그 시골인 오산에 와서 7년이라는 아까운 젊은 시절을 보낸 오산이 아닌가! 감개가 어릴만도 하였다. 그러니까 감상만은 아니었다. 정이었던 것이다. 정이란 남녀간에만 생기는 것이 아니고 어떤 건물이나 지방과도 생길 수 있는 것이 아닌가! 고당은 오산이란 곳과의 정이 깊이 들었던 것이다.

기차가 운전을 지나 영미 맹중리를 지났으니 곧 청천강 철교를 건널 것이다. 그동안 얼마나 많이 그 철교를 건너 다녔던가! 철교에 접어 들었다. 덜커덕 소리가 들려오기 시작하자 오산에서 가르친 영재들의 얼굴이 떠올랐다.

거지 손님

관후리 자기 집에 들어가는 골목길에 접어들자 감개가 새로웠다. 새벽 일찍이 오산을 빠져 나오느라고 자질구레한 것은 잘 챙기진 못했지만 그럭저럭 가지고 올 만한 것은 대충 들고 온 것 같았다. 통속적인 말로 무정한 기차는 낯익은 평양역에 닿았고 지금 집에 가까이 왔다. 아무래도 새로운 인생이 시작될 거라는 생각이 들자 약간은 두려움이 앞섰다. 그렇다고 그렇게 두렵지만은 않았다. 어떤 기대감도 없지 않았던 것이다. 더욱이 중국 상해에 가서 본격적인 독립운동을 시작하려고 생각하니 약간의 흥분됨도 느꼈던 것이다. 듣건대 그곳에선 젊은이들이 독립을 위한 정당도 만들었다고 하지 않았던가!

한편 그동안 오산에서의 7년이나 되는 세월을 어떻게 보냈는지 뒤돌아보지 않을 수 없었다. 사람이란 항상 지난날을 성찰해 봄으로써 발전이 있다는 것을 느끼고 있었기 때문이었다. 그것이 인간됨의 자격이 아니겠는가! 인간이란 누구나 완전할 수가 없다. 누구나 흠없는 행동을 한다고 장담할 수도 없다. 고당도 여태까지 최선을 다했지만 자기만족을 할 정도는 아니었다. 부족한 점이 너무 많았다고 생각할 수밖에 없었다. 그저 그리 큰 실수를 저지르지 않은 것만도 다행스러웠다고 생각할 뿐이었다.

골목이 끊어지려고 하자 오래 전에 거기서 거렁뱅이를 만났던 일이 기억났다. 그날은 오늘보다 더 몹시 추웠던 것으로 기억한다. 고당이 갓 기독교에 입교한지 얼마 안되서였다. 너무 추워서 빨리 집에 돌아가서 따뜻한 아랫목에 꽁꽁 얼은 손을 녹이려고 종종걸음으로 골목을 돌아가는 참이었다. 그러면서도 성경말씀에 이웃 사랑하기를 내 몸 같이 하라는 계명을 과연 실천할 수 있을는지 자신을 의심하고 있던 때였다. 번민을 하고 있었다.

어디선가 누가 신음하는 것 같은 소리가 희미하게 들려오고 있었다. 이리저리 둘러 보았으나 아무도 보이지 않았다. 다시 걸음을 떼어 놓았다. 역시 그 소리가 희미하게 들려왔다. 다시 둘러 보았다. 역시 아무도 없었다. 환청인가! 이제는 성큼 집으로 가려고 하자 다시 신음소리가 커졌다. 자세히 보니 옆집 다

람벽 밑에 두둑한 거적이 있는데 그 속에서 들려오는 것 같았다. 다가가서 거적을 들쳐보니 거기에 웬 사람이 웅크리고 벌벌 떨고 있지 않은가! 문득 그 사람을 그냥 내버려 두면 이 추위에 틀림없이 얼어 죽을 것이다 라고 생각되자 우선 한 사람을 살려야겠다는 생각으로 그 사람을 부둥켜 안고 일으켜 세워 자기 집으로 데려갔다.

"여보, 여보! 손님 오셨소!"

자기네 집 대문을 두드렸다. 이윽고 부인이 대문을 열고 나와서,

"이 밤중에 누가 오셨대는 거야요?"

그러면서 살펴 보았지만 그런 사람을 발견할 수가 없었다.

"손님 어디 계십네까?"

고당은 그제서야 자기가 부축하고 있는 거렁뱅이를 앞으로 내세우며,

"이분! 이분이요. 빨리 따뜻한 물을 한 시텁 내오소레. 우선 몸을 좀 녹히야 하갓으니까니!"

부인은 약간 의아하게 생각했으나 남편이 하는 일이라 그저 순종할 따름이었다.

"빨리 니부자릴 내다 깔으소레. 와 어찌께 꾸민 니불 있디 않소!"

"기건 당신하구 덮을라구 새루 꾸민 건데요!"

"기럼 더 돟디! 손님한테 알맞디 않갔소?"

그런 지난날을 회상하자 절로 웃음이 배어 나왔다. 그러면서 비로소 기독교에 입교했다고 실감했던 것이었다.

과연 빠져 나갈 수 있을까!

1919년 3월 4일 기회는 드디어 왔다. 함께 중국으로 망명하기로한 도인권都寅權과 만날 장소와 시간이 결정되었던 것이다. <오산학교>를 떠나 평양에 돌아와서 은인자중하면서 남강이 지시한대로 이번 만세사건엔 전혀 관계하지 않고 뒷날을 기약해서 울분을 살라먹고 고국을 떠나지 않으면 안된다고 마음을 굳힌 철저한 민족주의자이며 일본을 그렇게 미워하는 고당이 민족이 총 궐기하는 3·1독립만세 사건을 뒤로 하여 다른 나라로 간다고 하는데 아쉬움이 컸지만 그건 더 큰 일을 하기 위한 일시적인 후퇴이니만큼 이를 사려 물고 떠나려는 것이다.

물론 평양에서의 독립선언 낭독이나 만세 사건을 은밀하게 조정한 것을 아는 사람은 아무도 없었던 것이다. 그나저나 만세 사건으로 어수선해진 이 평양을 탈출할 수 있을는지? 더구나 일본 헌병들이 골목 골목을 삼엄하게 지키고 있어서 도저히 빠져 나갈 구멍이 없을 것 같았던 것이다.

요행히 오랫동안 평양에서 멀리 떨어져 있는 오산 시골에 가 있었기 때문에 얼굴이 그리 팔리지는 않았으므로 그것이 약간 유리하다면 유리할는지는 모르지만 그래도 조만식하면 조금쯤은 알려져 있는 인물이며 더욱이 그 독특한 옷차림은 삼척동자도 잘 알고 있으리라고 생각해서 아무래도 어떤 수를 써야만 했던 것이다.

더더구나 고당의 고향인 강서군 반석면에서 대대적인 독립선언식이 이루어졌다는 소식이고 보면 그 사건과 고당을 연결시킬 수도 있을 수 있다. 물론 모락장 사건과 고당을 연결시킬 증거는 아무것도 없기는 하지만. 하여튼 어떤 일이 있어도 우선 평양을 빠져 나가야만 하였다.

우선 그들은 변장하기로 하였다. 뭐니뭐니해도 장사꾼 행세가 가장 좋았다. 그것도 장돌뱅이인 보부상이 제격이었던 것이다. 들짐하나만 지면 어디든지 갈 수 있으니까 말이다. 해가 지고 밤이 이슥해지자 집 사람들 아무도 모르게 집을 빠져 나가 주로 골목길을 골라서 다행스럽게도 평양거리를 빠져나올 수 있었다. 도인권이 다행히 먼저 와서 기다리고 있었다.

그들은 그저 눈으로만 인사를 하고 서쪽으로 묵묵히 걸어가고 있었다. 말을 할 필요가 없었다. 미리 결정한 대로의 길을 걸어 가기만 하면 되었으니까 망설일 필요가 없었다.

"조 형, 인제 우리 좀 쉬었다 갑세다."

으슥한 고갯길에 오르고 나서 도인권이 털석 주저앉으며 처음으로 말을 걸어왔다.

"괜디 않을까요? 안딕 기룹게 멀리 떨어디디 않은 것 같은데……."

"벨소리 다합네다. 괜디 않아요."

"기래두……."

"거저 걱덩두 팔자웨다. 인자 중국에 다 온거나 마찬가디디."

고당도 짐을 내려놓으며,

"기럼 좀 쉬었다 갈까."

인생 자세姿勢의 갈림길

열파閱波라는 곳

해가 뉘엿뉘엿 지고 있었다. 이미 평양으로부터 상당히 멀리 온 것 같았다. 옆에서 같이 가고 있는 도인권은 별로 지쳐보이지 않았지만 그렇게 많이 걸어 버릇을 하지 못했던 고당으로서는 다리가 조금쯤 아파오고 있었다. 도인권은 걸음을 늦추려고 하지 않았다. 고당은 쉬고 싶었다. 물론 약하게 보이고 싶진 않았지만 더 이상 걸을 수가 없었다.

"도 형 더기 보이는 데가 어이디?"

그제서야 도인권도 여기저기 둘러보다가 그리 멀지 않은 곳에 불빛이 하나 둘 켜지고 있는 것을 보자,

"가만있자……. 예가 어디디?"

혼잣말을 하고서는 혀를 한번 차고,

"응 여긴 옐파같은데……."

"옐파라니? 강동군 옐파말이오?"

"기래. 보자 더기 간판에 크게 열파라고 써 있디 않소?"

"정말 기렇군! 기럼 오늘밤엔 여기서 자구 갑시다!"

"가만 있자 기리문 여기 피양에서 80리밖에 안 떨어디디 않았는데 괜디 않을까요?"

도인권이란 사람은 본디 용강 출신으로 구 한국 군대의 지금의 준위에 해당하는 육군 정교正校로 있다가 군대가 해산되는 바람에 고향과 황해도에서 교육사업을 하던 중 안중근 의사의 사촌으로 데라우찌 사내寺內총독을 암살하려고 획책하다가 발각된 안명근安明根 사건에 연류되어 김구金九 등과 함께 10년형을 선고받고 영어의 몸으로 있다가 이른바 한일합방의 1910년에 특사로 감형되어 6년만에 풀려났던 것이다. 그 뒤 평양의 사창동司倉洞에서 과일 장사를 하던 중 이번 독립만세 사건이 터지자 가만히 앉아 있을 수가 없어서 만세사건에 뛰어 들었다가 여의치 않아 중국으로 망명하려고 고당과 함께 떠나는 중이었다.

그런데 그 열파라는 고장엔 몇몇 부랑자가 있었는데 그 중엔 얼마 전까지 일본 헌병대 분견대의 보조원으로 다니다가 아편에 중독이 되어 그 자리마저 떨어져서 할 일 없이 좀도둑질과 행인들을 협박해서 잔돈푼을 뜯어내어 식생활도 해결하고 아편도 사서 피우는 건달이 있었다. 열파에는 일본헌병대의 분견대가 있었던 것이다.

"도형! 보매 여겐 일본 헌병 분견대가 있는 모양인데 우리 좀 더 가서 쉬두룩 하디요. 조용한 주막거리가 어디 있디 않갔소?"

"모르는 소리! 등잔 밑이 어둡다구! 여기터럼 번화한데가 외레 더 완전한 법이디요."

"기럴디두 모르갓이다. 기럼 날래 여인숙이나 잡읍세다."

"기리디요. 헌데 이 옐파에선 다른델 찾아본댔자 벨 신통한 덴 없을게요. 기르니까니 이 집에 디르갑세다."

"기리디요. 딜어 가시디요."

그때 앞을 가로 막는 검은 그림자가 있었다.

"잠깐!"

"……."

그 자가 바루 얼마 전까지 이 열파에서 헌병 보조원을 다니다가 아편중독자임이 탄로나서 파면된 바로 그자였던 것이다. 순 악질적인 건달이었다. 도인권은 그 자를 보자마자 벌써 그 자가 무엇을 요구하는지 눈치를 챘으나 고당은 대학을 나오자마자 그 길로 <오산학교>에 초빙이 되어 7년여 라는 세월 그 시골 교육기관에서 묻혀 있었으므로 꽁생원일 수밖에 없었다. 그런 조만식으로서는 세상 물정은 백지나 다름 없었던 것이다. 그래서 그자가 그저 두렵기만 했다. 어떨떨했다. 그자는 태연스럽게,

"이 네인숙에서 자구 갈랍네까?"

"기건 왜 묻디요?"

그만 그는 지금 자기가 어떤 처지에 있다는 것도 깜빡 잊었던 것이다. 고당은 그 자가 좀 건방져 보여 약간 불쾌한 말투로 되물었다. 그러자 그자는 와락 화를 내며 고당을 한참 노려보더니 사뭇 협박조로,

"당신네덜 맛좀 바야갔는데……."

이번엔 아예 신문조로 아주 억압적인 태도로,

"당신덜 피양서 도망테 왔디?"

"아 아 아뇨!"

"우린 당사꾼이웨다. 기런 건 몰라요. 이 짐덜을 보소고레!"

도인권이 역시 눈치가 빨랐다. 등짐을 가리키면서,

"이 등짐덜을 좀 보소고레."

그러나 그자도 산전수전 다 겪은 놈이라 좀체로 속아 넘어가질 않았다.

"기갓 쯤이야 얼마던디 위당할 수 있디 않가서? 피양서 만세 부르구 도망테 온 것이 아니야?"

도인권은 다급해졌다. 이번에 붙잡히면 모든 것이 틀려버릴 뿐 아니라 다시 완전히 밝은 세상을 볼 수 없을는지 모르는 일이었다. 절체절명이었던 것이다. 어떻게 해서든지 이 곤경을 빠져나가야 했던 것이다. 그런데 어쩐 일인지 그 건달이,

"기럼 돟쉬다. 낼 아침 다시 오갔쉬다."

아마 그자는 아편중단 증세가 발작했던 모양이었다. 그자는

그냥 가버리는 것이 아닌가. 고당과 도인권은 제정신이 아닌 채 그 여인숙에 들어가서 자리를 까는 둥 마는 둥 쓰러져 누웠다. 그만큼 고단하기도 했던 것이다. 그 건달이 내일 아침에 다시 올테니 꼼짝 말구 기대리구 있어야돼 라고 내던진 말을 깜빡 잊어버리고 골아 떨어졌다. 오랜만에 봇짐을 지고 많이 걸어서인지 무척 고단했던 것이다.

고당은 벌써 코를 드르 드르릉 골면서 바다 저 건너 중국땅에서 니광수 등과 악수를 나누고 있는 꿈을 꾸고 있었다. 허나 도인권은 아무래도 그 건달이 마음에 걸렸다. '분명 헌병보조원은 아닌 것 같은데……. 하지만 벌도깨비 복은 못 주지만 벌은 준다고 조심하야디. 이번에 붓들리문 다야.' 아무래도 꺼림칙했다. 도무지 깊은 잠을 이룰 수가 없었다. 새벽 닭이 울었다.

도인권은 벌떡 일어났다. 조심하는 게 제일이다 싶어 대충대충 짐을 꾸려가지고 몰래 빠져나가려고 곤하게 자고 있는 고당의 코에 손을 대 보았다. 역시 한밤중이었다. 도인권은 문을 살짝 열고 살그머니 밖으로 나섰다. 봄이라고는 하지만 바람은 아직 차가웠다.

"아잇 추워!"

한번 부르르 떨고 대문을 살짝 열고 밖에 나섰다. 날은 아직 어둑어둑하고 시골이라 지나가는 사람은 있을 수가 없었다. 그래도 조심하는 게 장땡이라고 여기저기를 살펴 보면서 잰걸음으로 어디론가 어둠 속으로 사라졌다. 그 시간에 고당은 꿈속이었다. 제석산에는 진달래꽃이 전 산을 뒤덮고 있었다.

꿈속에서

한 2, 3백명의 학생들, 말하자면 전교생을 인솔하고 피크닉을 온 모양이었다. 조 교장은 기분이 좋았다. 그런데 갑자기 먹구름이 머리를 뒤덮더니 장대 같은 소나기가 내려 퍼붓기 시작했다. 헌데 누군가 갑자기 우산을 받혀 주는 것이 아닌가! 누군지 보려고 돌아보는 순간 그만 잠이 깨었다.

문을 두드리는 소리가 났다. 아니 그런 것 같은 희미한 소리가 들려 왔다. 아주 멀리서 들려 오는 것 같았다. 이번엔 가까운 데서 쾅 쾅 쾅하고 문을 두드리는 것이었다. 바로 옆에서 나는 소리였으나 아직 잠결 속이라 멀리서 두드리는 소리 같았다. 눈을 번쩍 뜨고 창문을 보았다. 시꺼먼 어둠이 한 껍질 벗겨지고 희끄무레 물들고 있었다.

고당은 그 소리가 저승사자의 발걸음 소리처럼 들렸다. 아니 고당은 기독교 신자였으니까 그런 셔머니즘의 세계와는 거리가 멀었지만 하여튼 몸이 오싹 하는 기분 나쁜 소리임에 틀림없었다. 문이 빨리 안 열려서인지 이번에는 발길로 대문짝을 걷어차는 소리가 들렸다. 대문짝이 쪼개져 나가는 듯한 소리가 들렸다. 그러자 졸리는 듯한 주인 아주머니가,

"예에 나가욧."

그러더니 부시럭거리는 소리가 나고 이측만 하더니,

"아니! 구먹뎅이야? 와 빨리 문 안열디?"

"헤헤헤."

"지낙에 늦게 온 자덜 안딕 자구 있가디?"

"데 건넛방에서 자구 있으니까니 가보소고레."

이윽고 문 밖에서 큰 기침소리가 들려오고,

"이봐 닐어났나? 검문이야! 닐어 났으문 빨리 문 열어!"

고당은 가슴이 떨렸으나 태연한 척,

"누구야? 이 밤둥에?"

그러면서 도인권을 깨우려구 옆을 보니까 함께 자고 있을 도인권이 보이질 않았던 것이다. 의아했다. 하지만 그런걸 따질 여유가 없었다. 문이 벌컥 열리더니 어제께의 그 건달이 구둣발로 쑥 들어섰던 것이다.

"또 한 친군 어드룹게 됐디?"

"모르갔습네다. 난두 이상하게 생각하구 있는데요?"

"같이 자문서두 나가는 걸 모른다구?"

"이 사람이 어딜 갔나? 같이 당살 하기루 했으문서! 온 사람이 벨꼴 다 보갔는데……."

"정말 모른단 말이야?"

고당은 반 짜증을 내면서 툴툴거리며,

"나혼자 내버려 두구 가문 내가 어드룹게 하라구! 참 한심한 사람!"

그제서야 그 건달도 고당의 말이 거짓말이 아닌 것 같이 느꼈음인지 고개를 끄덕이고,

"으응 기룷다문 와 도망텠디? 틀림없이 피양에서 만세 부르구 도망테 온 거야. 틀림없군! 기러길래 없어딘거디?"

그 자는 고당을 노려 본다고 하여도 아편에 풀어진 눈동자이니 만큼 게르스름한 눈동자로 고당을 쳐다보며,

"당신네덜 피양에서 일을 티르구 왔디?"

그러면서 음흉한 웃음을 흘리며,

"틀림없디? 하디만 이제 더 도망가디 못할 걸! 이 옐파가 당신에겐 마지막이 될 걸!"

"……."

그러자 갑자기 남강의 얼굴이 크게 앞을 가로막고 다가섰다. 헌데 노한 얼굴이 아니고 근심스러운 얼굴이었다. 본디 남강은 인자한 모습이었다. 그의 얼굴은 학생들과 나라에 대한 사랑으로 매작질 한 열정의 형상으로 이루어진 거룩함마저 느꼈던 것이다. 그 남강이 그저 걱정스러운 얼굴로 자기를 지켜보고 있는 게 아닌가! 고당은 고개를 숙일 수밖에 없었다.

다음 순간 고당은 멍해져서 무엇부터 생각을 해야 할지 도무지 생각이 나질 않았다. 또 자기의 앞날도 장차 어떻게 될지 도무지 가늠할 수가 없었다. 앞이 캄캄해질 뿐이었다. 무엇 보다도 남강과의 약속을 지킬 수 없게 될 것 같아 억장이 무너지는 것 같았다.

그건 자기 본의는 아니지만 어떻든 의리를 지킬 수 없게 되었으니 말이다. 동지를 배신한 다음부터 얼굴을 들고 사람 앞에 나설 수 없게 되지 않았나 말이다. 그런 생각이 머리를 스치고 지나가자 당장 쥐구멍이라도 들어가고 싶었던 것이다. 자포자기하고 싶었다. 될대로 되라지! 그러면서 그 건달이 서 있는 것이 눈 앞에 들어오자 정신이 퍼뜩 들면서 이러다가는 정말 큰일이라는 생각이 들었다. '자칫 잘못하문 내 인생이 끝나는게 아니야!' 절망적인 생각이 들자 '기럴 수는 없디! 어떻게서든지 빠데 나가야디!'라고 생각은 했지만 도무지 뾰족한 궁리가 떠오르지 않았다.

본래 고당은 거짓말을 하거나 배운 바도 없었던 것이다. 그저 어물어물 할 뿐이었다. 고당이 우물쭈물하니까 그 자가,

"기르문 기롷디! 어떤지 수상하다 했더니만……"

그러면서도 조금도 서두르는 기색이 없었다. 범인을 발견하면 신속히 본대로 보고를 하거나 연행하는 것이 수사관의 태도인데 조금도 서두르질 않았다. 그건 뻔한 행동이었던 것이다. 돈푼이라도 뜯어내려는 수작임에 틀림없었다. 고당이 그걸 눈치 채질 못하는 것은 아니었다. 고당의 그 형형한 눈빛은 건달의 속셈을 꿰뚫어 보고 있었던 것이다. 고당의 가슴 속에서는 치열한 싸움이 벌어지고 있었다. 그자의 치사한 욕심을 채워주기 위해 잔돈푼을 선뜻 넘겨 줄 것인가! 그러면 이 위기를 면하고 남강과의 약속대로 중국으로 망명을 할 수 있을 것이다. 그

러면 빼젓하게 사회에 얼굴을 내놓고 활보할 수도 있을 것이다.

아니다! 그건 부정과의 타협의 시작이다. 그렇게 되면 위기를 만날 때마다 불의와 타협하는 습성이 생기고 항상 그런 부정을 저지를 것이다. 이럴까 저럴까 빨리 결정할 수가 없었다. 그런가하면 이 참에 잔돈푼 얼마를 쥐어주어 이 위기를 모면하면 남강과의 의리도 지킬 수 있으며 또 뜻한바대로 마음껏 독립운동도 해볼 수 있을 것 같아서 아예 약간의 부정을 감행할 수도 있지 않을 것인가도 생각해보는 것이었다.

아니다! 그렇게 되면 그건 마귀의 시험에 넘어가는 것이기 때문에 그런 사소한 일로부터 결국은 점점 악의 구렁텅이에 빠져들게 될 것이다! 그런 사소한 일부터 이겨 나가도록 철저하게 승리의 길로 매진해야 할 것이다. 이 순간이 고당의 인생을 방향짓는 중대한 전기였다고 할 수 있다. 일체 아무리 사소하다고 해도 악과는 타협하지 않는! 드디어 결단을 내렸다. 아무리 조그마한 일이라도 악과 타협해서는 안된다고! 그 건달은 히믈히믈 웃으면서 도무지 서두르지를 않았던 것이다.

"기름 기룽디 어떤디 수상하다구 봤더니만! 자아 분겐대루 가야 알가서?"

고당을 앞세우고 가는 것이지만 하나두 바쁘질 않았다. 누가 범인이고 누가 체포해서 가는 수사관인지 모를 정도로 가끔 나란히 서서 가기도 했으며 아무래도 딴 속셈이 있는 것만은 틀림없는 것 같았다. 고당도 그자가 무엇을 바라고 있는지 잘 알고 있었으나 모르는 척 묵묵히 걸어가고 있었다. 그동안 남강이 준 밀서는 길 옆 풀숲에 버렸던 것이다. 만일 그 서신이 발견되면 중죄인으로 몇 갑절의 형을 지어야 하게 될지 모르니까. 헌병분견대가 보이기 시작했다.

"더기가 분견댄데 기럼 아예 그리루 가서 피양으로 압송되갈래?"

그 건달은 오히려 고당을 잡아 끌면서 마지막 거래를 시도하는 것 같았다.

"구제 받을 수 없는 인간이군! 자아 기럼 들어가는 수밖에 없디!"

과연 누가 구제 받을 수 없는 인간인지 모르겠지만! 그 뒤 고당을 분견대로서는 처치할 수 없다고 결론을 내려 평양 본대로 압송되었던 것이다. 결국 그 건달은 돈량을 뜯어낼 수도 없었고 고당은 고당대로 징역살이만 하게 되었던 것이다.

1년형의 죄없는 죄인으로

3·1독립만세 사건에 직접적으로 관계되지 않은 사람으로 실형을 받은 사람으론 몇 안되는 인사 중 저명한 사람으로 기억할 수 있는 이가 바로 고당 조만식인 것이다. 그는 만세사건에 직접 가담한 바가 없을 뿐 아니라 고의적으로 빠지려고 했는데도 묘한 인연으로 엉뚱하게 보안법에 걸려 1년형이란 무거운

징역살이를 하게 되었으니 말이다.

"피고 조만식 1년형에 처한다."

그 순간 고당의 눈 앞에 떠오르는 얼굴은 남강 이승훈이었다. 남강은 씁쓸한 얼굴로 고당의 얼굴을 뒤덮었다. 이때 고당의 나이 37세였다. 열파라는 곳에서 아편쟁이 건달의 덫에 걸려 평양으로 압송당해 온 죄없는 죄인 조만식은 혹심한 고문을 받으면서 취조를 받고 그가 일본정부가 가장 미워하는 <오산학교>의 교장으로 오랫동안 시무한 적이 있는 조만식으로 정체가 들어나자 마침내 보안법이라는 반일적인 중죄를 저지른 범인으로 1년이라는 중형을 선고 받았던 것이다.

고당은 그로 인해 해외로 나가는 꿈은 사라지고 한평생 국내에서 그 지긋지긋한 항일 투쟁을 전개하는 수밖에 없었던 것이다. 한편 그의 동지요 선배인 남강 이승훈은 손병희와 더불어 3 · 1독립만세 사건의 주동자로 체포되어 그전에 제일 장기간의 옥살이를 하고 3년만에 맨 나중에 풀려났던 것이다. 고당 조만식은 아버지 조경학이 차입해 준 성경책을 밤낮으로 읽으면서 그 지루한 감옥생활을 배겨낼 수 있었다. 옥중에서도 기독교의 참 정신인 사랑을 실천하는데 힘을 기울였다.

그건 잡범들을 대해서였다. 처음에는 그러는 데도 약간의 저항감을 느꼈던 것이다. 항상 죄없는 죄인이란 의식이 그의 이성을 흐리게 했던 것이기 때문이었다. 일본에 대한 분노가 자연히 그의 감정을 휩쓸었던 것이다. 변명 같지만 도저히 사랑하는 관용의 감정을 자아낼 마음의 너그러운 공간을 만들어 주질 않았던 것이다. 그럴 때마다 고당은 '데 사람덜은 세상에서 나쁜 짓을 하다가 붙잡혀 들어온 사람들인데 내가 구태여 밥을 나눠 줄 필요가 있을까!' 하고 약간의 저항감을 느끼기도 했으나 한편, '아니다 이들두 불쌍한 우리 백성덜이 아닌가! 그들이 그덜 나름대로 그런 딧을 한데는 일본놈 덜에게 농토를 뺏기구 먹을 거이 없어서 기롷게 된 것이니까니 그도 불쌍한 것이 아닌가!' 그렇게 생각하니 그들이 오히려 불쌍하게 생각되었던 것이다.

그리하여 그 다음부터는 수수밥일망정 밥이 들어오면 우선 절반을 갈라 놓고 그 절반은 자기가 먹고 나머지 절반은 다른 사람에게 나눠 주는 것이었다. 그러던 어느날 전부터 잘 알고 지내던 이윤영李允榮 목사와 같은 방에 있게 되었다. 고당의 그런 것을 보고 깜짝 놀래서,

"아니! 고당! 기렇게 먹구 배게 나가시오?"

"괜디 않수다. 나보다두 데 사람덜이 얼마나 배가 고프갔소?"

"하디만 아이덜두 그거 가디군 모자릴 터인데……."

고당은 감방에서 우선 성경말씀을 실천했던 것이다. 그런데 열파의 여인숙에서 밤에 몰래 혼자 빠져나간 도원권에 대해서 그럴 수밖에 없었던 그 이유를 도저히 이해할 수가 없었던 것이다.

"왜 그랬디? 그 이율 모르갔는데…… 기롷다문 나한테 한마디락두 얘길 하구 떠났으야디!"

아무래도 납득이 가질 않았다. 도인권이 그렇게 자길 속인다

든가 거짓말을 할 위인은 아니라는 것을 잘 알고 있기 때문이기도 했던 것이다. 고당은 아무래도 꺼림칙했다. 그러나 이왕 지나간 일이니까 잊어버리기로 했다.

아버지 조경학曺景學

고당 조만식이 열파에서 붙들려 평양으로 압송되어 보안법 위반으로 1년형으로 징역살이를 하게 되었다는 소식이 전해지자 아버지 조경학은 졸도까지 하였던 것이다. 조당손 조만식은 조씨가문에 있어서 그만큼 귀중한 자식이었던 것이다. 그 넓은 평양에 있어서도 날파람으로 이름을 날리고 있었을 뿐 아니라 일본에서일망정 대학을 나왔으며 기독교에 입교한 뒤 그 민족의 교육기관으로 이름을 떨치는 <오산학교>의 교장으로 시무하여 소장 교육자로 촉망을 받고 있었으니 말이다. 아버지로서도 잔뜩 기대하고 있던 차에 그것도 3・1독립운동에 가담해서가 아니라 청운의 꿈을 품고 중국으로 망명 가려다가 도중에 붙들렸으니 억울할 수밖에.

더욱이 1년이라는 중형을 선고 받고 감옥살이의 몸이 되나니 정말 기가 막혔다. 졸도할 만도 하였던 것이다. 집안은 초상집처럼 깊은 슬픔에 잠겨 들었다. 그러나 아버지 조경학은 지팡이를 끌고 서성리西城里에 있는 평양형무소를 매일 같이 한바퀴씩 돌았으며 아들을 면회할 때마다 자기의 슬픔을 가슴에 묻어 버

리고,

"애야 이거이 모두 나라 찾으려구 하다가 기렇게 됐으니까니 너 낙심하디 말구 남강 선생님터럼 언젠가는 나랄 위해 죽을 각오루 이게 나가야 한다!"

"예 아바지 염려 말라우요. 내가 절대루 디디 않가시오!"

"기래야 조당손이 아니간!"

"걱정 마시라우요. 내래 이대루 죽딘 않가시오!"

"핫핫하하 이제 제법 북도 사투릴 잘 쓰는구나!"

"오산 가서 인제 7년두 더 됐는데요?"

아버지가 면회를 왔다가 가면 꼭 오산 있을 때의 좌우명을 외웠던 것이다.

첫째, 사람을 사랑하고 겨레를 사랑하라.

둘째, 옳은 사람이 되어라. 그러자면 예수를 믿어야 한다.

셋째, 학문을 잘해서 남에게 뒤지지 말자.

그런데 첫째와 둘째는 감옥안에서도 실천이 가능하지만 세 번째는 도저히 불가능하니 어떻게 한다? 라는 의문이 생기자,

"기릏디, 이제 사회에 다시 나가문 우선 학문을 닦는데 힘써야디!"

이렇게 다짐하는 것이었다. 5월에 접어 들었다. 뜻하지 않게 전부터 잘아는 이윤영 목사가 같은 방으로 옮겨왔다. 그런데 감방에서 주는 밥은 짠밥이라고 해서 수수싸라기가 섞인 잡곡밥으로 어린애 주먹만한 작은 것이었다. 고당은 그것을 둘로 나누

는 것이었다. 이윤영 목사는 고당이 하는 양을 지켜보고 있다가,
"아니! 무얼하는 거요?"
"가만히 계시고레."
그 절반으로 나눈 것을 옆에 있는 잡범에게 나누어 주는 것이었다. 그 잡범은 절을 몇 번씩 하고서는 그것을 받아먹으며,
"고맙습네다. 늘 이렇게……. 헤헤헤헤."
그 광경을 본 이윤영 목사는
"아니 고당. 배고프디 않소?"
그말엔 대답도 하지않고 딴전만 부리는 것이었다.
"왜 내래 이렇게 자꾸 식은 땀이 나는디 모르갔이다!"
이윤영 목사는 고당의 몸이 어쩐지 그의 이마를 짚어 보면서,
"어디 봅세다. 열은 그리 많디 않은 것 같은데……."
"열이야 기룹게 높디 않디요! 기냥 맥이 좀 없어서……."
"하잉든 병감에 한번 가 보소고레."
그뒤 고당은 병감에 갔다 왔다.
"기래 어떻답딧까?"
"까짓 나한몬 어드름은 어드르 캈소? 나라가 이모양이니!"
"길세 말입네다!"
이윤영 목사는 갑자기 소릴 낮춰서,
"듣건대 독립선언서에 서명한 분들두 다 붓들레 들어 갔다는데……."
"남강 선생두 말이오?"

"그 분이야 야소교특 대푠데 말해서 뭘 하갔소? 물론 첫째루 잡해 갔갔디요!"

"허허 참 기름 큰일인데……. 그분이 잡혜 갔음 <오산학교> 레 큰일인데……."

"시방 학교가 문뎁네까? 나라가 독닙이 되느냐 마느냐 하는 판인데!"

고당은 이윤영 목사의 말은 듣는 둥 마는 둥,

"남강은 꼭 풀레나야 갔는데……."

평양의 겨울은 매우 춥다. 시베리아로부터 불어오는 꽁꽁 얼어 붙은 바람은 바이칼호를 핥으면서 중국의 동북부를 때리고 압록강의 얼음을 스치면서 다시 한 번 싸늘하게 식고 대동강을 기어서 고당이 갇혀 있는 서성리 형무소의 넓은 뜰을 지나 엉성한 문틈으로 빠져 들어온 모양으로 그의 옆구리에 칼날을 들이대는 것이었다.

"아잇 추워!"

아래 위의 이가 딱딱 마주쳤다. 집에서 차입해 준 두터운 솜옷을 입고는 있었으나 문틈으로 들어오는 황소바람은 날카로운 비수였다.

"이깟 추위쯤 못 이겨서야 어쩌자는 거야?"

고당은 우선 추위를 이기는 단련을 감옥에서 해내야겠다고 마음 먹었다. 그렇더라도 역시 춥긴 추었다. 그날 아침엔 유난히 눈이 일찍 떠졌다. 갑자기 밖에서 웅성거리는 소리가 나더니,

"조만식 석방이오!"

"예에?"

"빨리 사물을 챙겨가지구 집으로 가시오."

"……."

"뭘 끄믈대구 있지? 빨리 나가라니까!"

"아니요!"

"뭐요?"

"내래 와 나가야 돼?"

"그건 우리 일본법으로 정해진 거요!"

"허어 아무 죄두 없는 사람을 잡아 간우기두 맘대루구 또 내놓는 것두 제멋대룬가?"

"하여튼 나가시오!"

"안 나갔이다. 언젠 1년 딩역을 디라구 해 놓구서 이젠 두달밖에 안 남았는데 또 나라가구 하다니! 난 남은 두 달을 채우구 나가갔이다."

"허어! 그 고집은 참! 밝은 하늘루 나가서 자유를 누리라는데두……."

"기렇게 너희 일본나라는 아무 죄두 없는 나를 간울 땐 언제구 또 지금은 나가라구? 안돼 나가디 않가서!"

"참 고집두! 그리디 말구 어서 나가요!"

고당은 너무 어이가 없어서 그 일본 간수를 노려 보았다. 실은 3・1독립만세 사건이 거족적으로 일어나자 일본정부 당국도 조선민족을 그냥 억누르기만 하는 무단정치만으로는 안 되겠다고 깨달았음인지 좀 더 유연하게 슬슬 달래는 유화정책을 써야겠다고 생각해서 주동자가 아니면서 3·1운동에 참가했다가 체포된 죄수들을 보안법으로만 다스리지 않고 그네들이 내세우는 이른바 문치정치로 일대 정책전환을 가져왔던 것이다. 그리하여 고당 조만식도 반 강제로 옥문 밖으로 내쫓겼던 것이다.

물론 그의 집에도 통지가 가서 집에서는 새 옷을 지어가지고 고당의 출옥을 기다려 새로 지은 옷으로 갈아 입히려고 마중 나왔던 것이다. 아버지 조경학은,

"오오! 얼마나 고생했니? 어서 이 입성으로 갈아 입으라!"

"죄송합네다 아바지. 그동안 걱정 많이 하셨디요?"

"기런 내긴 난중에 하구 우선 집으루 가기나 하자꾸나!"

"예, 그러디요."

고당의 고향 모락장 사건

"아니 뭐이 어째? 독립선언서 한 당이 왜경의 손에 딜어 갔다구?"

"기거이 참 큰일인데!"

"기럼 내일 일이 틀레딘게 아니야?"

"기래서 말인데……."

그러나 정작 그 한 장의 독립선언서를 입수했다는 왜경은 언제 그 독립선언서를 쓸 것인지를 모르고 있었던 것이다. 그게

바로 3월 1일날 필요하게 되리라고는 상상도 못했다. 교회들도 별다른 움직임이 없으며 평양도 안온했던 것이다. 실은 그것은 폭풍전야의 고요함이었던 것이다.

"대한독립만세!"

"대한독립만세!"

교회당에 모여 붕서한 고종황제의 망곡식望哭式을 한다고 위장하여 운집한 일반 시민과 교인들은 그저 망곡식을 거행할 줄만 알았는데,

"이것으로 이태왕의 망곡식은 마칩니다. 곧 이어 다른 집회가 여기 이 자리에서 있겠습니다."

그러자 일반 시민들과 교인들은 의아한 얼굴로 서로를 쳐다보았다. 윤원삼 목사가 단상에 올라갔다. 장내는 잠깐 웅성거렸으나 곧 조용해졌다.

"여러분!"

그는 목이 메이는 듯 복받쳐 오르는 울음을 억누르고,

"이제부터 우리 도선의 독닙을 세계 만방에 선언하구 일제히 만세를 부릅세다!"

그래서 터진 만세 소리였다. 그러나 그것은 시민이나 교인들이 얼떨결에 터뜨린 만세 소리였고 자신들도 의식하지 못한 듯하였다. 그러나 그것은 항상 그들의 가슴에 고였던 울부짖음으로 자연스럽게 터져 나온 외침이었다.

한편 고당의 고향인 강서군 반석면의 모락당교회의 영수인

김해진金海鎭은 평양에 볼 일이 있어서 왔다가 마침 장대현교회에 들렀는데 거기서 공교롭게도 독립선언식에 참석하게 되었다. 영수란 지금의 장로와 안수집사의 중간쯤의 성직으로 지금은 없어졌다. 그 김영수가 독립선언서 한 장을 얻어 가지고 헐레벌떡 모락장에 돌아와서 내친 김에 고개를 넘어 성태면星台面에 있는 노죽동蘆竹洞교회의 송현근宋賢根 목사를 찾아가서 모든 사실을 털어놓고 의논했다.

"목사님! 우리두 이 근테 사람덜을 뫄놓구 피양에서터럼 한번 본때 있게 독닙선언식을 벌니는 것이 어드룽갔습네까?"

"돟은 생각입네다. 마침 낼이 쟝이니까니 게다가 모락당 당날이기두 하고 교인덜과 당꾼덜이 모이문 굉장하게 선언식을 할 수 있디 않가시오?"

그런데 모락장 헌병분견대에도 그날 평양 본대에서 사태가 심상치 않으니 엄중 경계하라는 지령이 내려왔던 것이다. 그리하여 송현근 목사와 김해진·정양구 등 세 사람이 예비검속으로 구속되었다. 그 소식을 들은 그곳 청년들은 흥분해서 모락장 헌병분견대를 습격하여 창문을 깨뜨리고 세 사람을 구출해 냈던 것이다. 그렇게 되자 송현근 목사는 옆 마을 최능섭崔能燮 장로댁에 숨어서 은밀히 만세운동을 준비했다.

한편 평양의 숭실학교에 다니는 최봉주崔奉周·최봉성崔奉聖 두 형제와 조형신曺亨信 등 세 학생은 평양에 가서 독립선언식에 참가했다가 선언서를 한 장 구해 가지고 돌아와서 거사계획을 꾸미던 중 송형근 목사가 최능섭 장로댁에 숨어 있다는 말을 듣고 찾아가서 의논하기로 하였다. 송현근 목사는 세 학생이 갑자기 찾아오자 의아해서,

"자네덜이 웬일인가?"

학생들은 송 목사가 자기들을 의심하는 눈치여서 호주머니에서 독립선언서를 끄집어 내 놓았다. 그제서야 송 목사도 안도의 숨을 내쉬고,

"실은 저희들두 피양에서 독닙선언식에 참석했다가 이룷게 선언설 가디구 왔디요."

"난 또 하두 일본놈덜이 밀덩을 많이 풀어놔서……."

"핫핫핫하하하……. 그래서 우리까디 의심했구만요!"

"가만있자……."

그러더니 송 목사는 무슨 좋은 생각이라도 떠오른 듯,

"기카문 학생덜은 넌락책임을 맡아 주디!"

"예에 기리디요."

그런데 갑자기 무슨 생각이 났는지,

"긴데……."

"와요?"

"오늘 모락당을 놓뎄으니까니 어카디?"

그러자 조형신이 좋은 수라도 있는 모양으로,

"낼 사흗날이 원당 당날이니까니 원당에서 선언식을 하문 되디 않가시오?"

"기래 기리문 되갔디! 기롷게 하기루 하디! 다덜 어드래?"

"기거이 돟갔이다."

"기럼 기롷게 하기루 하구! 학생덜은 넌락을 비밀리에 해주두룩!"

"예에. 기리디요."

학생들은 가슴이 부풀어서 돌아갔다. 원장은 강서군과 대동군의 경계선 부근에 있으며 반석교회에서 10리쯤 상거한 곳에 있었다. 그곳에는 또 평양신학교에 다니는 하노원河路院이라는 학생과 중국의 동삼성東三省-전의 만주-에서 전도사일을 맡고 있던 지석용池錫湧이 거사를 기다렸는데 그들이 평양에서 원장으로 오는 도중에 용악동 샘동 반천리 팔청리 이목동 기동에 있는 교회와 합세하기로 연락도 하였던 것이다. 그곳 교인들도 여간 반가워하지 않았다. 그런데다가 반석 모락장 독좌동 사람들까지 합치기로 하고 밤 사이에 모두 연락이 되었던 것이다.

3월 3일은 원장의 장날이었다. 아침 일찍부터 장꾼들이 꾸역꾸역 모여 들었다. 그 부산한 틈을 타서 교인들은 미리 정해진 장소로 정해진 시간에 가 있었다. 원장보통학교 운동장은 교인과 장꾼들로 초만원이었다.

용악동교회의 박인설朴仁卨 장로가 독립선언서를 낭독하고 교회 지도자들이 차례로 단상에 올라가서 비분강개한 성토연설을 토해냈던 것이다. 군중들은 흥분하였다. 모두 어디서 마련한건지 모르지만 태극기를 손에 손에 들고 장터 한가운데로 밀

려들어,

"대한독립만세!"

"대한독립만세!"

우렁찬 소리로 그 좁은 장터를 누비는 것이었다. 그것은 노한 파도였다. 분노의 소용돌이었다. 헌데 그 거센 물결을 가로 막으려는 조그마한 조약돌이 있었다. 그것은 다름 아니라 처음부터 일본놈의 앞잡이로 거드럭거리던 친일파인 반석면장 김종화金宗化였다. 밀려오는 그 세찬 물결을 가로 막으려는 듯 양팔을 잔뜩 벌리고,

"여러분, 이르문 안되오. 이러다가 무슨 일이 생길디 모르니까니 빨리 해산해요!"

"데 놈이 어딜 나왔어? 데놈 친일파놈! 데놈부터 때레 죽에라!"

"와……."

그러자 형세가 험악했던지 그 친일파 앞잡이놈은 걸음아 날 살려라 하고 뺑소니를 쳤다.

"핫핫하하……."

군중 속에서 웃음이 터져 나왔다. 그러나 그것도 한 순간이었다.

탕 탕 탕 탕탕탕.

아주 가까운 곳에서 총소리가 요란하게 들려왔다. 다행히 그것은 공포였다. 잠깐 주춤했던 군중의 행렬은 다시 밀려갔다. 그러자 이번엔 실탄을 재는 것이었다. 그런데 어떻게 된 일인지 앞에서 시위행렬을 선도하던 몇몇 젊은이들이 어느 사이에 사

또오佐藤 헌병분견대장의 총을 빼앗아 그 개머리판으로 그자의 골통을 까부셨던 것이다. 물론 그자는 그 자리에서 즉사했다. 그러자 헌병보조원이란 자들인 강병일康秉一, 김성규金聖奎, 박요섭朴堯燮 등은 맨 앞에 나서서 가로 막으려고 했다. 이를 본 군중들은,

"데놈덜, 데놈덜부터 때레 잡아라……. 데놈덜이 더 나쁜 딧을 많이 했다. 데놈덜을 잡아라……."

"와아 와아……."

그러자 그자들은 꽁무니를 빼고 도망쳤지만 마침내 군중들에게 붙들려 처참하게 죽임을 당했던 것이다. 그러나 일본 헌병대는 가만 있지 않았다. 3·1만세 사건에 있어서 가장 처절했던 사건은 수원의 제암리提岩里 참살사건이지만 다음으로 처참했던 것은 아마 이곳 모락장 사건이었을 것이다.

헌데 여기서 당연히 추측할 수 있는 것은 그 모락장이 있는 반석면은 고당 조만식의 고향이라는 것이다. 고당이 뒤에서 선동했다는 증거는 찾아볼 수 없지만 우연치고는 공교롭다고 할 것이다. 고당이 그런 항일적인 정기를 타고 났던 것인지 그곳이 본래부터 그런 강렬한 기운이 자연 발생적으로 그 고장 사람들의 가슴 속에 울분을 솟게 했던지 모를 일이다.

하여튼 그때에 고당은 <오산학교>를 그만두고 평양에 돌아와서 은인자중하고 있을 때였던 것만은 부인할 수 없던 것이다.

항일운동에 개입하는 선교사들

선교사 베드위드裵緯良와 모의리牟義理

고당 조만식이 술이 잔뜩 취한 채 학교에 들어가려고 숭실학교崇實學校에 찾아 갔을 때의 교장이었던 베드위드는 자기가 가르친 학생들이 일본관헌에게 쫓겨 다니자 백방으로 도와주었던 것이다.

이때 조선에 와서 선교사업과 교육사업을 하던 미국인은 여럿인데 그 대표적인 사람인 경성을 중심으로 활동하던 언더우드Underwood 元杜尤는 지금의 연세대학교의 연희전문학교延禧專門學校를, 아펜셀라Apensheller 亞偏薛羅는 배재학당培材學堂을 세우는 등 교육사업에도 많이 중점을 두었으며 모페트Moppet 馬布三悅와 맥퀸McQuin 尹山溫 그리고 앞에서 말한 베드위드 등은 주로 평안남북도에서 활동하였다. 특히 베드위드와 맥퀸은 선교사라기 보다 오히려 정치적으로 더 조선의 독립을 도왔던 것이다. 그리하여 맥퀸은 3·1독립운동 만세사건 뒤에 유일하게 추방당한 선교사가 되었던 것이다.

마우리Mauri란 선교사는 목사이기도 한데 온건한 신사이기도 했지만 숭실중학교와 숭실대학에서 교편도 잡았기 때문에 제자들도 많았다. 3·1운동 뒤에 일본 관헌에 초기는 제자들을 감추어준 것이 발각되었다. 일본 헌병이,

"아니! 이 학생들이 3·1운동에 연루되었다는 것을 몰랐단 말이오?"

"알구 있었소."

"뭐요?"

마우리 선교사는 태연하였다. 자기는 의당 할 일을 했다는 자신감에서였던 것이다. 양심에 하나도 거리낌이 없었다. 또 하느님 보시기에도 조금도 죄가 아니기 때문이었다. 허나 일본 헌병은 본래부터 아니꼽던 차인데 옳지 잘 걸려 들었구나! 하고 아주 비웃는 듯한 웃음을 흘리며,

"그런데두 감춰 주었단 말이요?"

"그렇소. 조선에 만일 포수에게 쫓기는 새가 품속에 들어오면 감추어 주라는 속담이 있지 않소? 하물며 내가 가르친 학생이 일본 관헌에게 쫓기고 있는데 그걸 모르는 척 할 수 있소? 그럼 냉정하게 내쫓으란 말이오? 당신네들은 인정두 없는 족속

이오?"

"하여튼 당신은 범인 은닉죄를 범했으니 본대까지 같이 좀 가줘야겠소."

한편 마우리 선교사가 평양헌병대에 연행되어 재판을 받게 되었다는 소식이 전해지자 일본 동경의 유명한 변호사인 우자와 소오메이悌澤聰明는 마우리의 변호를 하기 위해서 조선에 건너 갈 것을 서둘렀다.

"선생님 기어쿠 조선까지 가셔야겠습니까?"

"물론이지! 미국인 선교사이면서 우리 장로교회의 목사이신 그분이 저렇게 억울하게 고생을 하구 계시는데 내가 가서 조금이라두 도울 수 있다문 가야하질 않겠어?"

"그렇더라두 우리에겐 별루 도움이 되질 못할 텐데요?"

"아니지! 이건 법을 공부한 사람으로서 의당 해야 할 사명이기도 하지! 꼭 가야겠네!"

그는 유명한 법학자로서 고당이 수학한 메이지대학의 총장까지 지낸 석학이며 일본장로교파의 장로이기도 했던 것이다. 그는 제자이면서 사무장인 젊은이가 한사코 만류하는데도 뿌리치고 부득부득 조선에 가려고 서두는 것이었다. 105인 사건 때도 자진해서 변론을 맡기도 했다. 말하자면 정의파였던 것이다. 조선의 자주 독립과 자유 민주주의를 위한 투쟁에 지대한 관심을 가지고 있었다. 일본 사람치고는 별종이었던 것이다. 1심공판에서 일본인 검사는 마우리 선교사에게 1년 징역형을 구

형했고 재판장은 6개월을 언도했던 것이다. 공소가 이루어져 이제 2심공판이 열리고 있었다. 우자와 변호사는,

"재판장! 마우리 선교사가 자기 신변의 위험을 무릅쓰고 자기가 가르친 제자들을 자기 집에 숨겨 준 것은 당연하다고 생각합니다. 그럼 부모가 자기 자식을 숨겨 주었다고 해서 은닉죄가 성립될 수 없는 것과 마찬가지로 스승이 제자를 숨겨 준 것과 무엇이 다릅니까? 그렇다면 사랑이란 있을 수 없는게 아닙니까? 세상에 그런 사랑이 없는 사회가 어디 있을 수 있습니까? 따라서 마우리 선교사는 무죄입니다. 이상입니다."

그런 이론 정연한 변론으로 드디어 마우리 선교사는 벌금 200원형으로 낙착되었던 것이다. 이 얼마나 아름다운 일인가! 과연 우자와 변호사의 기독인으로서의 봉사정신과 마우리 선교사의 용기있는 행위가 어우러진 한 편의 미담어린 드라마라고 아니 할 수 없다.

그런가 하면 3·1독립만세 사건이 있은지 3년 후인 1922년 중국의 남경南京에서 열린 장로교 동방선교사 대회에서 고당이 다닐 때 숭실학교 설립자이며 교장이었던 베드위드 선교사가 단상에서 회의를 진행하던 중 거기에 참석한 수많은 선교사들에게 한국인들이 3·1독립 사건을 일으키지 않을 수 없도록 일본이 얼마나 혹독하게 조선을 탄압했던가를 실례를 들고 또 한국인들의 자주독립에 대한 열정을 낱낱이 설명하던 중 우연히 청중 속에 그 당시 모락장 사건을 주도하다가 일본 법정에서

사형선고를 받고 해외에 망명한 최능섭 장로를 발견하고 그를 강단 위로 끌어 올려 세우고,

"여러분! 이 분이 바루 그때 치열했던 모락장 사건을 주도한 바로 그 최능섭 장로이십니다."

그러자 대회장은 떠나갈 듯한 우렁찬 박수소리에 휩싸였다. 참석했던 모든 선교사가 앞다투어 최 장로와 악수를 청했던 것이다. 장내가 좀 조용해지자 베드위드 선교사는,

"이 최 장로님은 내가 세운 장로교의 장로이신데 모락장 사건으로 사형선고를 받은 뒤 소식이 묘연해서 걱정을 하던 차에 이렇게 여기서 만날 줄이야! 하느님의 뜻은 정말 오묘합니다. 그 은혜 정말 감사합네다."

또 한차례 박수소리가 터져 나왔다.

평양시민을 위해

고당이 교장? 그건 안돼!

"이인환 면회요!"

인환은 이승훈의 본명이었다. 공식적인 경우에는 그렇게 부르지 않을 수 없었다. 일본인 간수의 무뚝뚝하고 심드렁한 소리에도 남강은 몹시 반가운 듯 서둘러 면회장으로 나왔다.

"남강 선생님 얼마나 고생이 크시오?"

"오오! 고당 역시 오셨군!"

면회장소를 가로 막고 있는 쇠창살 사이로 손을 내밀어서 조만식의 손을 잡으려는 듯 허우적거렸다. 하지만 강하기 짝이 없는 무쇠 창살을 뚫을 수는 없었던 것이다. 그러나 남강의 마음은 고당의 가슴을 얼싸 안았다. 그만큼 남강과 고당의 조국을 되찾으려는 열정적인 핏줄은 서로 이어져 있었던 것이다. 그들의 나라에 대한 사랑의 꽃은 보이지 않는 허공에서 찬란하게 활짝 피어 있고 그들 두 사람 앞에 환한 빛으로 다가왔던 것이다. 남강은 수줍은 소녀처럼,

"고당 아무래두……."

"데……. 남강! 그보다두 내래 무디 해설라무니 남강과의 약속을 못 디케서……."

고당은 이야기하다 말고 일본인 간수를 힐끗 쳐다보았다. 남강은 재빨리 눈치를 채고,

"데 사람 우리 도선말을 모르니끼니 안심하구 내기해두 괞디 않습네다."

"기래서 그만 옐파라는 데서 불한당에게 붓들레서 둥국으로 못 가구 기만 피양으루 끌레와서 딩역을 살다가 풀레 나오긴 했디만……."

"내래 그 내긴 들었수다."

"둥국 간다는 약속을 못 디키구……."

"그거이 고당의 잘못입네까?"

남강은 무슨 어려운 말을 꺼낼 때처럼 망설이는 듯 하다가,

"고당 이번에 또 우리 <오산학교>를 맡아줘야 갔위다!"

고당 조만식은 짐짓 놀랜척 하지 않을 수밖에 없었다. 사실 남강을 만나면 으레 그 얘기가 틀림없이 나올 것이라고 짐작하고 있었기 때문에 남강을 면회하려고 결심을 했을 적엔 그러기

로 작정도 했었던 것이다.

"어드릏게 하갔소?"

남강은 재촉하듯이 물었다. 고당은 이미 짐작하고 있었고 더욱이 옥에 갇혀 있을 때 이윤영 목사로부터 확인도 한 바이지만 자기가 석방되면 남강을 면회하는 것이 사람된 도리라고 생각했으면서 그러자면 으레 <오산학교> 문제가 나오리라고 여겨졌기 때문에 이미 다시 <오산학교>에 가기로 결심은 하고 있었고 거기 가서 학생들과 다시 만나고 싶기도 했다.

그래서 남강을 면회가는 것도 서둘렀던 것이다. 그러니까 남강의 요청에 선뜻 그렇게 하겠다고 말하고 싶었지만 고당 조만식은 늘 이미 결심이 선 것도 다시 한 번 심사숙고한 뒤에 천천히 대답하는 성미라 뜸을 들이고,

"아무래도 기래야디요!"

사실 고당은 <오산학교>를 그만두고 싶어서 떠난 것은 아니었던 것이다. 남강의 부탁도 있었으며 또 나라를 위해 보다 크게 일할 자리를 찾고자 그리고 남강의 뒤를 이어 목숨을 내걸고 싸우려고 중국으로 망명하려던 것이었다. 그런데 그만 엉뚱한 사건으로 좌절되긴 하였지만.

"내래 오산에 정두 들었으니까니 남강 선생님의 청에 따라 다시 오산에 가서 학생덜 교육을 맡두룩 하죠."

"고맙소! 고맙소!"

남강은 너무 고마운 나머지 고당의 손을 덥석 잡으려고 손을

내밀려 했으나 차갑기 한량없는 철창살은 남강의 그 열정적인 진심도 들어주지를 않았다.

"여봐 시간 됐소."

일본인 간수는 제자리에서 무뚝뚝하게 기계적으로 말을 내던졌다. 그 즉시로 고당은 평양에 돌아가자 짐을 꾸려 가지고 경의선 기차를 탔다. 물론 오산에 가기 위해서였다. 어떻게 소식을 들었는지 <오산학교> 학생들이 떼지어 고읍정거장까지 마중을 나왔다. 고당이 기차에서 내려 모습을 보이자 학생들은,

"조 교당 만세! 고당 선생님 만세!"

학생들은 함성을 지르면서 조만식의 손으로부터 짐을 빼앗다시피하고 고당을 에워싼 채 교가를 부르며 5리 길을 오산으로 행진해 가는 것이었다. 그때가 1921년 4월이었다. 그러나 일은 그대로 순조롭게 진행되지 않았다. 평안북도 학무국에서는 고당 조만식이 다시 <오산학교>의 교장으로 왔다는 말이 있자,

"그럴 수야 없지! 학무국장 대체 어떻게 된 일이오?"

"글쎄 말입니다. 도지사각하! 남강이 또 수작을 부리려는 모양입니다!"

일본 행정당국은 고당 조만식의 <오산학교> 교장 취임을 허가하지 않았다. 고당은 짐을 풀어놓기가 바쁘게 다시 싸가지고 평양으로 되돌아가지 않으면 안 되었던 것이다. 그러는 데는 남강도 어쩌는 수 없었다. 일본 정부는 고당을 아예 교육기관에서 영구 추방하기로 작정했던 모양이었다. 고당은 평양으로 가는

기찻간에서 깊은 시름에 빠졌다.

'에잇 우리 청소년덜을 우리 맘대루 가리티디두 못하게 하다니!'

그러나 평양에서는 평양에서대로 고당을 목마르게 기다리고 있었다.

평남 Y.M.C.A. 창립

그토록 고당은 일복이 터진 사람이었다. 아니 그마만큼 그를 요구하는 데가 많았다고 하는 게 옳을 것이다. 그를 기다리고 있는 일들이 쌓이고 쌓였던 것이다. 우선 급한 문제는 청소년들의 선도였다. 새시대로 접어들면서 그나마 자유가 허용되자 탈선하는 젊은이들이 많아졌던 것이다. 젊은이들은 나라의 재산이며 더구나 망국민에 있어서는 앞날의 희망인 것이다. 그 젊은이들이 살아가는 데 있어서 별로 바랄 것도 없으니 자연히 나쁜 길로 떨어지는 경우가 많았다. 소망이 없으니까 나무랄 수도 없었다. 그 청소년들을 바른 길로 이끌만한 지도자와 기관이 필요했으며 그 중심적인 지도적 인물이 필요했던 것이다. 그 적격자가 바로 고당 조만식이었다. 더욱이 그는 젊었을 때에 방탕한 적도 있었고 개심하여 이제 올바른 길을 걷고 있으니 말이다.

그런데 참 좋은 새로운 운동이 일어나고 있었던 것이다. 기독청년회 운동인 것이다. 서양에서 일기 시작했기 때문에 Y.M.C.A.

운동이라고 하는데 그냥 Y 운동이라고도 한다. 그 Y.M.C.A. 운동을 이끌어 나갈 적격자가 고당 조만식이었던 것이다. 그런데 그 고당이 <오산학교>에 붙잡혀서 그동안 꼼짝 못하고 있다가 이제 어쩔 수 없긴 하지만 평양으로 돌아왔으니 이번 기회에 놓아주면 안되겠다고 평양의 유지들인 오윤선, 김동원, 유계준 등은 가슴이 부풀었던 것이다. 고당도 마침 잘 됐다고 생각해서 곧 평남 Y.M.C.A. 창립에 착수했던 것이다. 기독교청년회라고는 하지만 그 근본 취지가 기독교 정신에 입각한다는 것 뿐이지 꼭 기독교 신자라야만 관여하게 되어 있을 뿐 아니라 청소년이면 누구나 참여할 수 있으므로 대단히 폭이 넓은 운동단치라고 할 수 있다.

고당이 <오산학교> 교장취임을 거부당하고 평양에 다시 돌아오자마자 곧 1921년 봄 그러니까 고당이 39세로 한참 일할 나이였던 것이다. 사무실로는 정익로鄭益魯, 정익경鄭益慶 형제가 경영하는 광명서관光明書館 2층을 빌려서 쓰기로 했다. 천장에서 먼지가 떨어지고 있었다. 오래오래 쌓였던 먼지임에 틀림없었다. 그건 해 묵고 낡은 부스럼처럼 쌓였던 먼지가 자신의 무게를 이기지 못해 스스로 허물을 벗는 껍질 같았다.

"김회당! 기까딧 턴당에서 몬주 좀 떨어디는 걸 가디구 뭘 그럽네까? 이 덩도의 방을 빌린 것만두 대단하디요!"

고당은 언제나 그랬듯이 회장이니 무어니 하는 늪은 감투는 동료나 친구들에게 씌우고 자기는 실질적으로 일을 맡아서 하기를 좋아했다. 그리하여 이번에도 기독청년회의 회장도 전부터 친히 사귀고 있던 김동원에게 맡기고 자기는 실무책임자인 총무로 일을 하고 있었던 것이다. 김동원은 그 유명한 우리나라 최초의 문예잡지 『창조創造』-일본도쿄의 유학생들이 내던 문학동호회의 동인지-를 낸 금동 김동인琴童 金東仁의 친형이었다.

회관은 그래도 개와집 2층 건물로 대동문大東門 안 종로에 있었다. 앞에서 말한 것처럼 기독청년회 Y.M.C.A.는 물론 기독교의 교리를 주지로 청년들을 옳은 길로 인도하는 것이 주지인 단체이지만 기독교신자가 아닌 청년들도 건전한 정신을 가지도록 지도하는 데 힘을 기울였던 것이다. 고당은 속마음으로는 이 기독청년회를 통해 장차 나라를 찾은 다음에 나라를 위해 유용히 일할 인재들을 키우려고도 하였던 것이다. 그러한 원대한 뜻을 가진 것이기도 했다. 하루는 김회장이,

"고당! 당신은 총무이니까니 늘 나와 있으야 하디 않갔소? 기르자문 우선 책상은 하나쯤은 있으야 되디 않갔소?"

"기리디 않아두 책상 하나와 의자 두갤 전에 집에 갲다 놨더랬는데 기걸 가데 오기루 했이다!"

고당은 그 이튿날 책상과 의자를 갖다 놓구 방도 지킬 겸 하루 종일 자리를 떠나지 않았던 것이다. 손수 방바닥에 떨어진 먼지도 닦았다. 그리고 덩그러니 외롭게 놓인 책상 앞 의자에 앉아 다음부터 할 일을 구상하는 것이었다.

"헌데 둥국으로 가는 걸 실패했으니까니 남강과의 약속두 디

키디 못했구 기건 내 잘못이 아니라구 테두 하여튼 남강이 낭해해 주긴 했디만 하여간 미안하긴 하디!"

그런 생각을 하면서 남강이 3·1운동의 주동자로 지목되어 재판을 받고 3년형이란 징역형에 처해졌다는 것은 한편으로는 다행스럽기도 했다. 사실 남강은 사형까지 생각했으니까. 고당은 일단 안도의 숨을 내 쉴 수 있었다. 그리고는,

"내래 <오산학교> 교당을 쬧게 났다는 것두 알구 계시갔디?"

그러나 저러나 이제 기독청년회 총무로 있으니까 무언가 새로운 일을 해야 할 것이라는 데 생각이 미치자 무슨 일을 할 것인가 머리를 짜지 않을 수 없었다.

한편 3·1독립만세 사건은 일본 군국주의자들의 혹독한 탄압으로 표면상 독립쟁취에는 실패한 것처럼 보이지만 구체적으로 우리 조선사람들이 몽매했던 의식을 깨우치고 새로운 시대 사조인 민주주의 정신을 우리 국민의 의식속에 아로새겼다는 데 있어서 실질적으로는 대단한 성과를 거두었다고 할 것이다.

더더구나 김병연을 중심으로 한 대한청년단大韓青年團과 박현숙 중심의 대한애국부인회大韓愛國婦人會 및 대한의용단大韓義勇團 등 지하조직이 생겨났고 뒤에 『사랑방 손님과 어머니』라는 소설로 유명해진 주요섭朱耀燮 등 문학청년들의 푸른 꽃단이란 비밀조직으로 독립운동 뉴스를 발간 배부해서 국민의 독립운동정신을 촉구했던 것이다.

이 모두 평양이란 지역에 국한되어 있기는 하지만 평안도의

백성들을 분기시켰던 것이다. 주요섭은 천재 시인 주요한의 동생이며 연극 연출가 주영섭朱永涉의 형으로 모두 고당이 도쿄에 있을 때 깊은 관련이 있던 주공삼 목사의 아들들이다.

그보다도 일본 정부는 조선민족을 그냥 누르기만해서는 안되겠다고 생각했다. 문화적인 양간의 개방정책을 해야겠다고 인식해서 언론을 약간 허락하기로 하여 민족지로 <동아일보>, 중립지로 <조선일보>, 친일지로 <중외일보> 등을 허가하고 <개벽> 등 몇가지의 월간지도 출판케 했던 것이다.

한편 고당은 오늘도 먼지 냄새가 매캐한 방에 앉아 뉘엿뉘엿 저물어 가는 저녁 하늘을 쳐다보며 깊은 명상에 잠기는 것이었다.

"남강과 많은 동디덜이 데렇게 나랄 찾으라구 감옥에 갇히기두 하구 고생덜 하는데……. 난 나이 마흔이 다 됐는데두 벤벤한 일두 못하구……."

문득 자기 수목두루마기를 만지다가 무릎을 탁 쳤다.

"옳디 내래 딴데서 할 일을 찾을 필요가 없디 않가서……. 기렇디 기래야디! 와 내래 기걸 생각하디 못했디? 기건 벨루 힘들디두 않구 또 모두 실턴하는 데두 쉽구……. 헛허허허허……."

그건 다름이 아닌 물산장려운동이었던 것이다. 그것은 오산에 있을 때부터 실천해 오던 일이 아닌가!

'우리 도선에서 나는 토산품만을 써서 생활하두룩 운동을 펠테 나가는 것이 훌륭한 애국운동의 하나의 방법이 아니가서. 그러니까 아무도 또 일본 관헌두 생각지 못할 독립운동의 방법이 아니가서. 만일 누가 무어라구 하면 변명할 길은 얼마든지 있을 것이다. 적당한 구실을 내세울 수 있지 않겠는가!'

사실 머지 않아서 그런 경우가 닥쳐 왔던 것이다.

백선행白善行 기념관

고당 조만식이 세번째로 <오산학교> 교장을 사임하고 평양으로 아주 돌아온 것이 1926년 늦가을이었다. 당시 평양의 총 인구는 일본인 약 2,000명을 포함해서 불과 4만여 명이었다. 그런데 그 당시에는 공공적인 집회시엔 평양상공회의소 건물을 빌리곤 할 수밖에 없었다. 그리하여 고당을 비롯해서 평양의 유지들은 항상 불편함을 느꼈던 것이다. 그러니까 고당이 1919년의 3·1 독립만세 사건으로 중국에 망명하려다가 열파에서 체포되고 평양형무소에 수감되어 보안법 위반으로 1년형을 선고받고 10개월 동안 징역생활을 하고 난뒤 다니는 산정현교회에서 장로로 장립되었고 그 교회의 3장로로 평생을 같이한 오윤선 장로, 김동원 장로와 유계준 장로, 한정교 장로들도 함께 오늘도 평양사회의 모든 중요한 사건을 처리하기 위해 모이는 회의장인 오윤선 장로의 사랑방에서 우선 당면한 문제를 의논하는 것이었다.

공식적으로 선출된 것은 아니지만 자연스럽게 의장격이 된 고당 조만식은 김동원 장로에게 말문을 열도록 하였다. 그중 나이가 제일 많은 김동원은 좌장격으로 항상 이야기의 서두를 꺼내곤 하였던 것이다. 그도 으레 자기가 말을 시작하는 것이 옳다고 생각하고 있었다.

"당도님 네덜! 새삼스럽게 이렇궁 저렇궁 내기 할 것두 없구 이 피양에 많은 사람덜이 뫌 만한 큼딕한 당소가 없으니까니 기걸 어드룹가문 돟갔습네까? 어디 돟은 수가 없습네까?"

그러한 문제는 여러 번 나왔던 차라 그저 고개만 갸우뚱거릴 뿐 별로 신통한 대안은 없었다. 김동원이 고당의 얼굴을 쳐다보았다. 고당은 그저 묵묵히 앉아 있을 뿐이었다. 어디를 꼭 꼬집어서 쳐다보느냐고 물어본다면 대답할 수가 없겠지만 그렇다고 아무 생각없이 멍하니 있는 것도 아니었다. 무언가 골똘히 머리를 돌리고 있는 것이다. 오윤선 장로가 답답한듯,

"고당 어드룹가문 돟갔소?"

"길세! 기 상공회의소 강당을 자꾸만 빌레 쓸 수도 없는 일이구……."

이때 밖에서 고당 조만식을 찾는다는 전갈이 있었다. 그리고서 어떤 허름한 옷차림을 한 젊은이가 성큼성큼 사랑방 앞으로 다가오는 것이었다.

"누구요?"

집주인 오장로가 그 낯선 청년에게 물었다.

"여게 고당 선생님 계십네까?"

그러자 정강치기 수목두루마기를 입은 자그마한 장년을 가르키며,

"데 분이 고당 선생인데요! 와 찾습네까?"

"예에! 안녕하십네까?"

그 청년은 고당에게 절을 꾸벅했다. 고당은 그제서야 그 청년을 향해,

"누구신디?"

"예에 다름이 아니라……. 제가 뫼시구 있는 할마니 일루 좀 뵐라구 찾아 왔습네다!"

"기래요! 무슨……."

그리고서 여럿을 잠깐 둘러 보고,

"뭐 그리 둥요한 일이 아니문 여기서 얘기 하소고레. 우리 모두 허물 없는 친구덜이니까니!"

그 청년은 잠깐 망설이는 듯 하더니 별로 나쁜 일은 아니라고 생각해서인지,

"기럼 말씀 디리디요! 실은 제가 잘 아는 백선행이란 분이 계시는데……. 돈이 좀 있습네다! 기걸 이 평양 사람덜에게 도움이 되는 일에 쓸라구 하는데 사람덜이 말이 기런 일이라문 고당 선생과 의논하는 거이 돟을 거라구 하길래."

"기래 돈은 얼마나 가디구 있답딧까?"

누가 성급하게 물어 보았다. 모두 궁금했으니까 그럴만도 했다.

"한 20만원쯤 되나 봅니다!"

"뭐요? 20만원?"

모두 깜짝 놀랐다. 그야말로 굉장히 큰 액수였다. 너무 큰 돈

이어서 당장 그 돈으로 어떤 사업을 해야할지 예상할 수 조차 없었다. 고당은 그 청년의 말이 대체로 거짓말이 아님을 직감하고,

"알갔소. 내가 우선 그 할마니를 만나서 애길 들어보구 무슨 사업을 하든디 우리 의논해서 결덩하두룩 하디요. 하여튼 말씀이나 던해 주시오."

그 백선행이란 이름은 하도 좋은 일을 많이 해서 주위에서 불러 주는 이름이라고 하였다. 본디 그녀는 1862년 평양 근교의 어느 시골 가난한 농삿집에서 태어나 16살 때에 평양으로 시집왔는데 19세 때에 남편을 여의고 청상과부가 되었다. 본성이 검소하고 또 극성스런 성미라 콩나물 장수, 삯바느질, 돼지 키우기, 닭 키우기 등 온갖 허드렛일을 마다하지 않고 하면서 먹을 것 먹지 않고 입을 것 입지 않고 억척같이 돈을 모아 어느 정도 살만 해지자 그 돈을 가난한 이웃을 위해 쓰는가 하면 또 불쌍한 아이들을 위해 썼다. 그래서 주변 사람들의 칭송이 자자했으며 돈이 생기면 계속 땅을 사모아 이제는 알부자 소리를 듣게 되었고, 그녀가 30세부터는 장자로 이름이 나게 되었다. 50이 되자 큰 부자로 이름을 떨치게까지 되었던 것이다. 백선행이 더더욱 큰 부자가 된 것은 역시 재운이 따랐던 것이라고 하겠다. 어느 날 백과부의 재산을 가로 채려고 마음이 간교한 어떤 사기꾼이 그녀를 찾아가서,

"만달산晩達山을 지금 누가 팔갔다구 하는데 아주 똥값이오.

땅은 괜찮은데니 사두문 아마 한 목 볼거요! 사구파 하는 사람이 많디만 덩어리가 너무 커놔서 마땅한 님재가 안 나와서 기러니 할마님이 이 참에 사두는 거이 돟을 것 같은데 어드룷게 샹각합네까?"

그러면서 혼잣말 비슷하게 참 아까운데! 라고 그녀가 들으라는 듯 중얼거리는 것이었다. 백선행은 만달산이라는 것이 어디에 붙어 있는지도 모르고 있었다. 그 산은 평양에서 근 50리나 떨어진 곳인 승호리勝湖里에 있는 아주 쓸모도 없는 돌 산으로 버려진 볼모지였던 것이다. 그런데 그것이 아니었다. 전화위복이라고 재수가 없으면 넘어져도 코가 깨진다고 하지만 백선행의 경우는 완전히 그 반대였던 것이다. 다분히 미신적인 경우지만 재운이 따르면 가만히 앉아 있어도 돈은 굴러 들어오는 모양이었다. 백선행의 경우가 그런 것이다. 몇 해 뒤였다. 하루는 어떤 일본인이 그녀를 찾아왔다. 그 내버려 두다시피 한 만달산을 자기가 사겠다는 것이었다. 그것도 백선행이 살 때에는 평당 2전으로부터 고작해야 10전에 산 것을 8전과 좋은 데는 40전이라는 그러니까 4곱절이나 되는 비싼 값으로 쳐주겠다는 것이었다. 모래가 황금알이 된 것이다. 도저히 생각조차도 못했던 복이 굴러 들어왔던 것이다. 그 산은 시멘트의 재료가 되는 석회석 산이었던 것이다.

그래서 그 돈을 평양시민들을 위해서 쓰고 싶다는 것이었다. 백선행은 하늘에서 돈을 소나기처럼 쏟아 부어준 숙명적인 재산가였던 것인가 보다! 그렇게 사람들을 위해 좋은 일만 하려드니 하늘도 도울 수밖에! 요즘의 우리들에게는 시사하는 바가 크다고 할 것이다.

고당은 백선행이라는 여자가 그 많은 돈을 무엇에 또 어떻게 쓰려고 하는지 우선 그녀를 만나 보기로 했다. 속칭 이앗달이라고 하는 박구리礡九里에 있는 그녀의 대리인 격인 차인差人이라고 불리던 당시의 고용인인 최경렴崔敬濂의 집에서 그녀를 만났다.

"그룹게 큰 돈을 피양시민덜을 위해 희사하신다니 우선 피양시민을 대신해서 감사하게 생각합네다. 기런데……."

"고당 선생님! 우선 선생님 같으신 훌륭한 분을 뵙게 돼서 기쁩네다! 저의 쬐끄마한 정성이 내가 살아온 이 피양사람덜에게 조금이라두 도움이 된다문 기걸루 저는 만족합네다."

"긴데 뭐 희망하시는 일은 없으신디요?"

"기건 고당 선생님이 결덩 하시고레."

고당은 백선행 여사에게 정중히 인사를 하고 다시 모두가 하회를 기다리고 있을 오윤선 장로네 사랑으로 다시 돌아왔다. 이번엔 고당의 <오산학교> 때의 제자이면서 자기가 세운 숭인상업학교 교장인 김항복金恒福도 와 있었다. 그는 <오산학교> 재학시에도 준재로 이름이 자자 했었다. 거기에서는 그 동안 그들의 숙원이었던 공회당을 짓기로 합의하고 백선행 여사에게 결정사항을 보고하는 한편 양해가 있은 즉시로 공사에 착수하였다. 이름은 백선행 기념관으로 하기로 하였다.

우선 이사회를 구성키로 했는데 적당한 부지가 없고 해서 Y.M.C.A.에 모여 공회당을 건립하기 위해 재단법인을 설립했는데 이사장에는 당연히 백선행 여사를 추대했으며 그리고 이사에는 고당 조만식과 오윤선 장로와 윤주일尹柱逸-그는 평양고아원을 맡아서 경영하는 평양의 유지이기도 하였다.-그리고 어릴 때부터 백 여사네 일을 전적으로 돌보아 주던 최경렴이었으며 최경렴은 기념관의 실질적인 운영도 도맡아 하기로 했던 것이다. 따라서 그 뒤에 최경렴은 박구리 집에서 기념관 안으로 이사하고 그 집엔 백 여사가 살았다.

기념관의 설계는 개성 사람 건축가 마종유馬鍾有에게 맡겼으며 평양에서는 처음으로 지어진 2층 석조 건물로 아래 층에는 여러 개의 소강당이 있었으며 윗층은 회랑으로 1천여 명을 수용할 수 있는 대강당으로 설계되어 있었다. 아래층 뒷뜰 한가운데 백선행 여사의 흉상을 만들어 놓았고 거기에는 그때의 숭실전문학교의 교수였던 양주동梁柱東 씨의 명문이 새겨져 있다. 그 준공식은 평양이 생긴 뒤에 처음이라고 할 정도로 성대하게 치루어졌으며 평양에서도 가장 중심지인 대동문大同門 바로 뒤에 500평이라는 넓은 대지를 구입하여 평양에서도 그 유례를 찾아 볼 수 없을 만큼의 최신식 건물로 그 준공식에는 당시 이화여자전문학교梨花女子專門學校에 재학 중이던 모윤숙毛允淑이 대중 연설을 할 수 있었다는 것을 두고두고 기렸던 것이다. 뒤에 백선행 여사는 안일성安一成이라는 사람을 양손주로 맞이했는데 그는 잡지 『백광白光』을 발행하는 등 문화사업가이기도 하였다.

하여튼 고당은 처음에는 자기 힘 닿는대로 때로는 남의 힘을 빌려서라도 다른 사람 또 평양시민을 위해서 무언가 도움이 되는 일을 했으며 조금도 사사로운 욕심이 없었다.

인정도서관仁貞圖書館

"오 당노! 이 난리통에두 둥국 기술자덜이 이렇게 나와서 일을 해주니 고마울 데가 없이다!"

"기리게 말입네다 고당."

그러면서 중국인들인 벽돌공들에게 격려와 위로를 하려고 공사장으로 들어가려는데 밖에서 떠드는 소리가 들려 왔다. 내다보니 손에 몽둥이와 쟁기들을 든 조선 농민들이 몰려오고 있었다. 그건 지금 짓고 있는 인정도서관仁貞圖書館의 벽돌공사가 중국인 기술자들에 의해 진행되고 있었으며, 만보산 사건으로 조선과 중국 두 나라간의 민족적 감정이 첨예하게 대립하게 되어 전국 도처에서 중국인들의 가게, 음식점이나 농장 등을 습격하고 따라서 많은 사상자가 나오는 살벌한 분위기가 팽배해졌기 때문이었다.

지금 짓고 있는 이 인정도서관은 얼마 전에 오경숙吳敬淑이라는 여자가 자기 이모인 김인정 여사가 재산을 좀 가지고 있으나 죽은 뒤에 유산을 물려줄 사람도 없는 과수인데 백선행이라는 노과부가 기념관을 지은 것이 부러워 자기도 무언가 사회를 위해 좋은 일을 하고 싶었는데 마침 윤주일尹柱逸이라는 사람이 평양고아원을 맡아 경영하고 있으며 그 사람이 김인정과 접촉이 잦고 또 조만식과도 가까이 지내고 있으므로 결국 조만식에게 그 얘기를 꺼냈던 것이다. 그리하여 마침내 고당 조만식은 산정현교회의 장로들인 오윤선, 김동원, 유계준 장로 등과 의논하여,

"기거 참 돟은 내긴데! 그 분이 네자니까니 산부인과와 비슷한 산아원 같은 것을 하는 거이 어드룹갔소?"

"길세……. 기것두 돟은 생각인데. 내 생각에는 이 피양사람덜이 다 니용할 수 있는 기관이 더 돟을 것 같은데……."

고당 조만식이 의견을 그렇게 발전시키자 오윤선 장로가,

"기럼 고당이 늘 말씀하던 공공의 딥회 장소를 딨는 거이 어드룹갔소?"

"기야 백선행 기념관 하나락두 퉁분하디 않소?"

그러다 보다 건설적인 기관으로 공공도서관을 만들면 왜경의 눈도 피할 겸 부대시설로 소강당도 하나쯤 붙이면 가끔 중요한 집회도 가질 수 있다고 생각하여,

"우리 기럼 도서관을 딨기루 하디요! 김인덩 도서관 어드룹소?"

"가만 있자……, 기거이 참 돟군!"

오윤선, 김동원, 유계준 장로들도 적극 찬성했다. 그래서 도서관을 짓기로 하고 이사진으로는 고당 조만식을 비롯해서 그 이야기를 가져온 오경숙, 중간 역할을 한 윤주일, 그 동생인 윤주형, 오윤선, 김동원, 유계준 등이고 설계는 박성식朴性植이란 사람에게 맡겼는데 본관은 150평의 열람실로 꾸몄고 별관은 소강당으로 쓰기로 설계하였다. 3층엔 150명의 열람실을 다만 2층만은 사무실로 쓰기로 하였다. 책은 윤주형이 일본에 가서 2만 권을 사오게 하였다. 그 공사장에 흥분한 조선인 폭도들이 몰려왔던 것이다.

만보산 사건이란 1931년 7월 2일 중국의 길림성 만보산萬寶山 지역에서 조선과 중국 양민족 사이에서 일어난 농민들 사이의 충돌사건이었다. 그해 4월에 장춘長春-신경-의 도전공사稻田公司의 경리-지배인-학영덕郝永德의 소유인 미 개간지 3천무를 빌린 것을 다시 조선농민 이승훈 등 8명이 10년 기한으로 계약해서 개간에 착수하였는데 조선농민 80명이 수로공사를 시작하자 그곳 중국농민들이 피해를 입게 되고 따라서 그 중국인들은 당국에 고발하는 한편 조선인들이 공사하는 현장에 난입하여 소란을 피우게 되었던 것이다. 자연히 공사가 중단하게 되었다. 그러자 일본경찰은 조선인들의 공사를 강경하게 진행시키고 중국농민들을 강제 해산시켰다. 그러한 사실을 <조선일보>사가 민족적 견지에서 대서 특필로 보도하자 다음날 전라도 이리에서 당장 중국농민들을 박해하기 시작했고 서울·인천·평양 · 신의주 등지로 사건이 번졌다. 마침내 조선과 중국의 농민 문제 뿐만 아니라 조선인편에 선 일본경찰도 개입하여 큰 사건으로 발전하였던 것이다.

실로 사건은 일찍이 중국의 동삼성인 만주침략을 획책한 일본 제국주의자들의 음모였음이 나중에 드러나기는 했지만 그 일로 인해 상해의 <대한민국임시정부>가 난처한 국면에 도달했던 것이다. 이때 <동아일보>에서는 나중에 민주당의 중진 국회의원이 되었던 서범석徐範錫을 특파원으로 파견하는 등 국내 언론계에서도 중대사건으로 다루기에 이르렀던 것이다. 그것이 일본정부의 음모로 중국본토에서 또는 동삼성인 만주에서 활동하고 있는 조선독립군의 활동에 막대한 지장을 초래케 했던 것이다. 말하자면 일본으로서는 일석이조의 효과를 노린 흉계임이 드러났던 것이다.

그런 내막을 일찍이 간파한 고당 조만식은 그렇지 않아도 국내는 물론이고 해외에서 조국광복을 위해 투쟁하고 있는 수많은 독립투사들을 고사시키려는 왜의 흉계라는 것을 깨닫자 어떻게 해서든지 조선과 중국 두 민족의 감정의 대립을 하루 속히 진정시키지 않으면 안되겠다고 초조하게 서둘렀다. 그리하여 고당은 자기가 시무하는 산정현교회의 당회장으로 하여금 당회를 소집케 하고 본의 아닌 두 민족의 감정적 충돌을 조속히 해소시키는데 전력을 기울이도록 촉구하였던 것이다. 고당은 필사적이었다

“여러분! 내 말 좀 들어 주시오! 이건 일본이 우리 두 민족을 이간 시킬래는 흉계임이 들어났소! 우선 내 말좀 듣구 중국사람덜을 때리는 걸 참아주시오. 제발!”

그리하여 사태는 가까스로 진정되었다.

한편 만주로 직접 가서 취재하던 서범석 기자는 우리 조선교포들과 중국 현주민들 사이에 문제가 생길 때마다 중간에 서서 어떻게 해서든지 두 민족이 서로 오해를 풀고 화합하도록 애쓰는 사람이 바로 백영엽 목사라는 것을 알게 되어 우선 백 목사를 찾아갔던 것이다. 백영엽 목사는 웬만한 사건은 대체로 해결하곤 하였던 것이다. 그토록 어려운 문제를 잘 풀어나가기 때문에 백 목사를 사설 영사로 존대하는 것이었다.

“백 목사님! 봉천-심양을 일본 사람들은 그렇게 불렀다.-시내 각 곳에 상불실행호란 벽보가 나붙어 있는데…….”

“서기자! 기건 일본놈덜이 와 아딕 군사행동을 개시하디 않느냐구 선동하는 벽보요. 기걸 모르시오?”

“네에! 그런 것 같기는 했지만……. 그렇게 노골적으루! 일본놈들 정말 간교하군요!”

“하여튼 내레 민간인 단테긴 하디만 외교협딘회를 움딕에 설라무니 댕일루 쉰멩을 뫼 놓구 도선과 둥국인 유디간담회 열테니끼니 죄금만 기대레 주구레!”

그리하여 그 모임에서 백영엽 목사는 일본놈들이 교묘하게 꾸민 양 민족을 이간시켜 자기네 실속을 채우려는 속셈이니 그 계략에 넘어가선 안된다고 그 진상을 깨우치고 이제부터는 사이좋게 지내야 한다구 자상하게 설명해서 겨우 양해가 성립되었던 것이다.

만보산 사건은 일본인의 계획적 음모에 의한 것이요, 조선인이 자국 내에 있어서의 폭거도 일본인들의 사주에 의한 것인즉 '조선 민족을 원수루 볼게 아니다.'라는 발표를 했고 또 이봉창李奉昌, 윤봉길尹奉吉 두 의사의 장거가 있기도 해서 오히려 두 민족은 더 가까워졌던 것이다. 이때의 자세한 상황은 저자의 실명소설 김구에 상세히 서술하고 있다.

뒷 얘기지만 평양시민들은 고당 조만식의 혜안에 대해 새삼 감탄하는 것이었다. 물론 인정도서관의 공사도 순조로이 되었음은 말할 나위도 없다

새로운 인간으로

거듭나다

낡은 사람은 어둠속으로 새 사람으로 태어나다. 1904년 고당 조만식은 러일전쟁의 난을 피해 대동강 상류에 있는 배기섬碧只島으로 피난 간 적이 있었다. 그곳이 그로 하여금 완전히 새로운 사람으로 태어나게 한 전기가 되게 하였던 것이다. 거기엔 한정교韓貞敎라는 평생 지기의 힘이 결정적이었다. 한정교는 조만식이 어렸을 때 서당에서 책상을 마주대고 수학하던 소꼽 동무였다. 그러니까 어렸을 때 사귄 친구가 얼마나 소중한가를 잘 말해주는 하나의 인생교훈이라고도 하겠다.

배기섬에 있을 때의 일이다. 한정교는 조만식의 그 정기 어린 맑은 눈동자를 보거나 인생에 대해 모든 것을 적극적으로 대하는 기개로 보아 그까짓 장사나 하고 술, 담배를 즐기고 계집질이나 하는 허랑방탕한 건달로 아까운 일생을 허비시키고는 싶지 않았던 것이다. 무언가 나라와 사회를 위해서 큰 일을 하도록 만들어 주어야겠다고 생각했던 것이다. 만식을 만날때마다 제발 술, 담배를 끊고 자기가 나가기 시작한 야소교의 교회당에 같이 나가자고 권유하곤 하였던 것이다. 그러던 어느날 조만식이 느닷없이,

"덩교야! 난두 너처럼 그 네배당인가 내베당인가 하는 델 한번 같이 나가두 되간?"

"뭐이? 기거이 정말이가?"

한정교는 깜짝 놀랬다. 그동안 자기가 기회 있는대로 이제부터는 예수를 믿어야 할 세상이 온다고 귀가 닳도록 얘길했으나 그럴 때마다 코방귀를 뀌던 조만식이 예배당에 가보겠다는 듯한 기미가 보였던 것이니 말이다. 하긴 이 근래에는 그동안처럼 완강하게 거부하던 태도가 약간 누그러져 얼마만큼 희망이 보이기는 했던 것이다.

"만식아 너 거 딘심이디?"

"너 내가 거짓부렁이 하는 거 봤네?"

"야 반갑다! 기럼 이 성경책부텀 닑으라우."

그러면서 옆구리에 끼고 다니던 조그마한 깜한 책을 조만식의 손에 덥석 쥐어 주는 것이었다. 조만식은 무슨 일이든지 일단 결심을 하면 파고드는 성미라 그날 밤부터 그 성경책을 놓지

않고 질심 있게 읽는 것이었다. 전혀 듣지도 보지도 못했던 사실이 그 조그마한 책 속에 그렇게 중요한 사건들이 많이 들어가 있는지 흥미진진하였던 것이다. 그 뒤로는 이제 누구보다도 더 열심히 교회에 나갔다. 헌데 문제가 있었다. 아무리 말술을 사양하지 않았다고 했지만 그 작은 배기섬에서는 술도 많이 장만할 수 없을 뿐더러 술은 중독도 잘 되지 않는 것이기 때문에 그럭저럭 끊을 수 있었으나 그놈의 담배는 좀체 끊을 수 없었던 것이다.

담배와의 싸움

전쟁이 훑고 간 평양으로 다시 돌아왔다. 러일전쟁은 2년간의 전투 끝에 일본의 승리로 끝이 났던 것이다. 고당은 그동안 담배를 끊으려고 무척 애를 썼지만 영 성공할 수가 없었다. 항상 마음 속으론 '헌데 네배당에 나갈래문 담배를 끈으야 갔는데 어드릏가문 돟디?'

성경책에는 술과 담배를 마시거나 피우지 말라는 구절은 없지만 한국 개신교에서는 통상관례로 술과 담배를 금하고 있기 때문이다. 이왕 교회에 나가고 예수를 믿으려면 철저하게 교회의 규칙을 지켜야했기 때문이다. 그렇게 하는 것이 고당이 인생을 살아가는 자세였던 것이기도 했다. 술은 어지간히 애쓴 결과 안 먹을 수 있었지만 담배는 도저히 끊을 수가 없었다.

하기야 고당은 골초로 이름나 있었으며 담배는 아편과 같아서 중독증세가 있었고 마음으로 담배를 피우지 않겠다고 결심을 하지만 항상 작심삼일이란 어리석음을 범하는 것이었다. 그런 것이 여러 차례였다. 물론 배기섬에서부터 노력했지만 종래 끊지 못하고 평양까지 돌아오게 되었다. 허나 무슨 일이 있어도 금연은 꼭 해야 교회에 떳떳하게 나갈 수 있을 것이 아닌가!

우선 담뱃대를 부러뜨려 손이 닿지 않는데 버려 버렸다. 길을 걸으면서 더욱이 집으로 돌아오면서 생각하는 것이었다. '그 놈의 담배를 끊는 묘방이 없을까! 그놈의 담뱃대를 몇 개씩이나 부렛드랬디만 모주리 쓸데 없었디 않아! 다 신통티 않으니! 그래두 우선은 담뱃대를 꺾어 버레야디!' 그리고서는 다시는 그 담뱃대를 거들떠 보지 않겠다고 다짐하고 다짐하는 것이었다.

며칠은 담배를 피우지 않을 수 있었다. 그러니까 마치 장원급제나 한 것처럼 기분이 좋았다. 다시 며칠이 지났다. 이제는 담배를 완전히 끊게 되었다고 생각하기에 이르렀다. 그러나 그게 아니었다. 참 이상도 하지! 식후연이란 말이 있듯이 아침 밥을 먹고나니 무엇보다도 먼저 생각나는 것이 한 대 피우고 싶었다. 그날엔 아버지도 출타 중이어서 어려운 어른도 계시지 않고 해서 마음놓고 담배를 피울 수 있었기 때문이기도 하였던 것이다. 그러나 돌이켜 생각해 보고, '이래서는 안되디! 기 동안의 노력이 수포루 돌아갓 버리는 것이 아니야!'

그러면서 자기도 모르게 손은 담뱃대로 가는 것이었다. 퍼득 그 옛날 김유신의 말이 기생 천관天官의 집으로 갓던 것처럼! '기렇디 꼭 한 대만 피우구 아엣 끊엇 버리디 뭐! 무슨 일이 잇드래두!' 하면서 자기도 모르게 손으로 담뱃대에 써래기를 비벼 넣는 것이었다. 쭉 한모금 빨았다. 하늘로 날아 올라가는 것만 같았다. '이 좋은 맛을 영원히 버레야 하다니! 아예 예수 믿는 걸 그만 둘까! 아니 그럴 수는 없디. 오래오래 생각하던 끝에 예수를 믿기루 해 놓구서는 그르문 안되디!' 아편을 피워본 적은 없지만 금단증세에 시달리고 있다가 돈이 좀 생겨서 아편을 구해 가지고 한모금 빨았을 때와 비슷한 기분이 바로 이럴 것이라고 생각키웠다. 그런 기분이 소년 조만식을 사로 잡았다. 다음 순간 금세 자책하는 양심의 분노가 그를 때렸다.

'아니! 내가 무슨 딧이디? 이거이 참 큰일인데……. 내가 또 담배를 피우다니! 안되 안되구 말구!'

그 즉시 새로 사온 담뱃대를 꺾어버리고 말았다. 다시는 담배 따위는 생각을 말겠다고 이번엔 더 굳게 결심하는 것이었다. 그리고 며칠은 그대로 지낼 수 있었다. 역시 담배 생각이 간절해졌다. 고당은 뼈가 으스러지는 듯한 아픔을 느꼈다.

'내가 이렇게 약해 가디구서야 장차 무슨 일을 할 수 있가서!'

그리고서는 다시 곰곰히 생각했다. 결론은 간단했다.

"옳디! 담뱃대를 꺽어 버릴 게 아니구 더기 담뱃대가 데일 잘 보이는데 걸어 놓구 빤히 보문서 담밸 피우디 않드룩 하야디."

그리고서는 제일 잘 보이는데 담뱃대를 걸어 놓구 매일 빤히 쳐다 보면서, '기룽디 네가 이기나 내가 이기나 한번 해 보자꾸나!' 그러면서 하루 이틀 사흘 지내노라니까 자연히 담배 생각이 없어져서 결국 담배를 끊게 되었던 것이다. 결국 담배와의 정면 싸움에서 이겼던 것이다.

사형수 안경신安敬信과 어린 효록孝錄

"선생님! 고당 선생님! 이 피양에선 풀디 못할 문덴 아무래두 선생님 밖엔 의논할 데가 없어서……"

1921년 고당이 3 · 1운동 관계로 1년형을 선고 받았으나 특사로 감형되어 석방된지 얼마 안되서의 일이었다. 어떤 어리숙한 시골 노인이 어린 손주의 손을 끌고 고당을 찾아왔다.

"야가 와 그르네? 그럼 너 기런 미서운 죄를 덮구 가만 있으야갔네?"

고당은 물끄럼히 그 어린 소년과 어리숙한 노인을 빙그레 웃는 얼굴로 쳐다 보았다. 그 노인이 어린 손주를 끌구 자기를 찾아 온데는 무슨 피치 못할 사연이 있음에는 틀림없을 것 같다고 생각하였으나 무슨 일인지 들어 봐야겠기에 묵묵히 다음 이야기를 기다리고 있을 뿐이었다.

"데 무사니 다른 거이 아니구 던번에 그 누구더라! 옳디 그 안선생 말이오!"

노인이 갑자기 두리번거리며 여기저기를 살피다가 소리를

낮추며,

"그 나랄 위해 장한 일을 하구 체포된 네자 말이웨다."

"아아! 안경신이 말이군요!"

"기렇디요. 근데 야가 길세 말이디 말을 잘못 해가디구 그 네자 안경신이란 네잘 죽게 만들었으니 길세 어드릏가문 돟디요?"

노인 옆에서 주눅이 들어 자꾸만 노인의 뒤로 숨으려고 하는 손주를 끌어 당겨 앞으로 돌려 세운다. 고당은 그제서야 그 노인이 찾아온 목적이 무엇인가를 완전히 알아 채고,

"아아! 안경신 녀사에 대한 증언을 잘못했다는 말이군요?"

"예에 기래요 기래! 기래서 말인데 이 아이가 정신이 나갔디 분멩히 네자 소릴 듣었다구 해서 기 네자가 사형을 당하게 됐으니 까니 어드릏가문 돟가시오?"

"허허 기거 참!"

노인은 다급했다. 그러나 역시 고당이라면 좋은 해결 방법을 찾아내리라고 굳게 믿고 있던 것이다. 그래서인지 안심하면서도 근심하는 눈빛으로 고당의 눈을 지켜보고 있었다. 고당은 지긋이 눈을 감고 무언가 묘책을 생각해 내는 것 같았다. 이윽고,

"기거 좀 생각해 봐야 갔는데요!"

"……."

노인은 약간 초조해졌다. 그런 정도의 문제라면 고당으로서는 식은 죽 먹기로 그 자리에서 당장 뾰족한 수를 말해 줄 수

있으리라고 굳게 믿고 있었기 때문이었다.

"기럼 지금 당장은……."

"그야……."

그러다가 그 소년을 물끄럼히 쳐다보다가 무슨 좋은 수가 생각난 듯,

"야아, 네 이름이 뭐이디?"

"효록, 김효록이야요."

할아버지가 대신 대답을 했다. 어지간히 급했던 도양이었다. 그리고서는,

"어디 돟은 수가 있습네까?"

고당은 자꾸 할아버지 뒤로 숨으려는 김효록 소넌을 빤히 쳐다보며,

"아아 너 미서워 할 거이 없다."

그는 한번 숨을 길게 들이 마시고서는,

"너 이번에 재판소에서 검사 너 검사 알디? 자꾸 물어보문서 따디는 사람말이다. 그 검사가 다시 물어보문 디낸번에 아무래도 틀린 것 같다구 해라. 생각해보구 생각해보구 하니까니 그건 네자소리가 아니구 남자소리였던 것 같다구 하둔 되디 않갔네. 기럼 기 검사라는 사람이 널 뚫어데라 테다보문서 와? 거짓부렁일 하느냐구 욕을 할거다. 그래두 넌 한나투 미섭디 않으니까니 끝까디 버테야 한다. 남자소리에 틀림없었다구 말이다. 네 그 한 마디루 사람이 죽구 살구한단다. 알간? 네가 쬐끔 혼나는

것 보담은 훌륭한 네자가 사는 거이 낫디 않갔네!"

"예에."

그렇게 구체적인 계략을 세워 주기는 했는데 교육자로서 과연 그런 거짓말을 가르쳐 주는 것이 옳으냐고 자신에게 반문도 해 보았으나 그건 일본이 조선을 강점하였기 때문에 어쩔 수 없는 계략 즉 나라를 되찾기 위한 광복운동의 한 방법이니까 불가피한 수단임에 틀림없다는 생각으로 치부하였던 것이다. 그렇더라도 어린 소년에게 거짓말을 하라고 가르친데 대해선 한가닥 떨떠름한 양심의 찌꺼기가 남았던 것은 틀림없었다.

초조했던 할아버지는 길게 안도의 한숨을 내쉬었다. 어려웠던 문제가 이제 깨끗하게 풀렸던 것이다. 물론 또 한번의 재판이 남아 있긴 하지만 말이다. 소년 김효록도 그동안 밤잠을 못자고 근심걱정으로 지새웠는데 이제는 발을 뻗고 잘 수 있게 되었으니 한결 마음이 가벼워졌던 것이다.

"고맙습네다. 고맙습네다! 고당 선생님! 역시 찾아오길 잘 했습네다."

아닌게 아니라 평양경찰서에 들어가서 폭탄을 던진다는 것은 생각조차 할 수 없었던 일로 그건 비단 평양 뿐만 아니라 온 조선을 발칵 뒤집어놓을 정도로 대담무쌍한 사건이었던 것이다. 물론 그 일은 상해의 <대한민국임시정부>가 계획한 것으로 안경신이 어수룩한 농촌 아주머니 행색으로 변장하고 몰래 국내에 잠입하여 동지들과 함께 평양경찰서에 들어가서 폭탄을 던졌던 것이다.

신구문화사新丘文化社가 펴낸 『한국인명대사전』에 의하면 안경신은 평남 강서군 출신으로 3·1운동 때 평양 서문동西門洞에서 군중을 지도하여 만세를 부르다가 체포되어 20일간 구류를 당했으나 풀려난 뒤 그 해 곧 1919년 오신도吳信道·안정석安貞錫 등과 대한애국부인회를 조직하고 각 군에 지부도 두어 활동하다가 김행일金行一과 함께 상해로 망명하였는데 때마침 미국 국회의원단이 조선에 오게 되자 다시 무력 독립운동을 전개하기 위해 국내에 숨어 들어오다가 청천강을 무사히 건넜지만 신안주新安州에서 검문하는 일본경찰을 사살하고 다시 평안남도 도청에 폭탄을 던지고 함경남도 함흥咸興으로 피했으나 1921년에 붙잡혀 평양법원에서 10년형을 선고 받았다고 기술되어 있는데 김요나 목사가 지은 고당 조만식의 전기인 『고향을 묻지 맙시다』에 따르면 대한의용단사건이라고 하여 독립군을 괴롭혔던 평양경찰서에 폭탄을 던졌다고 되어 있다. 필자의 생각으로도 후자의 경우가 옳지 않나 생각한다.

하여튼 안경신이란 여자는 열렬한 여류 독립투사로 일본 관헌에 체포되어 1심에서는 사형死刑을 선고 받고 불복 상고하여 2심 재판을 기다리던 중 검찰측 증인인 김효록 소년의 할아버지가 고당을 찾아왔던 것이다. 조만식이 김효록 소년에게 1심 때와는 정반대되는 증언을 하라고 지시하자 김효록 소년의 할아버지는 명쾌한 대책이 세워졌으므로 대단히 기분이 좋아서 돌아가는 것이었다. 그 뒤 안경신에 대한 공소심이 열리자 이번에도 김효록은 검찰측의 증인으로 채택되었다. 일본인 검사는 이번에도 자신감이 넘쳐서,

"연약한 여자의 몸으로 어떻게 그런 끔찍하고 대담한 행위를 저질렀는가? 그런 짓을 교사한 배후가 누구인가? 상해에 생겼다는 소위 가정부가……."

그러자 안경신은 앙칼지게

"가정부가 아니오. 임시정부요."

"어떻든 좋아 그런 배후가 지시한 것이지? 바른대루 대지 않으면 뜨거운 맛을 보게 될거다! 자아 자백하지 않을 테냐?"

"……."

"좋다. 이번에두 김효록 소년을 검찰측 증인으로 내세울테니 그 전에 솔직히 밝히는 것이 어때?"

안경신의 표정은 담담했다. 방청석에 앉아 있는 고당 조만식은 겉으로 냉정했으나 마음은 편치 않았다. 어린 김효록이 아무래도 믿기지 않았던 것이다. 김효록이 과연 자기가 지시한 대로 답변을 할 것인지! 지난번과 정반대로 말이다. 김효록의 할아버지도 안절부절이었다. 일본인 검사는 자신만만한 말투로,

"김효록!"

일본인 검사는 거드럭거리며 다짐하듯 김효록을 노려 보면서 말을 걸었다.

"예에."

김효록은 검사의 눈을 힐끗 쳐다 보았다. 검사의 눈빛은 부드러웠다.

'까짓 내일두 아니구 또 거짓부렁일 했다가 어떤 봉변을 당할디두 모르니까니 고디고식대루 내길 할까!'
라고 생각했으나 고당 조만식의 인자한 얼굴이 눈앞에 다가왔다. 그 분이 시킨대로 해야 되겠다고 다시 마음을 다졌던 것이다. 고당 선생! 그분은 다음에도 늘 봐야 할 사람이 아닌가! 그리고 고당 선생이 나쁜 것을 가르칠 리가 없을 것이라고 생각했던 것이다.

"김효록 왜 우물쭈물 하고 있는가? 빨리 사실대루 증언하지 않고!"

"예에 기건……."

"분명히 여자 소릴 들었지?"

"……."

방청석에 앉아 있는 고당과 김효록의 할아버지는 간이 콩알만해 졌다. 아주 긴장된 순간이었다. 시간이 꽤많이 흘렀다. 아니 몇 초 지나지 않았지만 그 두사람에게는 그렇게 느껴졌던 것이다. 김효록도 마음속에서 갈등이 심한 모양이었다. 마침내 결심을 한 것 같았다.

"기건……."

바싹 긴장되었고 공판정도 찬물을 끼얹은 것처럼 숨소리 하나 들리지 않았다. 마치 시간이 정지된 듯한 고요함이었다. 김효록은 자기의 증언이 어떤 결과를 가져올는지 알지를 못했겠지만 다만 한 훌륭한 애국적 여성의 목숨이 달려 있단 것만 알구 있을뿐 구체적으로 어떤 결과가 만들어 질지 자세히는 알지 못하고 있었던 것이다.

"기땐 내가 잘못 들은 것 같습네다. 분명히 네자 목소리가 아니구……."

김효록은 떠듬떠듬 말을 더듬었다. 검사는 얼굴이 파래지면서 벌떡 일어났다.

"뭐얏! 거짓말 말앗! 증인 위증죄가 얼마나 무서운지 알기나 해? 너 다른 사람일루 괜히 무서운 형벌을 받아두 좋아?"

허나 방청석에 앉아 있던 고당과 할아버지는 소리없는 한숨을 푸우 내쉬었다. 안심이 되었던 것이다. 정말 아슬아슬한 순간이었다. 검사의 강력한 꾸짖음에 김효록은 가슴이 덜컹했다. 그리고서는 고당의 얼굴을 쳐다 보았다. 여전히 그의 얼굴은 잔잔했으나 잘했다는 격려의 뜻이 풍겨 나오는 것 같았다. 김효록은 용기가 솟았다. 이제부터는 그깟 일본 검사가 무어라고 해도 끄떡 없을 것 같았다.

"길세 틀림없이요. 내가 잠깐 착각을 했디랬……."

"우소쯔께-거짓말 하지마-"

일본인 검사는 이번엔 얼굴이 붉혀져 씩씩 숨을 내뿜으며 거칠게 말을 내던졌다.

"재판장님! 아무래도 누가 뒤에서 답변을 조종한게 틀림없습니다. 저번엔 틀림없이 폭탄을 던질 때 여자목소리가 들렸다고 증언을 했습니다."

가제는 게편이라지만 유일한 증인이라고 할 수 있는 김효록이 딱 잡아 떼는 데는 일본인 재판장도 어쩔 수 없는 듯,

"언도 공판은 다음에 미루기로 한다."

하고 방망이를 세 번 두들겼다. 아무리 간교한 일본인들이라고는 하지만 밖으로 내세우기로 법치국가라고 하면서 억지로 죄를 뒤집어 씌울 수는 없었을는지 모른다. 그리하여 안경신은 고당의 지혜로 극형을 면하고 10년형을 선고 받았으며 대신에 김효록은 위증죄(?)로 6개월이란 형을 언도 받았던 것이다. 김효록은 뒤에 통계학의 권위자가 되었으며 민족재단이 경영한 고려대학교의 경상대학장과 경영대학원장을 역임한 바도 있다.

웅변대회 심사 때의 실책

장내에는 긴장감이 감돌고 있다. 웅변에 출전한 중학생은 말할 것 없고 따라온 학부모들도 긴장하는 것은 매 마찬가지였다. 마침내 사회자가 등단하였다. 웅성거리던 장내가 조용해졌다. 사회자는 주최자인 대회측의 준비위원장이었다.

"지금 여러분이 잘 아시는 명심사위원장인 고당 조만식 선생을 소개하겠습니다."

그러자 우레와 같은 박수소리가 터져 나왔다. 청중석 앞 줄에

앉아 있는 여학생들은 서로 눈길을 주고 받으며 과연 누가 우승자가 될 것인지 점치고 있었다. 이윽고 심사위원장인 고당 조만식이 그 유명한 정강치기 수목두루마기를 날리며 단상으로 올라 갔다. 또 한차례 박수가 터졌다. 조만식은 거의 실눈에 가까운 가느다란 눈에 미소를 번지며 정중히 인사를 하고 호주머니에서 심사표를 꺼냈다.

"기럼 강평을 하갔습네다."

장내는 다시 물을 끼얹은 듯 조용해졌다. 고당은 출전했던 중학생들의 웅변상의 좋았던 점 부족했던 점을 일일이 지적하였다. 그리고 단을 내려 가서 자리에 앉았다. 그러나 청중석은 웅성거렸다. 그러자 웅변대회 준비위원장이 당황해서 고당의 옆으로 급히 다가와서는 귓속말로 무언가 속삭이자 고당은 새삼스럽게 너털 웃음을 웃으며 벌떡 일어나서 단상으로 다시 올라 가서,

"당개가문서 뭘 떼놓구 간다 더니 내가 그 꼴이 됐이다. 데일 둥요한 등수를 발표하디 않았으니! 헛헛허허……."

그러자 앞 줄에 앉아 있던 여학생들이 얼굴이 빨개지면서 어쩔 줄을 몰라했던 것이었다.

또 한번은 결혼식에 가서 축사를 할 때 먼저 새로 출발하는 가정의 만복을 빌고 나서,

"특별히 부탁하는 것은 아기를 나시거들랑 만사를 제치고 우두부터 놔주십사하는 거요."

그러자 결혼식장은 때 아닌 웃음바다로 바뀌었던 것이다.

그렇게 고당 조만식은 타고 난 웅변가요 유머가 넘쳐 흐르는 해학가諧謔家였던지 모른다.

오산이여 영원히

세 번째로 오산에

고당이 오산의 사람이 되고 세 번째로 교장에 취임한 것은 1925년으로 처음 설립자 남강 이승훈의 간청으로 3개월 한정으로 오산에 간 것이 1913년의 일이니 다시 고향 평양으로 돌아가려고 단단히 마음 먹었던 것이 근 8년간이란 세월을 오산에 머물러 마침내 젊음을 오산에 바친 꼴이 되었던 것인데 이번에는 남강의 강권으로 다시 오산의 교장으로 있으려고 했으나, 일본 제국주의는 그것을 허용치 않았던 것이다. 남강과 고당을 붙여 놓는 것은 마치 폭탄을 짊어진 괴한을 일부러 불러 들이는 것과 마찬가지였기 때문이었다.

일본 당국이 고당의 <오산학교> 교장 취임을 거절하자 그는 어쩌는 수 없이 다시 실망의 걸음을 되돌릴 수밖에 없었다. 처음으로 정면으로 부딪쳐 오는 바람벽이었다. 그건 앞으로 다가올 많고 잔혹스런 장애물의 서막이었는지 모른다. 그러나 조선의 지도자들은 자구의 길을 결코 포기하지는 않았던 것이다. 그보다 조금 전의 일이었다.

1919년의 3・1독립만세 운동이 외견상 실패로 끝났으나 수많은 국내 지도자들은 마음속으로부터의 불붙은 사랑의 열정을 지체할 수가 없어서 보다 근본적인 애국심을 키우기 위해 교육에 더욱 힘을 기울이기로 했던 것이다. 조선의 중요한 지도자들은 우리 스스로의 힘으로 민중을 깨우치기 위해 민립대학을 세우려 힘을 모았던 것이다. 1922년 말에 시작하고 그 다음해인 1923년에 구체적으로 활동하기 시작한 <민립대학기성회>의 모금운동이 그것이었던 것이다. 실은 국채보상금 모집운동으로 모았던 돈이 1910년의 한일합방의 성립으로 갚지 않아도 되게 되었으므로 그돈을 기금으로 하여 추진하게 되었던 것이다.

월남 이상재를 위원장으로 남강 이승훈 그리고 유진태兪鎭泰 등 이른바 상임위원 등이 실질적으로 모든 일을 추진하였으며 그밖에 한용운・조만식・송진우・김성수・현상윤 등 실로 조선의 모든 지도자들이 총동원된 하나의 민족대각성 운동이었다고 해도 과언이 아니었다.

둘째 번 남강 젊은이 나타나다

이번엔 오산 가까이 갈헨이라는 데 살고 있는 젊은 재산가인 김기홍金起鴻이라는 뜻 있는 이가 나타났던 것이다. 뜻이 있는 곳에 길이 있다는 격언이 살아났던 것이다. 수천 수만금의 사재를 털어 남강의 숭고한 뜻을 이어 가고자 했다. 그야말로 알뜰하고 깨끗한 정재였다.

물론 십시일반으로 정주군민은 물론이고 이웃 고을인 선천군宣川郡 그리고 구성군龜城郡 등 각지에서 통틀어 나와 자기 성의가 닿는 대로 기부금을 내었다. 가난한 과부의 귀떨어진 동전을 정말 중하게 여긴 기독교의 정신도 살아났던 것이다.

학교교사를 재건하는 데 있어서는 선생들도 학생들도 졸업생들도 가릴 것 없이 일치 단결해서 <오산학교>를 꼭 살려야겠다는 일념으로 고읍역으로부터 벽돌을 지어 나르는 등 피와 땀을 아끼지 않았던 것이다. 마침내 졸업생 박동진의 설계에 의한 3층 벽돌교사가 완성을 보았다. 그는 경성의 중앙고등보통학교와 고려대학교의 전신인 보성전문학교를 설계한 건축계의 준재였다.

다음 1925년 고당 조만식이 세 번째로 오산의 사람이 되었다. 이때에는 3·1독립만세 사건에 관여했다는 죄목으로 우리나라에서 몇세기 한 사람 나올까 말까 하는 희대의 사상가 함석헌咸錫憲과 해방 뒤에 언론계에서 영명을 떨친 홍종인洪鍾仁이 평양

고등보통학교를 퇴학 맞고 <오산학교>에 편입하였다가 졸업한 뒤였다.

홍종인은 오산 12회 졸업생이고 함석헌은 13회 졸업생으로 각각 오산동창회장을 지낸 바도 있다.

고당의 교장 사임을 조건으로

"차제에 오산학교 5년제로 승격시켜 주는 것이 어떨까 하는데요? 설립자 이승훈이 하두 조르는까!"

학무국장의 건의에 대해 이꾸다生田 평북지사도 응낙했던 것이다.

"그럼 이 사실을 이승훈 교주에게 통보하리다."

"당연한 일이지!"

그 말을 듣자 이승훈은 회색이 만면해서,

"고맙수다레! 딘작 기래시야디! 사실 기렇게 해달라구 설립튀디를 야소교루부터 분리해 설라무니 일반 고등보통학교루 고틴 거이 아니 가시오?"

남강이 마냥 기뻐하는 그 모습을 빙그레 쳐다보던 학무국장은,

"남강 선생이 그동안 여러 차례 드나드시면서 애쓰시는 것이 안쓰러워서 이꾸다 지사님께서 영단을 내리신 겁니다."

실은 <조선총독부>는 1925년 사립학교 경영에 대한 새로운 정책을 시행했던 것이다. 보통학교는 4년제로부터 6년제로 그

리고 중등학교인 고등보통학교는 4년제로부터 5년제로라는 등 일본본토의 교육제도를 본따게 하였던 것이다. 그런 것을 평안북도의 도지사와 학무국장이 아주 생색을 내면서 특혜나 주는 듯 남강에게 시혜를 베풀었던 것이다.

그렇지 않아도 남강은 졸업하는 학생들로부터 5년제 고등보통학교로 승격시켜 달라는 졸림을 수 없이 당해 왔던 것이다. 예컨대 나중에 천재 서정시인이 된 소월 김정식이 대학에 진학하기 위해 5년제인 배재고보에 전입한 것으로도 증명이 된다고 할 것이다.

또 교장 조만식도 고충을 털어 놓은 적이 있다. 하루는 남강도 잘 알고 있는 재주가 넘치는 김기석金基錫과 방종현方鍾鉉이 교장실로 고당을 찾아왔던 것이다. 자기네들은 <오산학교>를 졸업하고 꼭 대학에 진학하고 싶은데 <오산학교>의 학제로는 대학에 진학할 수가 없으니 어떻게 하면 좋으냐는 것이었다. 그런데 고당은 교장인 자기로서도 그 당시에는 어쩔 수 없었던 것이다.

"지금의 형편으루선 어드룹게 할 도리가 없네."

"기럼 우리레 생각했던 대루 일본으로 건너가서 구주에 있는 후꾸오까福岡 둥학교 5학년에 편입했다가 거기 졸업당을 가디구 대학에 딘학할 수밖에 없디 않가시오?"

라는 것이었다. 교장인 고당도 그 당장에선 고개를 끄떡일 수밖에 없었다. 그런 저런 문제들 때문에 교주인 남강으로서는 5년제로의 승격이 더욱 더 절실했던 것이다. 그런데 이번에 그 승격문제가 대번에 해결된 것이다. 한편 김기석은 그 길로 도쿄로 가서 곧바로 와세다대학 고등학원 영문과를 졸업하고 한동안 모교인 <오산학교>에서 교편을 잡다가 다시 일본의 센다이仙臺에 있는 도오호꾸데이고꾸대학東北帝大 철학과를 수료하고 8·15해방 뒤에는 국립 서울대학교 사범대학 학장을 지낸바 있다. 물론 모교인 <오산중학교>의 동창회장도 지냈다. 방종현은 때마침 경성에 제국대학이 생겨 경성제국대학을 졸업하고 언어학의 대가가 되었으며 해방 뒤에는 서울대학교의 교수로 이름을 떨친 바 있다.

그런 인재를 키우는 것도 남강의 하나의 큰 사명이기도 했던 것이기 때문에 <오산학교>를 5년제로 승격시키는 것은 절대적인 사명이기도 했다. 그러그러해서 지금 학무국장이 <오산학교>를 5년제로 승격시켜 준다고 하니 <오산학교>의 설립자인 남강으로서는 하늘에라도 올라가는 듯한 기쁨이 아닐 수 없었던 것이다. 그러나 그런 기쁨을 받아 드리기 위해서는 넘어야 할 높디높은 산이 가로 놓여 있었다. <오산학교>의 5년제로의 승격을 순진하게 기뻐하는 남강의 모습을 빙그레 웃으며 쳐다보던 학무국장이 대수롭지 않은 정말 대수롭지 않은 것처럼 한마디 던지는 것이었다.

"그런데는 한가지 조건이 있습니다. 물론 별로 어려운 일은 아니지만요! 설립자이신 남강 선생으로서는 말입니다."

"……."

학무국장은 정말 대수롭지 않게,

"남강 선생의 직권으로 쉽게 처리할 수 있는 것이니까요!"

남강은 어쩐지 불안해졌다. 예상치 못했던 벼락이 떨어질 것만 같았다. 긴장한 얼굴로 학무국장의 입을 지켜 보았다.

"우선 지금의 조만식 교장을 갈아 주셔야 하겠습니다."

"예?"

"기렇게 해 주시죠!"

"기건 안 됩니다."

남강의 대답은 단호했다.

"예에?"

이번에는 학무국장이 입을 벌릴 차례였다.

"절대루 안 되우!"

"그럼……."

남강은 다 쑨 죽에 코 빠뜨릴까 보아서 우선 생각해 볼 여유를 가져야 했던 것이다. 서둘러 시간을 벌어야겠다고 생각했다.

"기건 좀 생각해 봐야 갔는 데요!"

"좋습네다. 잘 생각해서 결정하시지요. <오산학교>를 졸업하면 그대루 대학에 갈 수 있두룩 해야 하느냐 그렇지 않으면 다시 5년제루 편입을 해서 대학에 가게 되느냐 좀 시끄러울텐데요?"

남강은 진퇴양난이었다. 큰 고민이었다. 물론 <오산학교>가

5년제로 승격이 안되면 대학에 가려는 유능한 학생들을 많이 놓치게 될 것이지만 그렇다고 고당 조만식을 놓칠 수는 더더욱 없는 노릇이다. 고당이 사임한다는 것은 아예 민족교육을 포기하는 거나 마찬가지이기 때문이다. 그렇다면 <오산학교>를 세운 기본 목적을 저버리는 거와 무엇이 다른가!

남강은 신의주에서 고읍까지 오는 기찻간에서 그 문제에 대해 머리를 이리저리 굴려 보았지만 도저히 뾰족한 수가 생기지 않았다. 고읍정거장에서 오산으로 걸어 들어오다가 그만 생각에 미쳐 발을 헛디뎌 길가 늪에 빠질 뻔하기까지 했던 것이다.

설립자 남강이 전 교직원과 전교생을 운동장에 모아놓고 이번에도 학무국에 갔다온 보고를 하려고 했다. 이미 교직원들과 학생들은 성과가 좋았다는 소식들을 듣고 있었기 때문에 새삼스러웠지만 그래도 남강 선생으로부터 직접 그 사실을 듣는 즐거움도 있었으므로 모두 긴장해서 서로들 이야기를 주고 받으며 운동장에 모여들었다. 남강이 드디어 단상에 올라섰다. 갑자기 운동장이 조용해졌다.

"여러분! 우선 기뻐해 주구레! 우리 <오산학교>레' 기어히 5년제루 승격이 됐습네다!"

그러자 우레와 같은 박수가 터져 나왔다. 그 얼마나 기다리고 고대했던 일인가! 그리고 참 잘됐다고 서로 손을 닺잡고 기뻐했다. 소란스러웠던 장네가 어지간히 잠잠해지자 그동안 웃음을 머금고 있던 남강이 갑자기 우울해하며 심각한 얼굴로,

"기른데 도건이 하나 있웨다."

남강은 한동안 머뭇거리다가,

"기거이 도무디 받아드릴 수 없는 도건이 올시다. 우리 <오산학교>를 5년제루 승격시케 주는 대신에 교당을 바꾸라는거요! 교당인 조만식 선생이 고만두야 한다는거요!"

"예에?"

"기래서 내래 기건 안된다구 딱 잡아 뗐수다!"

박수소리가 하나둘 솟아 나더니 금세 세차게 하늘로 솟구쳐 올랐다. 모두 잘했다는 격려의 박수였던 것이다. 설혹 5년제로 승격을 못할망정 고당을 놓칠 수는 없다는 일치된 정신의 응집을 말해주는 것이었다. 그것이 바로 오산인 것이다. 허나 교직원과 학생들은 모두 어리벙벙해서 무엇이 어떻게 되고 어떻게 돌아가는지 정신을 차릴 수가 없었다.

"기건 안됩네다! 기거이 될 말이오?"

새삼스럽게 비통하게 울부짖는 교사가 있었다. 아마 김의렬金彛烈 선생 같았다. 그는 말수가 아주 적지만 꼭 필요할 때에는 중요한 발언을 하곤 하였다. 그러나 누구라도 좋았다. 교직원이고 학생이고 간에 모두가 꼭 같은 생각일 테니까! 그러자 모두가,

"그렇소. 그건 안됩네다!"

"안된다!"

마치 제창하듯이 소리가 터져 나왔다. 사실 평안북도에서 고당을 퇴임시키는 조건으로 5년제로 승격시켜 준다는 것은 차라

리 승격을 시키지 않겠다는 거나 마찬가지 라고 할 것이다. 이제는 오산이 취해야 할 방법은 단 한가지만 남아 있었다. 평안북도와 싸우는 것 뿐이었다. 그리고 전 교직원과 전교생이 즉각적인 동맹휴학에 돌입하였다. 그것만이 학교로서는 유일한 투쟁방법이었던 것이다.

이 소식이 관할 경찰서인 정주서에 전해지자 그렇지 않아도 호시탐탐 기회만 노리고 있던 경찰서장은 이번이야말로 오산을 짓밟아 버릴 좋을 때라고 상부에 보고도 하지 않고 즉각 수십명의 경찰대를 인솔하고 고읍역으로 몰려왔다. 그러자 당사자인 오산에서는 남강을 한가운데 에워 쌓고 전교직원 전교생이 어깨를 겨루고 교문에서 경찰대의 진입을 막고 나섰다. 그러면서 이런 말을 주고 받고 있었다.

"이번엔 무슨 일이 있어두 꼭 5년제루 승격을 하야가시오!"

"길세 말이디 지난번 3 · 1운동 때 일본인덜은 우리 <오산학교>를 폐교 시킬라구 작덩을 했는데두 우리레 야소교를 안하구 네네 고등보통학교루 한다구 해서 겨우 다시 문을 열기 해 줬는데 또 이번에 5년제루 승격이 안되문 대학에 갈래는 아이덜은 어드룰게 하디?"

고당 조만식은 자기일로 남강을 비롯해서 학교 전체가 떠들썩해졌기 때문에 여간 송구스럽지가 않았다. 마음을 비워 놓고 그냥 물끄러미 사태가 돌아가는 것을 쳐다볼 수밖에 없었다. 둥지를 잃어버린 외로운 까치가 한마리 포물선을 그으며 앞산 너머로 날아가는 것이 눈에 띄었다. 아예 지금 뛰쳐나가서 내가 사임하겠다고 솔직히 말을 해서 사태를 수습할까 라고 생각도 했지만 그건 지금 싸우고 있는 적인 일본국 경찰 앞에서 우리편끼리의 내홍을 일으키는거나 마찬가지로 싸워 보지도 않고 백기를 드는거나 똑같은 것이 아닌가? 그럴 수야 없지! 일단은 적에게는 이기고 봐야 할 것이 아니겠는가!

하여튼 남강을 비롯해서 전 오산이 반대하고 나섰기 때문에 긴박감이 더해진 것만은 사실이다. 한편 기회만 노리고 있던 정주경찰서장은 물실호기勿失好機 차제에 항상 말썽을 부리던 남강을 지휘자로 하는 <오산학교>를 깡그리채 없애 버리려고 벼르고 있었던 차에 마침 잘됐다고 회심의 미소를 머금고 있었다.

일촉즉발 바야흐로 터지기 직전의 폭탄이 한 가운데 놓여 있었다. 밀고 닥치고 그러기를 몇 차례 거듭했으나 일진일퇴 도무지 승부가 나질 않았다. 경찰의 힘으로는 도저히 오산을 당할 수가 없었다. 그러기를 한 달 동안이나 계속하다가 드디어 경찰은 다른 긴급한 용건을 오래오래 방치해 둘 수가 없어서 정주 본거지로 물러가지 않을 수가 없었던 모양이었다.

경찰이 완전히 후퇴하자 남강을 비롯해서 오산의 전원은 만세를 불렀고 모두 남강의 주위에 우르르 모여 들었다. 고당도 빙그레 웃으며 남강의 손을 꽉 잡았다.

"이건 우리 오산이 이긴거이며 우리 도선이 이긴 것이웨다!"

"만세! 만세!"

한편 관할서인 정주경찰서가 패퇴했다는 소식을 전해 들은 평안북도 도지사실에서는 이께다 도지사와 학무국장 그리고 이번에는 조선인 내무국장 등이 모여서 대책회의를 가졌다.

"그래 그 무슨 망신이요, 학무국장! 무슨 뾰족한 수가 없소?"

"글쎄……."

내무국장이 끼어 들었다.

"내레 끼어들 닙당은 아닌 것 같습네다만……. 와 이런 말이 있디 않습네까 아마 공산당덜이 쓰는 말인 줄 압네다만 일보 전딘을 위해 이보 후퇴하라구 기래서 말인데……. 일단 우리레 디는 척해서 조만식 교당두 놓다구 해 주는 거이 상책일 것 같은데 어드룹갔소?"

"응, 그것두 좋을 것 같습네다. 내무국장은 조선사람이라 역시 조선사람의 심리를 잘 알구 있는 것 같군요!"

그리하여 조만식 교장의 사임문제는 일단 보류되었던 것이다. 그때 조선인 내무국장이 어떤 뜻으로 그랬는지는 모르지만 일단 <오산학교>의 위기는 모면되었다.

고당 조만식의 교장 사임을 조건으로 실은 기회를 포착해서 고당을 교육일선에서 물러나게 하려던 일본인들의 간교한 계략이 좌절되긴 했으나 하여튼 고당사임을 조건(?)으로 <오산학교>를 5년제로 승격시켜 주겠다던 평안북도측의 모략은 실패하고 남강 이승훈을 비롯한 전 오산의 결사적 항거로 처음으로 승리했다는 기분으로 쾌재를 불렀던 것이다.

그 반면에 <오산학교>라는 한낱 시골 중학교에게 패배당했다는 대일본제국 경찰의 체면이 말이 아니었다.

고요속의 소용돌이

평안북도에서 <오산학교>의 5년제 승격의 조건으로 고당 조만식의 교장 사퇴문제는 철회한다는 통보를 받은 <오산학교>는 그 동안의 동요는 어느덧 가시고 다시 평온한 분위기로 돌아갔다. 학생들의 입에서는 일찍이 이광수가 지은 바 오산경가五山景歌의 노랫소리가 흘러 나왔다. 평범한 시골이기는 하지만 그런대로 평화로운 정경을 잘 표현한 노랫말이었다.

고당은 이 노랫말을 다시 한 번 머릿속에 떠올리며 그 노랫말을 지은 이광수의 재조에 깊은 애정을 느꼈다. 창밖에서 학생들이 부르는 오산경가의 노랫소리에 그들의 꿋꿋한 의지가 피어나고 있었다. 활짝! 어쩐지 꿈속에 채워지지 않는 안타까운 이상이 맴돌고 있는 듯 하였다. 물론 그 가운데는 풀어지지 않는 한도 서려 있었던 것이다. 노랫말을 지은 춘원의 감정을 나타내는 것이기도 했지만 오히려 조선민족 전체의 심정을 말해주는 것이었다고 할 것이다.

그 경관 속에 하늘이 무한히 펼쳐져 창공이 끝간데 없이 자꾸만 자꾸만 넓어만 가고 있었다. 헌데 고당은 어쩐지 마음이 개운치가 못했다. 정주경찰서장이 대원들을 인솔하고 물러갔다고는 하지만 또 평안북도 학무국에서 자기의 교장자리를 사임해야 한다는 조건을 철회했다고는 했으나 아무래도 무언가 찜찜한 구석이 남아 있는 듯 뒷맛이 개운치가 않았던 것이다. 도대체 그것이 무엇이란 말인가? 오히려 그것이 저윽이 불안했다. 희미하나 온 몸을 휘휘 감아오는 찰거머리 같은 진득진득한 안개였던 것이다.

퉷!

고당은 누구라고 꼭 집어서 겨냥하지는 않았지만 침이라도 뱉고 싶었던 것이다. 창가에서 돌아서서 다 낡아 빠진 교장의자에 앉았다. 그래도 편치가 않았다. 수많은 가시방석에 앉은 듯한 느낌이었다. 그는 이리 뒤적 저리 뒤적 책상 위에 쌓인 서류들을 뒤적여 보았다. 참 이상한 일이었다. 자기 성미로서는 이미 정리했어야 했을 춘원 이광수에 관한 서류가 아직 남아 있었다. 아마 무언가 참고를 해야했던 것이었다. 양면 괘罫지에 극적거린 노랫말 같기도 하고 어떻게 보면 시詩 같기도 한 글줄이었다. 말을 이어 보았다.

"정말 기렇군! 창립 기념식가를 뒀구 있었군!"

한 장을 넘겼다. 거기엔 완성된 창립기념식가가 정리되어 있었다. 역시 춘원의 취향대로 우리말을 위주로 한 노랫말이었다. 또한 창립기념식가에 배어나오는 이광수의 나라와 오산에 대한 정성에도 깊은 감명을 받았다. 이광수는 어쩌면 그토록 남강의 마음 속에 들어갔다 나온 것처럼 그 뜻하는 바 장차 자라야 할 우리 조선 청년들이 가져야할 마음가짐을 꿰뚫고 있었다. 그리고 해야할 일을 너무 또렷하게 꼬집는 듯 하였다. 새삼 감탄스러웠다. 그것도 우리말을 써서 표현하고자 한 재주가 놀랄만 하였다.

고당은 지금 마음의 동요를 잊고 있었으나 곧 자기가 지금 어떤 처지에 놓여 있다는 사실을 살피지 않을 수 없었다. 역시 남강을 만나서 자기가 취해야 할 바를 의논하는 것이 좋으리라는 데 생각이 미쳤던 것이다. 그는 곧 행동으로 옮겼다.

"남강 선생! 어드릏가문 놓갔소?"

"뭐요? 뚱단디 같이 기건 또 무슨 소리요?"

"내래 아무래도 그냥 이대루는 있을 수 없디 않가시오?"

"헛헛허허. 고당두 제법 북도 사투릴 잘 쓰시우! 핫핫하하하……."

"내래 오산 와서 발세 몇 해가 됬는데요?"

"기건 기렇구 우리레 덩주겡찰설 이겠으니끼니 어디 두구 봅시다레!"

"그래두 이대룬 있을 순 없디 않가시오?"

사실 남강과 고당이 <오산학교>의 5년제 승격이 <조선총독부>의 새로운 정책 전환에 의한 것이지 이께다 지사나 학무국장의 특혜가 아니라는 것을 미처 깨닫고 있지 못했었기 망정이지 그런 것을 알았었다면 하나도 걱정할 것은 없었겠지만 말이다. 하여튼 지금의 처지로서는 남강을 위해서는 고당이 물러나 주는 것이 일본 관청과의 교섭이나 그 밖의 운신에 크게 도움이 되리라고 생각하여 적당한 시기에 물러가는 것이 좋을 것이라고 결심을 하기에 이르렀다. 사실 당장 평안북도 도청과의 행정적인 문제에 있어서 만도 많이 매끄럽게 진행될 것이라고 여겨졌던 것이다.

이제 남은 문제는 오산을 떠날 시기를 정하는 것이었다. 너무 서둘러서도 안될 것 같았다. 학교이니까 아무래도 학기말이 좋을 것 같았다. 이 여름도 지나고 새 학기가 시작되기 전인 초겨울이 적당할 것 같았다. 고당 조만식은 제2학기도 며칠 남지 않은 어느 반공일 오후에 이사장실로 쓰구 있는 조형균 장로 방으로 남강을 찾아갔다. 고당 생각으로는 자기가 새 학년이 시작되기 전이고 또 학기가 끝날 때인 2학기말이 가장 적기라고 생각하였다. 남강이 고당을 교장으로부터 사퇴시켰다는 명분도 서니까 말이다. 자기도 학기 말에 그만둠으로 학생들에게도 큰 지장은 주지 않게 될 것이고 자기도 자연스럽게 떠날 수도 있고 해서 속된 말로 누이좋고 매부 좋다는 식이기도 했다. 고당이 오산을 떠날 때에는 떳떳하게 떠나고 싶기도 했던 것이다.

"남강 선생! 미안하디만 아무래두 내래 학골 그만둬야 할 것 갔습네다."

"뭐요?"

남강은 예기치 못했던 일이라 그저 어안이 벙벙해서 말을 잇고 있었다.

"……."

"아무래두……."

"이것이 텅턴에 날 베락이래더니 그 뚜로군! 고당이 그대루 남아서 아이덜 교육을 맡아 해 줄 걸거루 생각했는데 와 갑자기 기런 엉뚱한 생각을 가뎄디?"

"차근차근히 생각해 보니까니 내레 이참에 학끌 그만두는 거이 돟을 거 같아요!"

"와요?"

"내레 이제 오산에선 내 딴에 할만큼 했구……. 또 피양사람덜을 위해서두 뭘 좀 해야 할 거이 아닙네까!"

"기건 기릏디 내 욕심만 부릴 수는 없디! 핫핫핫하하하……."

"기리구 디난 번에 3·1운동 뒤에 오산에 다시 왔을 때 일본사람덜이 교당노릇을 못하게 해서 다시 피양에 돌아갔을 때 피양기독청년회를 만들었는데 기껏하구 또 물산장려회두 좀 돌봐야 하디 않가시오? 본격덕으루 해 봐야디요!"

"고롬 기거이 둥요하디! 더욱이 물산장려운동은 고당이 힘을 기우리는 일이니끼니!"

"기야 오산에서의 교육도 둥요하디만 피양에서 청년덜을 가리티는 것두 기리구 물산장려운동은 더더구나 둥요한 일이니까니……."

"고롬 열심히 해야디! 더욱 이 물산장려운동은 말이웨다!"

"기거이 오산에서의 교육만큼이나 둥요하다구 생각합네다!"

"고롬 피양가서 잘 해보라우요!"

고당은 새삼스럽게 말총모자를 벗고 꾸벅 절을 했다 남강도 얼떨결에 절을 받았다. 마치 그것이 두 사람 사이의 영 이별인 것처럼 보였다. 그리하여 고당 조만식은 오산을 영원ㅎ 떠나고 말았던 것이다.

두 교사 이상정李相定과 서춘徐椿의 경우

경의선 기차를 타고 고읍역을 떠나자니 감회가 깊었다. <오산학교>의 교장만도 세 차례였으며 고향인 평양을 들락날락하기가 수십차례였던 것이다. 서글픈 추억 속에서도 흐뭇해서 미소를 머금게 하는 것은 우선 이상정李相定이라는 경상도 사람으로 일본의 도쿄東洋대학을 나온 역사 선생이 생각났다. 키도 훤칠할 뿐 아니라 생기기도 잘 생겼고 또 옷차림은 시골에서는 아까울 정도로 멋쟁인데 비단 조끼에 말쑥한 양복차림이었다. 하루는 예전과 같이 운동장에서 조회가 끝나고 조만식 교장이,

"이제 역사를 담당하고 계시는 이상덩 선생님이 잠깐 말씀이 있갔습네다."

예전과는 달리 이 선생은 약간 수줍은 듯한 태도로 교단에 올라섰다. 얼굴이 약간 침통해 보였다. 양복 위에 두루마기를 걸치고 있었다.

"보이소 조 교장 선상님한테 부탁을 해서 이 자리에 섰습니다."

이상정 선생은 울먹이면서 자기가 받은 깊은 감명을 어떻게 표현을 해야 할지 감정을 주체하지 못하는 것 같았다.

“나는 오늘날까지 조만식 교장 선생님을 모시구 지내면서 부끄럼을 느끼지 못하구 살아왔습니다.”

그리고서는 두루마기를 들치고 속에 입고 있던 고급 비단 옷을 학생들에게 보이는 것이었다.

“그러면서두 교육자입네 하고 부끄럼없이 여러분 앞에 섰었습니다.”

그리고서는 그 고급 비단 옷을 그 자리에서 벗어 던지고

“이제부터는 나도 새 사람이 될 것을 여러분에게 맹세합니다!”

그러자 학생들은 박수를 치며 만세를 불렀던 것이다. 고당은 그 장면을 회상하며 흐뭇한 미소를 흘렸다.

서춘이란 선생이 있었는데 학교재정이 딸려서 몇 달씩 월급을 주지 못하고 있었다. 그러나 서춘 선생은 남강 선생에게 하도 큰 신세를 져서 돈을 달랠 수가 없었던 것이다. 그래서 속으로 끙끙 앓으면서 어쩔 수 없이 무단 결근을 하고 있었다. 결코 요즘에 성행하는 단식투쟁은 아니고 먹을 것이 없어서 어쩔 수 없는 강요된 단식이었던 것이다. 그는 수학의 천재였다는 것이었다. 만일 주기철과 함께 공부를 하고 있었다면 볼만 했을 것이다.

그 서춘에 관해서 남강으로부터 들은 바가 있다. 서춘은 떠돌이 고아로서 군청 소재지인 정주골에서 국수집 중네미 노릇을

하고 있었다고 하였다. 중네미란 국수집에 있으면서 잔심부름을 하거나 배달 같은 것을 하는 아주 허드렛일을 하는 어른이나 아이를 가리킨다. 그런데 이웃 한 20리 가량 동쪽인 오산이라는 데 신식학교가 섰다는 이야기를 들었던 것이다. 타박타박 걸어서 오산까지 찾아왔다. 남강은 허름한 차림의 서춘 소년으로부터 자기를 찾아온 연유를 물었다. 말인즉은 공불하고 싶다는 것이었다.

"아니 너 하필이문 우리 학교에서 심부름을 하갔다는 건 와 그르디?"

"학교 심부름은 낮에 하구 밤에 짬을 내서 공불 하문 되디 않가시오!"

"우리 <오산학교>엔 야간이 없는데 어드릏게 공불 한다는 거디?"

"그래두 지금 있는 국숫집 보담은 낫디 않가시오. 여게는 학교니끼니 선상님덜이 많으실테디요! 밤에락두 물어 가문서 자습하디요 뭐!"

"허허……. 고놈 참!"

서춘의 그 말을 들은 남강은 그 깜찍하고 기특함을 보고 공부를 시키기로 했다는 것이었다. 그러자 그 서춘 소년은 시간이 되면 다른 학생들보다 먼저 나와서 종을 치는 등 웬만한 일을 하면서 이른바 고학을 했던 것이다. 마침 그때 오산에 초등부가 생겨서 서춘이 운이 좋기도 했다. 그는 <오산학교>를 졸업하고 일본으로 건너가서 일본의 옛서울인 쿄오도京都 제국대학을 다니다가 그 유명한 2·28선언을 주도하기도 하였던 것이다. 본디 수학의 천재라 남강의 요청으로 모교에 와서 교편을 잡게 되었다.

그런 서춘을 받아들인 남강의 사람 보는 눈이 대단하다고 새삼 감탄하는 것이었다. 그 서춘도 남강을 재생의 은인으로 여기기 때문에 그리고 학교 재정 돌아가는 형편이 대단히 어려우므로 선생들의 월급을 제때 제때에 주지 못하고 있음을 잘 알고 있어서 뭐라 강경하게 요구할 수는 없었다. 이번에는 3개월치 씩이나 밀렸던 것이다. 그래서 더욱 속을 끓이고만 있을 뿐이었다.

그렇기 때문에 곤란을 겪는 것은 학생들 뿐이었다. 교장인 고당도 수학선생이 그러니 어떻게 해서든지 서춘 선생을 출근시켜야 할 책무가 있었던 것이다. 그렇다고 서춘 선생의 처지도 잘 알고 있기 때문에 출근하라고 강권할 수도 없었다. 생각 끝에 하나의 꾀를 내었다.

서춘은 본디 남의 도움을 받기 싫어하는 성미인데다가 그리 활달하지도 않아서 별로 다른 교사들과 왕래도 많지 않았었다. 그리고 남강 선생에 대한 은의로 보아서도 월급을 독촉할 처지도 못되고 하여서 두문불출 방문을 걸어 잠그고 아무도 접하지 않았다. 그가 방안에 틀어 박혀있자 다른 교사들은 물론이고 교장인 고당도 찾아갔다.

"교당 선생님! 선생님께는 죄송합네다만 지금 당장은 학교에 나갈 마음이 없습네다. 용서하십시오."

그리고서는 더 말을 하려고 들지 않았던 것이다. 그래서 고당은 묘안을 내었다. 서춘 선생이 가장 사랑하는 제자를 불렀다.

"너 서춘 선생 보구 싶디?"

"그럼은요!"

"기럼 내래 하라는 대루 하갔네?"

"어드룹게요?"

고당은 귓속말루 방책을 지시했다. 그 학생은 그 길로 서춘 선생의 하숙방을 찾아갔다.

"선생님! 서 선생님!"

"……."

"문 좀 열어주시라요!"

"무슨 일이야? 귀탄게."

"수학문델 풀다가 막해서 가디구 왔이요!"

"너두 못 풀 문데가 있네? 어디 보자꾸나!"

그제서야 방안에서 그대로 문을 잠근 채,

"뭐이 기렇게 어렵디?"

"이 문덴데……. 문 좀 열어 주시라요."

그제서야 방안에서,

"기럼 다른 소린 안하갔다구 약속하면 문을 열어 주디!"

"다른 말 할 것두 없이오."

문을 열고 학생을 방으로 들어오게 하고서는 다섯 문제 중네 문제는 술술 잘 풀었는데 마지막 문제가 까다로웠다. 서춘도 끙끙 앓으면서 그 한 문제를 붙들고 씨름을 하다가,

"응 이렇게 풀문 되갔구나!"

하고 파안대소하는 것이었다.

그건 세상에서 가장 어려운 문제를 해결했을 때의 희열이었던 것이다. 그 학생도 서춘 선생이 그렇게 기뻐하는 모습을 본 적이 없었다.

"선생님! 학생덜이 선생님이 나오시기를 목이 빠데라하구 기다리구 있습네다. 낼 부텀 나오시디요!"

"생각해 보디!"

그 다음날부터 서춘 선생도 출근하기 시작했다.

그런 추억들을 더듬는 가운데 기차는 평양역에 도착했던 것이다.

조선물산장려회朝鮮物産獎勵會

평화적 시위로 평양거리를 누비며

그동안 여러 가지 일들이 고당에게 본격적인 자기 일을 붙들 여유를 주지 않아서 미루고 미루다가 마침내 본격적인 정말 내실적으로 또 교묘하게 위장된 일본과 싸울 수 있는 회심의 일을 추진할 수 있게 만들어 주었다. <물산장려회>다. 그건 바로 고당 조만식의 평생의 사업이고 실질적으로 일본의 경제적인 침략에 저항하는 항일 무기였던 것이다. 고당 조만식의 상징처럼 되어 있는 것이 이 물산장려회다. 고당하면 생각하는 것이 이 단체이며 또한 일제시대에 있어서 세인을 놀래게 했으며 떠들썩하게 한 조직체이기도 한 것이었다.

1920년 7월 3일 오후 9시. 그러니까 고당 조만식이 두 번째로

<오산학교> 교장을 맡기로 하고 오산에 갔다가 일본관변측의 거부로 다시 평양에 돌아오지 않을 수 없었던 일이 있은 뒤의 일이다. 기왕에 마음 먹었던 보다 근본적이면서 외견상으로는 드러나게 반일적인 인상을 주지 않는 항일 투쟁방법이라고 할 수 있는 경제적 반항인 물산장려회 운동을 전개하는 것 그 적기가 바로 이때라고 생각하였던 것이다.

그리하여 고당 조만식을 비롯해서 450명이 모여 발기대회를 한 물산장려회는 회칙 기초위원으로 정세윤鄭世胤-변호사이며 고당의 사위-김동원金東元, 김형숙金亨淑 등 세 사람을 선출하였다. 창립대회는 8월 23일 오후 8시에 가지기로 결정되었다.

그 취지문은,

국산품을 애용하고 자급자족 정신을 키우되 일본통화 배척이나 그런 것은 아니고 끝까지 자중자애 하는데 힘쓰자.

라고 역설했던 것이다.

고당 조만식의 나이 40이 되었다. 옛날 사람들이 나이 40은 불혹이라고 하였다. 그러면 자기 딴에는 그 나이를 먹기까지 별로 나라를 위한 일을 한 바가 없다고 생각하여 <오산학교>에 갔다가 다시 쫓겨오다 시피한 지금에 있어서 이번에는 역시 무엇인가 눈에 보이는 일에 힘써야겠다고 연구하던 중 자기가 <오산학교>에 있을 때 금강산에서의 종교 집회에 강사로 갔다 오다가 고려의 옛 서울인 송도 즉 지금의 개성에 들렀을 때 개성사람들이 국산품만 쓰는 것을 보았고 그 검소한 살림의 현장도 목격하였던 것이다. 거기서 자기도 장차 어떻게 하면 그 사람들의 생활자세를 받아들여야 하는가에 대해서 큰 깨달음을 얻었던 것이다.

그때의 일이 얼핏 머리를 스치고 지나갔다. 그렇다. 내 나라 내 땅에서 나오는 물건으로 라는 생각이 떠올랐던 것이다. 그 즉시로 착상하고 실천해 오던 국산품 애용운동을 이제 구체적이고 하나의 조직적인 단체운동으로 대대적으로 전개하려는 것이다. 물론 고당이 오산에서의 교육자 생활도 마침나는 광복된 조국을 짊어질 간성을 키우는데 쏟은 정열의 보탬이었지만 말이다. 오히려 그것은 조국해방의 투사들이며 선배요 동지들인 도산 안창호와 남강 이승훈이 오래전부터 힘을 기울여온 보다 근본적이고 원천적인 기초작업에 힘을 쏟았던 일이었다. 그러니까 전혀 한 일이 없었던 것은 아니었다.

그리하여 그의 평생의 사업 나라를 다시 찾고 민족을 가멸케 하는데 도움이 되는 사업을 구상하던 중 이 국산장려운동이 생각났으며 또 자기가 몸소 실천해 오고 있던 것이 아닌가! 그래서 <조선물산장려회>를 발기했던 것이다.

대회에서는 조만식을 회장으로 뽑고 부회장에는 이덕환李德煥, 그리고 이사로는 김동원 등 8명을 선임하였으며 6월 26일에는 또 대성관大成館에서 조선물산장려조합이란 조직을 만들어 조만식이 주동하는 <조선물산장려회> 운동을 구체적으로 실천하는 행동단체를 만들었던 것이다. 그 행동체의 책임자인 회장에는 홍재기洪在祺라는 사람이 선임되었다. 이때 항상 윗자리를 다른 사람에게 내어 주기를 좋아하는 고당이 직접 회장직을 맡은 것은 그 사업이 필생의 사업으로 직접 진두 지휘하겠다는 결의를 나타낸 것이라고 볼 수 있을 것이다.

이제 그 취지문의 구체적인 조항을 들면 우선 우리 조선물산을 장려하지 않을 수 없는 조건으로,

1. 경제적 진흥을 기하기 위함이고
2. 사회의 발달을 도모함이다.
3. 실업자 구제에도 도움이 되련다.
4. 국산품을 아끼는 생각을 가지게 함이다.
5. 근검절약하는 사상과 용감성을 일으키기 위함이다.

이런 저런 목적을 위해 국산품장려운동을 전개한다고 고당 조만식은 평양시민들에게 강조하였던 것이다. 그리고 이 운동은 곧 전국적으로 퍼져나갔던 것이다.

경성에서도 화답

그러다가 조만식이 주장하는 <조선물산장려회> 운동이 전국적으로 퍼지면서 경성에서도 140여 명의 준비위원들이 발기하여 1922년 1월 20일 오후 7시에 종로 낙원동樂園洞에 있는 협성학교協成學校에 모여 발기인대회와 창립총회를 잇달아 열고 유성준兪星濬을 이사장으로 뽑았던 것이다.

이즈음에 고당이 노래를 지은 바 있다.

산에서 금이나고
바다에 고기
들에서 쌀이 나고
목화도 난다
먹고 남고 입고 남고
쓰고도 남을
물건을 낳아 주는
삼천리 강산

물론 문학 전문가의 안목으로 보아서는 시라고는 할 수 없지만 그 성실한 감성은 능히 그 정열을 살필 수가 있다. 고당 조만식은 마침내 <조선물산장려회>를 만들어 일본의 경제적 침략으로부터 조국을 경제적으로 되찾기 위해 우리 국민들로 하여금 우리나라에서 나는 곡식을 먹고 우리나라에서 나는 무명이나 베로 짠 옷을 입는 운동을 전개하는 것이 진정한 애국이며 나라를 찾는 데 있어서의 근본 문제라고 생각했던 것이다.

우선 고당 자신이 실천하고 있었던 사실을 온 민족 온 국민에게 보급하고 본을 보여 따라오게 하고 권장하였다. 상당히 성과를 거둘 것이라고 자신하기도 하였다. 그런데 급선무는 사무실을 마련하는 것이었다. 우선 사무실로는 고당이 근무하고 있는 기독청년회관인 Y.M.C.A. 안에 두기로 하였다.

고당의 이른바 정강치기 수목두루마기를 입고 말총모자를 쓰고 짚신을 신고 다니기 시작한 것이 <오산학교>에 가서 부터인데 황해도 안악의 어느 집회를 인도하려고 갔을 때 그곳의 토산품인 자오라기로 만든 일종의 맥고모가 부러운듯 하기에 초청측 책임자가 고당 선생에게 드릴 선물로 어떤 물건이 좋을까 하고 걱정하던 중 옳지 잘됐다고 생각하여 고당이 물산장려운동을 전개하고 있다는 것을 알고 있었으므로,

"고당 선생님. 그 자오라기 모자를 선물로 드릴까요?"

하고 넌지시 말씀드려서 고당 자신이 좋아해서 그렇게 했다는 것이었다. 그래서 고당도 한동안은 자오라기 모자를 쓰고 다녔다고 한다.

고당은 늘 이런 생각을 가지고 있었다.

"우리나라 삼천리는 참 수려한 강산이오……."

그는 오산에서 항상 노래처럼 그 말을 강조했던 것이었다. 그러다가 오산에 두 번째로 다시 가서 교장직을 맡았다가 이제 완전히 학교를 그만 두고 평양에 돌아왔으므로 이제부터는 완전히 자유로이 앞장서서 국산품장려운동을 추진할 수 있게 되었던 것이다. 옛날 동지들도 대강 모여들기도 해서 지금쯤은 발대식을 가질 수 있을 만큼 때도 되었다고 생각해서 같이 동조하는 사람들에게 부탁하여 사람을 모으게 하였던 것이다. 통지나 연락을 받은 사람들은 시간이 되기도 전에 꾸역 꾸역 모여들기

시작했다. 시간이 되기도 전에 순식간에 장내는 발디딜 곳도 없이 꽉 들어찼다. 이윽고 사회자가,

"지금 고당 선생님이 등단하셔서 춰디 말씀을 하시갔습네다."

우레와 같은 박수소리가 터져 나왔다. 고당은 천천히 단위에 올라 섰다. 단이라야 고작 교단 두 개를 나란히 놓은 것이지만 조만식은 열광하는 군중의 박수를 저지하고서,

"여러분! 반갑습네다!"

장내가 조용해졌다.

"피양시민 여러분! 이렇게 많이 모예줘서 정말 고맙습네다!"

또 한차례 박수가 터졌다. 이번엔 박수소리가 하늘로 치솟았다.

"우리는 가끔 우리 물건을 써서 우리네 살림을 꾸레 나가자구 이렇게 모이셌습네다!"

여기저기서 기렇디 기렇구 말구! 등등 하는 소리가 들려왔다. 고당의 연설은 계속되었다.

"우리나라는 삼면이 바다루 둘레 쌓여 있습네다. 기래서 고기두 많이 잡힙네다. 여러분덜두 다 아시갔디만 우리나라에선 곡식두 많이 나구 기릅네다! 또 석탄두 많이 캘 수 있구 또 금·은·구리두 많이 납네다. 목화와 삼두 잘 됩네다. 입성을 맨들어 입기에두 충분합네다!"

"옳소! 옳소!"

또 한차례 박수가 터져 나왔다. 이제 고당 조만식은 연설의 고도한 기술도 터득하고 있었다. 그건 배워서가 아니었다. 생이

지지 곧 타고난 재주였던 것이다. 천품을 타고난 웅변가였다. 대중연설의 고도한 기법인 쉼 곧 Pause도 적절히 구사하면서 청중들을 끌어 당겼다 놓아 주었다 하면서 청중의 분위기를 마음대로 좌우하였던 것이다. 청중들은 고당의 연설에 매료되었다.

"기래서 말입네다! 물산장려회의 취디를 이 피양시민에게 퍼뜨리기 위해서 어드릏게 던개해야 하갔는디 여러분의 의견얼 솔딕히 말좀 해 주십시오!"

조만식이 연설을 끝내고 단을 내려온 뒤에도 청중들은 그 자리에 선채로 그냥 서성거리고 있었다. 또는 고당이 제안한 대로 고개를 기웃거리며 무언가 뾰족한 수를 궁리해 보기도 하였다. 그냥 웅성거리는 축도 있었다.

항오行伍도 당당히

고당은 퍼뜩 머리에 떠오르는 생각이 있었다. '기릏디 이들과 함께 피양거리를 누비면서 온 피양사람덜에게 물산장례회의 취디럴 알리기 위해 만셀 부르문서 한바퀴 도는 것드 돟을거 같은데!…….' 그래서 다시 단상으로 올라가서,

"여러분! 오늘 우리는 이대루 해딜 수가 없습네다! 그래서 말인데 내틴 김에 우리 다함께 이 피양거리를 누베 봅세다. 만세를 부르멘서 말이웨다! 여러분 어드릏습네까?"

"돟습네다! 돟습네다!"

다들 화답했다. 그리하여 북을 치고 나팔을 불며 항오도 당당하게 모였던 군중들은 한사람도 낙오하지 않고 줄을 지어 평양거리의 중심가를 행진해 가자 이 집 저 집에서 무슨 일인가 하고 길가까지 나와서 바라다 보다가 고당 조만식이 앞장 서서 가는 것을 보고 모두 손뼉을 치는 것이었다. 실로 큰 축제 같았다. 그 행렬은 철도호텔을 돌아 평안남도청과 평양부청 앞에서 잠깐 멈추었다. 고당은,

"동포 여러분! 우리 여기서 물산장려회가를 다시 한 번 힘차게 다같이 소리 높이 부릅세다!"

그러자 군중들은,

"도선물산장려회 만세!"

를 우렁차게 외쳤다. 하늘도 땅도 깨어지라 하고! 그리고는 물산장려회가를 소리 높이 불렀다. 박수 소리가 너무나 우렁차서 부청 사무실에서 일을 하던 일본사람 직원들도 멋도 모르고 박수를 치는 것이었다. 그러나 일본인 부윤은 눈치를 챘던 것이다. 거기엔 조선민족의 반항정신이 고즈넉히 감추어졌다는 사실을! 고당의 차원 높은 항일의식이 배어 있다는 것을! 부윤은 내뱉듯이 중얼거렸다.

"정말 잘 위장되어 있군! 저거야 말로 교묘한 민족자각운동인데! 조만식이란 정말 무서운 자로구나!"

<조선물산장려회>의 그밖의 부서에서 고당을 도운 사람들은 부회장에 한근조 회계에 김광수 위원에는 김병연 · 김성업(박

현숙의 남편) · 오경숙吳慶淑 등이었다.

질 좋은 물건을 만들자

회장인 고당 조만식은 항상 이런 말을 강조했던 것이다.

"국산품을 애용한다구 물건을 아무렇게나 만든 걸 기냥 국산품이라구만 해서 쓰라는 건 아니오."

"기야 물론 이디요."

부회장 한근조가 맞장구를 쳤다.

"소비자럴 속이구 돈벌이만 할라구 드는 건 되레 국산품을 쓰디 말라는 거와 무엇이 다르오? 기건 외레 국산품을 모독하는 행위요!"

그러면서 고당은 힘주어서 말하는 것이었다.

"물건을 만드는 데 있어서 우선 맘 가딈이 듕요합네다. 물건 만드는 사람 각자가 마음을 올바르게 가데야 합네다."

"기룧디요! 국산품의 딜은 민족의 마음이기두 하니까니! 기렇게 말씀할라구 하시는 거디요?"

옆에서 김성업 위원이 말꼬리를 잡아챘다.

"핫핫하하하……. 김성업 동디는 어드룧게 남의 맘 속에 딜어 갓다 나온 것터럼 말씀을 하십네까?"

"<오산학교>에서 늘 기룧게 가르켔다문서요?"

"핫핫하하하……. 이거이 귀싸대귀 한 대 맞았는데……."

<조선물산장려회>의 사무실에 모였던 동지들은 한바탕 웃음보를 터뜨렸다. 그들은 희희낙락 앞날에 대해 가슴 뿌듯한 희망에만 가슴이 부풀어 있었던 것이다. 그 물산장려운동은 우선 각 교회에서부터 자발적으로 불이 붙기 시작했고 곧이어 일반 사회에 퍼졌으며 심지어는 사치의 첨단을 추구하던 화류계에도 파급이 되었던 것이다.

"애 춘심아! 너 그 금가락디 안딕두 끼구다니니?"

"오늘까디만 끼구 댕기다가 낼 내가 졸업한 종로 보통학교에 갖다 줄거야!"

"기래야디! 요센 비단 닙성을 닙구 댕기는 거이 점적하딜 않가서! 이제 멋쟁이는 무넝 조거리와 초맬 닙구 쟁게야 한다문서?"

"기래두 이앗다리 김서방은 비단 닙성을 돟아한다는데……."

"기 촌놈 시검방디게 시리! 기치 조만식 선생한테 한번 혼좀 놔 바야 갔는데! 조 선생님과 마주티문 한방 얻어 맞을 걸!"

"홋홋호호호……."

기생들도 자기네 집 형편으로 어쩌는 수 없이 웃음을 팔기 위해 술집에 나왔을 망정 고당의 국산장려운동에 모두 찬동했으며 대동관 마루에 앉아 조잘거릴 정도로 이제 국산품장려운동은 평양전역에 퍼졌던 것이다.

그러던 어느날 면도칼이라고 소문난 일본인 형사가 Y.M.C.A.로 고당을 찾아왔다.

"조만식 선생! 선생이 회장으로 계시는 <조선물산장려회>는 어떤 목적을 가지구 있소?"

고당은 그가 무슨 꼬투리를 잡으려 하고 있다는 것을 눈치채고 취지문을 한 장 내주며,

"여기 취디문이 있으니까니 닑어 보소고레! 자세히 써 있으니까니! 앗 참 조선글 모르시디요?"

물론 그 일본인 형사가 한글을 못 읽는다는 것을 잘 알고 있으면서 그러는 것도 자연스럽게 나온 하나의 반항의식의 발로였던 것인지도 모른다. 또는 비꼬임에서였는지!

"하여튼 자세하게 무엇을 하려는지 설명을 해 보시지요."

"말하자문 우리 도선에서 나는 곡식이나 천을 가디구 살림을 하자는 자급자족운동인 셈이디요!"

물론 조선말로 했으나 일본인 형사도 말은 알아 들을 수 있었던 것이다. 그러나 그 형사는 입가에 비웃음을 흘리며,

"그것이 진심이오? 지금 중국에서는 일본 돈을 배척하는 운동이 한참인데 조선물산장려운동두 종당에는 일본돈을 배척하려는 게 아니오?"

고당은 그렇게 나오리라는 것을 미리 짐작하고 있었으므로 취지문에서도 그렇지 않다는 것을 밝힌 바도 있었으며 일본인들의 속셈도 환히 들여다 보고 있었으므로,

"와 이러시오? 우리가 뭐 둥국사람을 본따는 기런 어리석은 백성인줄 아시오? 아까두 말했듯이 단디 나는 우리땅에서 나는

것으로 자급자족하자는 것 뿐이오. 기것두 잘못이오!"

그러는데야 아무리 까다로운 일본인 형사라도 더 두슨 꼬투리를 잡을 수는 없었다.

전문학생 교복도 무명으로

1924년에 접어 들면서 경성의 전문학교 학생들도 모두 무명으로 교복을 지어 입고 다니는 바람에 전국의 무명직조공장과 포목점들이 즐거운 비명을 지를 정도였다. 그래서 산정현교회의 오윤선 장로가 경영하는 광신상회를 비롯해서 최운용의 조선물산상점 등 포목상들이 때아닌 호경기를 만났던 것이다.

어느날 오윤선 장로가,

"고당! 고당 덕분에 우리 광신상회에 불이 날 것 같소."

"아니! 와요?"

"불티 나게 포목이 팔리니 불이 날 디경이웨다! 헛헛히히히……."

"핫핫하하……. 그렇소?"

그러다가 고당은 웃음을 뚝 그치고,

"근데 요새 남강 선생 소식 못 들었오?"

"기리니 말이디 얼핏 듣기룬 민립대학 문데가 좀 꾀이는 모양인데……."

"기야 난두 그 주동자의 한 사람이니까니 잘 알구 있디만

……. 그보다두 <오산학교>레 어드룹게 돌아가구 있는디!"

오윤선은 그제서야,

"참! 남강 선생님이 머디 않아 <동아일보> 사당이 된다는 내기던데! 기른 소문 못 들엇소?"

"인촌이 남강 선생을 탐내구 있었는데 기얼구! 전번에 경성에 올라 갔을 때 잠깐 듣기는 했디만……."

"기럼 기거이 사실이었군 그래! 기럼 <오산학교>는 어드룹게 하구?"

"기야 김기홍이란 젊은 이사장이 잘 꾸레 나가구 있으니까니 념네는 없디! 돈두 많구 성의가 있으니까니 걱정은 없디만 그래두 남강 선생이 딕접 학교살림을 꾸레 나가야디!"

"정말 학교가 잘 됐으문 둏갔는데……."

고당은 지금 새로운 애국운동을 전개하고 있으나 젊음의 정열을 쏟았던 <오산학교>를 잊을 수가 없었던 것이다. 가장 존경하는 선배요 동지인 남강 이승훈도 영원히 잊을 수는 없었다.

오늘도 그 유명한 정강치기 수목두루마기를 걸치고 말총모자를 쓰고 또 짚신 대신 요즘 평양공장에서 생산되는 편리화를 신고 나가면서 자기는 어떻게 되든 남을 위해서 시간을 더 보내려고 하는 자기 희생의 종으로서의 삶을 살려는 것이었다. 푸른 하늘을 한번 올려다 보면서,

"아아! 오늘두 날씨 한번 둏다!"

언론으로의 항일

〈조선일보〉의 사장에

찰칵 찰칵

"승차권을 검표하겠습니다."

물론 검표하는 여객전무는 일본말을 하지만 승객 대부분이 조선사람이니까 그 말자체는 알아 들을 수 없지만 무슨 뜻인지는 짐작으로 알 수 있었으며, 특히 차표를 찍는 가위를 들고 있었으므로 호주머니 깊숙이 넣어 두었던 차표를 부스럭거리며 끄집어내는 것이었다.

"영감님! 승차권을 보이시지요!"

그 승차권을 보자 여객전무는 저으기 놀랬다. 그는 다시 한 번 고당의 얼굴을 훑어 보았다. 분명히 1등객실에 가야 할 손님

이었던 것이다. 여객전무는 약간 비웃음이 섞인 말투로,

"이 표 분명히 손님 건가요?"

"……"

"이 양반 국어-일본말-를 알지 못하나?"

"아니요! 왜말은 안 쓰려구 하오. 알기는 하니까 대답은 하겠소! 와 뭐이 잘못 됐오?"

"……."

그 여객전무는 1등 차표를 가지고 있는 그 시골뜨기 중 늙은 이를 뚫어져라 하고 쳐다보며 하긴 그 사람이 입은 옷도 독특하여 약간 의아해 했다. 틀림없이 광목두루마기에 말총모자를 썼으니 들어오던 바대로 평양의 그 어느 괴짜임에 틀림없는 것 같았다. 헌데 어떻게 그 사람이 1등 차표를 가지고 있는지가 의심스러웠던 것이다. 그렇다고 무슨 실수를 해서는 안되겠다고 생각하여,

"선생님. 1등칸으로 가시지요!"

"와요? 이 표 가디군 여게 3등칸에 타문 안되나요?"

"아니요 그런건 아니지만요……."

"기럼 난 여게 앉갔이다!"

"……."

"세상 돌아가는 소리두 들을 수 있구……."

그런데 마침 차장이 지나가다가 고당을 알아보고 경례를 부쳤던 것이다. 그리고서는 귓속말로 여객전무에게 무어라고 해

여객전무도 고당에게 경례를 하며,

"샤쪼! 시쯔레이시마시다-실례했습니다-"

그러자 조선인 승객들도 고당이 사장이라는 높은 자리에 있는 사람이라는 것을 알고 새삼스럽게 경의의 눈으로 우러러 보았다. 사장은 일본말로 샤쪼라고는 짐작하고 있었던 것이다. 그리고 고당의 옷차림으로 보아 들어오던 바대로 과연 고당의 독특한 옷차림인 것을 깨달았던 것이다.

한편 고당은 찻칸 안이 무더워서 정강치기 굵은 배두루마기를 벗어서 짐칸에 올려 놓고 바지저고리 바람으로 묵묵히 앉아 깊은 명상에 잠기기 시작했다. 머리는 빡빡 깎았고 미국의 링컨 대통령처럼 턱수염만 길렀으며 바싹 마른 몸에 볼품이 없었다. 그래도 조끼는 입고 있었는데 단추는 제멋대로였다. 숭인상업의 단추가 있는가 하면 숭실학교의 단추도 여러 개 달고 있었다. 바지 저고리도 굵은 베로 짠 것 곧 조선에서 나는 것만으로 옷을 지어 입고 태연히 1등 차표를 내놓았던 것이다. 그러니까 모양 따위는 전혀 개의치도 않았던 것이다. 집에 있는 그대로를 달고 다녔다. 그런 인물이 그 유명한 고당 조만식이었다. 지금은 대 <조선일보> 사장이고!

이때 조만식은 정작 자기가 <조선일보> 사장이라는 것도 잊고 있었는지 모른다. 사실 어떻게 하면 기울어져가는 <조선일보>사를 되살려 일본인들의 압박에서 조선의 인민들을 풀려나게 할 것인가를 독립된 자유국가를 건설할 수 있을 것인가를 생각하고 있었던 것이다. 그러자면 우선 그 부사장인 임경래라는 자를 신문사에 드나들지 못하게 해야겠다고 생각했다. 그 자는 돈만 옭아 내려는 몰염치한 악덕이기 때문이었다. 어떻게 해서든지 꼭 그렇게 해야겠다고 다짐하고 또 다짐하는 것이었다.

그러다가 빙그레 웃었다. 어제 일이 생각나서였다. 새로이 입사하려고 어느 시골에서 온 소년 같았다. 사장실에 들어오자 어떤 허름한 중 늙은이가 앉아 있는 것을 보고,

"저어……. 어느 시굴에서 오신 모양이지요. 사장님께서 잠깐 어디 나가신 모양인데 잠깐만 기다리시죠. 곧 들어오실테죠!"

그리고 친절하게,

"어른께서도 조만식 사장님을 만나뵈려구 오셨나요?"

"으응. 저……. 아니 무슨 일인가?"

"네에 조사장님을 뵈려구요!"

"기럼 우물거리디 말구 내길 하디 그래!"

"아니 사장님께 직접 말씀드리려구요!"

"기리니까니 말을 하라니까니!"

그제서야 그 소년도 이상한 생각이 들어서 용기를 내어

"그럼 선생님이?"

"기래 내가 조만식이다!"

"네에?"

그 소년은 깜짝 놀랐던 것이다. 자세히 뜯어보니 듣던바 대로

옷차림이 이상했던 것이다. 고당은 그런 일을 회상하면서 가노라니까 기차는 이미 사리원역을 지나고 있었다.

유석維石과 요한耀翰의 권유로

"고당 선생! 아무래두 이번에 <조선일보>를 맡아주세야 갔습네다!"

"뭐이? 내?"

고당 조만식이 <오산학교>를 그만두고 난 뒤의 일이다. 시대는 급작스럽게 발전하고 있었다. 세계의 조류는 민주주의라는 세상으로 발전하고 있었다. 곧 여론이 지배하는 사회로 바뀌어 가고 있었다. 그 여론은 곧 언론이 지배하고 있었다. 언론은 이제 제4의 권부로 자리잡아 가고 있었던 것이다.

민주주의 국가의 기본권력인 입법・사법・행정의 3부와 같은 비중을 가지는 것이 언론이라는 것이다. 그러므로 새로운 세상을 내다보는 선각자들은 재빨리 언론에 눈을 돌리고 있었던 것이다. 때마침 일본이 조선에 이른바 문화정치를 실시하려고 신문사의 창설을 허용하자 인촌 김성수와 고하 송진우가 민족주의 신문사인 <동아일보>의 창설을 서둘렀고, 그밖에 중립지로 <조선일보> 등도 재빨리 창설을 서둘렀다. 하다 못해 통치자인 일본도 친일적인 신문으로 <중외일보>의 발행을 서둘렀던 것이다. 따라서 항일운동의 새로운 병기를 모색하던 조만식이 언론에 눈을 돌린 것은 당연한 일이기도 하였다.

<조선일보>가 기울고 있다는 말을 듣고 있던 유석 조병옥維石 趙炳玉이 글 재주가 뛰어난 송아 주요한頌兒 朱耀翰과 함께 잽싸게 평양으로 고당을 찾아갔던 것이다.

"고당 선생! 아무래도 이번에 <조선일보>를 맡아 주셔야겠습네다!"

"뭐이 내래?"

고당 조만식은 오랫동안 <오산학교>에 있었기 때문에 평안북도 사투리가 튀어 나오곤 하였다.

"예에. 주요한 군과도 오랫동안 의논한 끝에 고당 선생을 사장으로 모세야 <조선일보>가 살 것 같아서……."

"허허……. 기거 참! 큰 일인데……."

"그렇게 정합세다! 주 군! 어떻소?"

옆에서 거들던 주요한도 한걸음 다가가 앉으면서,

"고당 선생 아니구서는 쓰러데가는 <조선일보>를 살릴 분이 없는 것만은 사실입니다."

조만식은 한참동안 묵묵히 앉아서 무언가 골똘히 생각하는 모양이었다. 그러자 재촉이나 하듯이 강권하던 조병옥은 고당의 생각이 많이 기울어졌다고 판단했는지 다그쳤다.

"그야 한두푼으로 해결될 문제는 아니니까 며칠 동안 생각을 해봐야 하갔습네다만 말입네다!"

조만식은 오늘 아침 집을 나올 때 항상 그랬듯이 그 눈에 익은 정강치기 수목두루마기를 걸치고 대문을 나서는 남편을 배웅하는 두 번째 아내 이의식의 얼굴을 잠깐 쳐다 보았으나 그렇다고 무얼하나 잘 해주지도 못하는 남편으로서의 의무 같은 것을 부끄러이 여기는 것은 아니었다. 자기는 가정을 희생시키면서까지 오로지 나라를 되찾는 일에 모든 정성을 바쳐야 한다는 각오가 서있기 때문이었다.

조만식은 그토록 염원하던 항일운동단체의 통일전선형성이 이루어져 신간회新幹會의 평양지부를 책임지고 맹활약을 하던 중 일본정부의 강제 해산명령으로 부득이 도중에 손을 떼어야 하게 됐으며 지금은 새로이 항일운동의 새로운 병기로 언론을 택하려고 나섰던 것이다. 시대적인 추세를 받아들여 신문을 경영하려고 들었던 것이다. 그리하여 지금 <조선일보>를 맡게 되었다.

마침내 1932년 6월 15일 고당 조만식은 제8대 <조선일보>사의 사장으로 취임하게 되었다. 이때의 신문사와 편집부의 간부진용은 다음과 같다.

사장 조만식曺晩植

부사장 임경래林景來

전무 조병옥趙炳玉

편집고문 이관용李灌鎔

촉탁 권덕규權悳圭 김기진金基鎭 안석주安碩柱

편집국장 주요한朱耀翰
사회부장 김형원金炯元
국제부장 이시완李時完

그런데 실은 그 간부진 속에 골치 아픈 사람이 들어 있었던 것이다. 임경래라는 부사장은 그전에 자기가 투자했다고 하는 돈을 되찾기 위해서 명목상으로만 그 직함을 가지고 있었던 것이다. 그러니까 언론의 창달이나 민족문제 따위는 전혀 관심이 없는 수전노였던 것이다.

새로운 병기로

애당초 고당 조만식이 새로운 병기로 언론에 눈을 돌리면서 처음으로 접촉을 가졌던 것은 <시대일보>의 후신인 <중외일보>였다. 본디 <시대일보>는 최남선이 발행하다가 기회를 봐서 적당한 사람에게 넘겨 주려고 하였다. 이때에 보천교普天教 교주 차경석車京錫이 인수하려고 하자 사회의 여론이 좋지 않아 결국 무산되고 말았던 것이다. 이유인즉 민족의 공기인 언론기관을 유사종교에게 넘겨 줄 수는 없다는 것이었다.

마침내 언론계의 중진인 하몽 이상협何夢 李相協이 맡게 되었으며 제호를 <중외일보中外日報>로 바꾸어서 경영하였으나 역시 재정적으로 뒷받침할 수 없었던 차에 마침 독일에서 돌아온 노정일盧正一이란 사람이 다시 인수했으나 그 사람도 계속 돈을 댈 수가 없어서 결국은 고당 조만식에게 맡아 달라고 교섭이 왔던 것이다. 그렇게 되자 고당은 그 즉시로 평양으로 내려가서 평양의 사업가이며 같은 산정현교회의 집사인 한원준韓元俊을 만나서 의논을 하였던 것이다.

"한 집사! 이번에 신문을 하나 인수할라구 하는데 좀 도와 줄 수 있갔소?"

"무슨 신문인데요? 기야 고당 선생님이 하구파 하문 도와 디레야디요!"

"고맙소! 실은 <중외일보>라구 지금 맡아 달라구 하는데 누구 덕당한 작자두 나타나디 않구 기래서 내가 한번 해 볼라구 말이요!"

한원준도 자기 재산을 뭔가 민족을 위하는 좋은 일에 좀 써야겠다고 생각하던 판에 불감청이언정 고소원이라고 가장 존경하는 조만식 선생이 도움을 청하니 절호의 기회가 왔다고 기꺼이 승낙했던 것이다.

"헌데 많은 돈은 드릴 수 없디만 한 20만원쯤은 댈 수 있갔디요!"

"기거문 됐어."

그런 언질을 받자 고당은 그 즉시로 경성으로 올라가서 절충한 결과 35만원을 호가하므로 우선 20만원으로 계약을 했으나 몽양 여운형夢陽 呂運亨이 중간에서 가로채서 뜻을 이루지 못하였었다. 또 여운형도 <중외일보>를 <조선중앙일보>로 고쳐 발행하기에 이르렀다. 고당 조만식은 일단 단념하고 평양에 돌아갈 준비를 하고 있는데 이번엔 <조선일보>에서 인수하라는 교섭이 있었던 것이다. 그래서 조병옥과 절충이 있었던 것이다.

고당 조만식은 일본에 항거하여 민족독립운동의 새로운 병기로 언론을 택한 이상 차라리 더욱 많이 알려진 <조선일보>가 나을 것이라는 생각으로 그쪽에 더욱 귀가 솔깃했다. 50만원을 호가하므로 약간 액수가 크다고는 생각했지만 그만큼의 가치는 있다고 여겨져 우선 2만원을 계약금으로 지불하고 발행을 이어 가기로 하였던 것이다.

딸리는 재정 10전짜리 국수

정작 신문을 발행하기 시작하자 자금에 여유가 있었던 것도 아니고 그날 그날의 용지 사는 것은 물론이고 사원들의 봉급을 지급하는 데도 힘에 겨울 정도였다. 자금 융통에 전력을 기울여야 할 형편이었다.

"김군 다시 한번 피양에 내레가서 돈을 좀 벤통해 가디구 와야 갔는데……."

"예에 기리디요! 허디만 이번엔 좀 어려울 것 같은데요!"

"하는 수 없디! 하디만 어카갔어? 죽을 디경이니까니!"

고당은 비서격으로 따라 다니는 김병연더러 출자자인 한원준에게 2, 30원씩이라도 이잣돈을 얻어서 올려 보내라고 부탁하지 않을 수 없었다. 물론 그 사이에 논이구 밭이구 땅이란 땅은 모두 처분해서 신문내는데 모조리 부어 넣었던 것이다. 그래도 밑 빠진 독에 물 붓듯 자금은 그냥 딸렸다.

그동안 고당은 대신문사 사장으로 그래도 웬만한 집 한 채쯤 가져야 위신도 서고 했겠지만 그는 청진동에 있는 한창여관韓昌旅館이라는 싸구려 객사에 투숙해 있었다. 그런 여관은 요즘에는 사창을 소개하는 창가나 다름 없지만 그 당시에는 그렇게 외설되지는 않았다. 허나 어느날 저녁 밤 늦게 들어가서 잠을 자려니까 옆 방에서 듣기에 아주 민망스런 소리가 들려왔다. 싸구려 여관이라 칸막이도 얇아 남녀의 수작하는 소리가 귓전을 어지럽혔다.

고당은 이불을 푹 뒤집어 쓰고 잠을 청했다. 그럴수록 속삭이는 듯한 그 소리가 더 크게 울려 오는 것이었다. 불현듯 그는 그 옛날 소년시절에 평양에서 내노라하는 명기와 어느 여관방에서 진한 사랑의 살비빔을 하던 기억이 되살아났다.

허나 기독교에 입교한 뒤부터는 더욱이 1923년 41세 때 산정현교회에서 장로로 장립된 뒤부터는 주색잡기는 일체 멀리하고 오로지 주님을 위한 믿음의 길에서 한번도 곁눈질 한적이 없었다. 고당은 당장 귀를 씻고 싶었다. 아직 그 더러운 소리가 귓전을 맴도는 것 같았기 때문이었다.

당장 그 이튿날 고당은 방을 뒷구석 조금 떨어진 데로 옮겨 달랬다. 그리고 점심은 여전히 싸구려 음식점에서 10전짜리 국수로 때우곤 하였다. 더욱이 임경래 부사장이라는 자가 조금이라도 낌새를 보이면 고당을 조르는 것이었다.

몰염치한 부사장

"조 사장! 이젠 내게 줄 돈을 좀 내놔야 하지 않겠어요?"

"예엣 뭐요? 당신은 우리 <조선일보>사의 버젓한 부사장이 아니요! 기리구 신문사 사덩이 어드릏게 돌아간다는 걸 뻔히 알문서두 기따윗 소릴 합네까?"

"허어……. 난 내가 투자했던 돈을 도루 찾기 위해서 부사장이란 자릴 가졌지……. 이젠 얼마간은 갚아야 하지 않갔소?"

고당은 자기가 사장이고 애당초 그 빚은 꼭 갚아주겠다는 약속을 했기 때문에 좌우당간 주기는 줘야 한다고 생각하고 있기는 했다. 그러나 명색이 부사장이니까 어느 정도 융통성은 있을 것으로 여기고 있었던 것이다. 그래서,

"며칠만 기다례 주시오! 내 김군을 피양에 내레 보내서 돈을 구해 가디구 오두룩 할테니까니!"

"그럼 닷새안에는 가지구 와야하우 닷새요, 닷새!"

"기리디! 기 안엔……."

사장인 조만식이 부사장인 임경래한테 개인적으로 빚을 진 것도 아닌데 임경래는 채귀처럼 빚 독촉을 하는 그 악착같은

재촉이 마치 날카로운 비수처럼 뼛속으로 파고 들었던 것이다. 이른바 부사장이란 명목을 가진 임경래의 그 날카로운 발톱은 매일같이 긁어대기 때문에 영 죽을 판이었다. 고당은 아마 그의 일생 중에 그렇게 시달림을 받은 일은 없었을 게다.

고당은 처음에는 같은 산정현교회의 한원준 집사를 통해 돈을 빌려다 썼으나 그것도 모자라서 어쩔수 없이 평양에서도 지독한 노랭이로 이름난 피도 눈물도 없는 박모 여인의 비싼 이잣돈까지 빌려다 써야 했던 것이다. 그런데 그 박여인에게 갚아야 할 날짜도 이미 지났으며 여러 차례 연기를 받았으나 이제 최종적으로 미룬지도 벌써 오래 되었고 이제는 더 기다려 달라고 할 수도 없을 정도로 되었던 것이다. 그 박여인은 고당이 사사로운 일로 평양에 다니러 왔다는 것을 어떻게 알고 오윤선 장로네 방으로 쳐들어 왔다.

그곳에서는 고당을 비롯해서 오윤선 장로 등 평양의 모모한 유지들이 모여서 고당이 경영하는 <조선일보>의 운명에 대해서 논의하고 있었다.

"고당 이제 어드릏게 할 작덩이오?"

"그거이 내레 뭐 뾰죽한 수가 있갔소? 오 당노 무슨 돟은 수가 없갔소?"

"기거이 참……."

이때 장지문이 벌컥 열리며 그 박여인이 쳐들어 왔던 것이다. 그 형상은 마치 옛날 이야기에나 나올 야차 같았다. 미친년이 틀림없었다. 오윤선이 우선 집주인 체면에 기선을 잡아서 박 여인의 기를 꺾어 놔야겠다고 생각한 모양이었다.

"아니 무슨 일입네까? 지금 여기선 신문사 운영에 관해 피양 유디덜이 모예서 의논하는 자린데……."

"기래요! 거 마침 잘 됐군! 내가 이번엔 빌레 준 돈을 꼭 받아 가디구 가야디!"

"허어……. 눌 자릴 보구 다릴 페야디!"

"기래 말 잘했다! 꿰 달랄 땐 벨아 벨말을 다 하더니 뭐이 어드룽구 어드래? 싸래 갈 때 다르구 싸구 나문 다르다더니 기 꼴이군!"

미쳐 날뛰는 박여인의 독무대였다. 모두 어안이 벙벙해서 멀뚱멀뚱 말을 잃고 있었다. 평양에서 내노라하는 명사들이 말이다. 그 박여인의 기세에 눌려 무어라 말을 꺼낼 수가 없었다. 아니 말에 씨가 먹혀 들어가지가 않았던 것이다. 거지 힘 센데는 어쩔 수가 없었다. 고리대금업자 박여인에게 감히 말대꾸를 할 것인가! 이윽고 고당이 입을 열었다.

"박 선생! 그 빚은 던적으로 내 책임이니까니 기건 내가 해결해 드리디요. 얼마 동안만 말미를 주시디요!"

그리고 한참동안 침묵을 지키고 있다가,

"김인덩이란 분을 아시디요!"

"기야 알디요. 인덩도서관인가 뭔가 하는 걸 세웠다는 그 얼간이 네편네 말이디요!"

"기리구 백선행이라는 분두 아시갔디?"

"이칭양옥을 딨는데 돈을 댔다는 할마씨 말이디요?"

"예에. 기롷다구 내가 박 선생한테 기런 돟은 사업에 돈을 대라는 말을 하디 않가시오! 그저기런 분덜을 조금이라두 존경한다문 내가 하는 신문사 사업에 돈 좀 꿔준걸 너무 섭섭하게 생각하게 니기디 말구 조금쯤 시간 여유를 주십사 할 따름이웨다!"

그 자리에 앉아 있던 유지들은 그저 고당의 그런 조용한 부탁에 그저 고개만 끄덕일 뿐이었다. 그야말로 피부를 찌르는 듯한 설득이었던 것이다. 그리고 모두 박여인의 거취를 지켜 보았다. 박여인도 어느 정도 감동은 하는 것 같았다.

"돟수다. 이번엔 기냥 돌아가디요. 담엔 약속대루 갚아 주소!"

고당이 변명같은 것은 하지 않는다는 것을 잘 알고 있는 박여인도 오히려 잡아 먹기라도 할 듯이 들이 닥친 것이 쑥스러웠던지 멋쩍게 웃으며 돌아가는 것이었다.

그렇더라도 <조선일보>에 재정상태는 어려워졌으면 어려워졌지 조금도 나아지질 않았다. 그리고 고당이 일단 사장직을 맡은 이상 어떻게 해서라도 신문사를 살려야겠다고 생각해서 떨어지지 않는 발걸음이지만 경성행 기차를 타지 않을 수 없었다.

사장이란 십자가

언론으로서 일제에 항거하려고 큰 마음먹고 <조선일보>를 인수해서 경영하고 있으나 벌써부터 경영난에 부닥치자 이제 믿을 것은 하느님 밖에 없었다. 찻간에 그냥 꿇어 앉아 기도를 드리면서 오노라니 벌써 개성을 지나고 있었다. <오산학교>에 있을 때 개성에 들렀던 일이 생각났다. 그리고 고급양복을 벗어 던졌던 생각이 떠올랐다. 그때는 꿈도 많았던 시절이었다. 자기도 모르게 입가에 미소가 발라졌다. 입술을 핥았다. 달콤한 추억이기도 하였다. 경성역에서 기차를 버린 고당은 싫건 좋건 간에 신문사로 가지 않을 수 없었다.

기찻간에서 하느님께 기도를 드릴 때 어쩐지 양심에 가책을 받기도 했던 것이다. 잘 나갈때는 하느님께 매달리지 않고 다급해지니까 손을 모아 기도하는 것이 아무래도 약간은 비겁하다고 느낀 것이다. 좋을 때 건 괴로울 때 건 항상 하느님께 감사기도를 드리는 것이 옳지 않은가! 이제 <조선일보>의 재정적인 문제가 꼬이니까 물에 빠진 사람이 검푸래기라도 붙들려 하는 식으로 하느님께 매달리려고 하는 격이 아닌가 하는 자책감이었던 것이다. 더욱이 장로가 말이다.

그나저나 <조선일보>사로 걸어가는 고당 조만식 사장의 발걸음은 납덩이를 발에 매달은 것처럼 천근만근 무겁기 짝이 없었다. 차라리 신문 따위는 맡지 말아야 했었지 않았던가 하는 후회마저 생길 판이었다. 더욱 마음이 무거웠다. 그러나 결코 후회따위는 하지 않는 성격이라 잠시라도 그런 생각을 가졌다는 것이 부끄러울 정도였다.

지칠대로 지친 기운이 하나도 없는 다리를 끌며 현관문을 열고 건물안으로 들어섰다. 눈앞에는 또다른 채귀인 임경래 부사장의 얼굴이 사탄처럼 앞을 가로 막아섰다. 고당은 지금 당장 발길을 돌리고 싶었다. 고당의 빡빡 깎은 머리가 금세 빠개져 나갈 것 같았다. 자기가 평양에 내려가서 돈을 마련해 가지고 온다고 장담하다시피 했는데 오히려 그 평양에서는 정말 무서웠던 채귀 박여인한테 망신만 당하고 빈 손으로 왔으니 이제 무슨 말을 할 수 있단 말인가! 커다란 암벽이 앞을 딱 가로 막았다.

그렇다고 기껏 잡을 수 있었던 좋은 기회인 일제와 투쟁하는데 있어서의 새로운 병기인 언론기관 <조선일보>라는 신문사를 포기해야 하다니 너무나 억울했다. 백성들의 서글픈 얼굴들이 원망스럽게 자기를 에워싸고 있었다. 원통하기도 했다. 절망적이었다. 그러나 하늘을 원망하지는 않았다. 이건 더 좋은 기회를 마련해 주시려는 연단이라고 오히려 하느님께 감사하였다.

구세주 나타나다

구세주 방응모方應謨

뜻이 있는 곳에 길이 있다고 죽으라는 법은 없었다. 마침내 빛은 하늘로부터 환히 쏟아졌다.

방응모!

마침내 하느님은 고당의 오랫동안의 기도에 비로소 응답했던 것이다. 고당은 새로이 전주로 나타난 방응모의 얼굴이 미소 지으며 자기 얼굴을 감싸는 것을 느꼈다. 물론 그것은 환각이었을 것이다. 하지만 그는 구세주일 수도 있었다. 오로지 이제 매달리 수 있는 사람은 그 금광왕인 방응모 밖에 없었다.

방응모는 <오산학교>가 있는 평북 정주읍에서 <동아일보> 지국을 하다가 한 3개월만에 문을 닫고 한참 경기가 좋다는 금광에 뛰어들어 교동喬洞광산에서 큰 돈을 번 재벌로 이웃 고을인 구성의 최창학에 버금갈 정도로 갑부가 된 사람으로, 전에 <동아일보> 지국을 하던 것을 잊을 수가 없어서 신문사에 대한 미련과 관심이 컸었다.

그리고 일찍이 상해의 <대한민국임시정부>에서 독립운동을 하다가 귀국해 있던 신의주 사람 고일청高一淸이 고당과 방응모를 연결시켰던 것이다.

"방 사당! 당신 <오산학교> 교당을 하시던 고당 조만식 씨를 아시디?"

"기야 알구 말구! 기런데 와 기건 갑자기……."

"기런데 그 고당이 <조선일보>를 떠맡았는데 재덩덕으로 매우 어려운 처디라는데 기래서 말인데……. 기걸 당신이 한번 떠맡을 생각은?"

"길세……."

"뭐이 더 생각할 거이 없디! 방 사당두 옛날 <동아일보> 디국을 하딜 않았갔어?"

그러자 방응모는 잠깐 생각하는 듯 하더니,

"하긴 <조선일보>를 인수할 생각이 전혀 없는 거이 아니디만……."

고일청은 말에 씨가 먹혀 들어갈 기미가 보이자 바싹 다가앉으며,

"기래 뭐이 문데요?"

"기른데 도건이 한가디 있소!"

"데……. 기 도건이 뭐인데?"

"허허허허어어. 기게 뭐 어려운게 아니오!"

방응모가 실제에 있어서 <조선일보>를 인수할 뜻이 아주 크다는 것을 확인하자,

"길세 뭐인데……."

"고당이 계속 사당으로 계세 달라는 거요!"

"뭐이? 하하하하. 난 또 뭐이라구. 하하하하. 기거야 어렵디 않디! 내래 부탁해 보디!"

그 뒤 고당은 방응모에게 저간의 경위를 자세히 설명했다. 모두 결국은 돈으로 해결될 문제이기 때문에 그리 어려운 일은 아니었다. 헌데 고당은 신문사일로 너무 시달렸기 때문에 깨끗이 손을 떼고 싶었지만 고당이 당분간 사장직을 맡지 않으면 방응모가 출자를 하지 않겠다고 하므로 당분간 사장자리를 맡지 않을 수 없게 되었던 것이다. 고당은 방응모의 조건을 받아들이지 않을 수 없었다. 고당은 용기를 내어 방문을 쑥 열었다. 방응모가 웃는 얼굴로 벌떡 일어서면서,

"고당 선생님! 피양에서두 역시 벨 수 없었디요?"

"헛헛헛허허허……."

고당은 씁쓸히 웃으며 자리에 털석 주저 앉았다.

"역시 방 선생 튀틱대루 였이다."

"내래 고당 선생님이 피양에 내레 가신 뒤 여러 가디루 생각

해 봤는데 우선 님경래 부사장의 빚은 내래 갚아 디리기루 하구 …….”

“예에? 정말이디요? 고맙쉐다!”

그렇게만 된다면야 앓던 이가 빠지는 것 같아서 얼마나 시원한지 모를 일이다. 방응모는 <조선일보>를 인수하는 것이기 때문에 그 빚도 짊어지는 것이 당연하다고 생각했던 것이다.

“당연 하디 않소? 기리구 우리 신문살 앳쉐 두식회사루 만드는 거이 돟을 것 같은데 고당 선생님은 어드렇게 생각하시는디?”

“두식회사루? 기를래문 재본금이 많이 들터인데…….”

“한 20만원가량 더 내문 되디 않가시오!”

“기를 수만 있다문야!”

“내레 기동안 구테덕으루 생각해 봤는데 두식은 한 1만두루 하구 한 두에 20원씩으로 하문 될 것 같아요!”

“으응!”

과연 방응모는 사업가다웠다. 계획은 치밀했던 것이다.

주식회사 〈조선일보〉사

1933년 1월 13일. 주식회사 <조선일보>사는 발기 창립되었다. 본사는 작년 11월에 속간한 이래로 각 방면으로 쇄신하고 정돈하기에 노력하여 오던바 금번에 경영의 기초를 완전히 하기 위하여 경영조직을 주식회사로 변경키로하여 16일에 <주식회사

조선일보>사 창립 발기회를 시내 조선호텔에서 개최하여 다음과 같은 사항을 결정하였다.

[현대사회에 있어서 여론의 수집 민중이익의 옹호 사회적 협동의 실천 기타 일반적 향상을 위하여 신문의 사명이 중차대한 것은 취론을 불허하는 바다. 더구나 현단계에 있어서 민간신문의 특수적 역할은 사회적 문화적 의의를 배가하고 있다. <조선일보>는 이러한 특수적 사명을 가지고 출세한지 10여 년에 문화적 선구자로서의 기타의 업적을 남겼으며 민족의 친구로서의 혁혁한 전통을 수립하였다. 이에 오인은 <조선일보>의 중임을 두 어깨에 짊어지고 새로운 경영의 제1보를 밟게 되었다. 이미 대중의 막대한 기대리에 속간을 단행하여 예의로 그 지반의 재획득을 더하는 동시에 일층 재정적 기초를 공고하게 하기 위하여 이에 주식회사를 발기한다. 조선의 언론 진흥을 기원하며 <조선일보>의 전통적 정신을 사랑하는 만천하의 동지는 힘을 기울여 조선 문화 발전상에 신광명이 있기를 바라노라.] 라고 천명하고 다음과 같은 창립 취지서를 발표하였다.

1933년 11월 18일자의 그 발기취지문에는 고일청 · 조만식 · 김동원 · 최형직崔馨稷 · 양소석梁素石 · 한원준 · 방응모 · 오윤선 등이 서명하였으며 위원장은 방응모로 되어 있었다. 여기서 주목할 것은 역시 조만식을 도왔던 평양의 유지들이 대다수 끼었다는 것과 지금까지 부사장으로 고당을 괴롭혔던 그 찰거머리 같았던 임경래가 빠졌다는 것이다. 그를 발기인 명단에 넣으려고 한 사람은 없었을 것이고 그 또한 발기인에 끼려고도 하지 않았을 것이다. 그는 언론따위는 머리에 그려본 적도 없었을 터이니까!

<조선일보>사가 주식회사로 발족하자마자 고당 조만식은 이제 새로운 경영주가 나타났으니 자기가 물러날 때가 됐음을 알고 자기 사물이라야 몇 권의 책과 쓰잘 것 없는 일용품이었지만 그것들을 챙기고 있는데 방응모가 들어왔던 것이다.

"아니! 조 사당님! 뭘하시는 겝니까?"

"이제 방 형이 신문살 맡아서 하시야 될게 아니시가시오?"

"허허어. 기건 약속과 다르디 않소!"

"……?"

"고일청 씨와의 약속 말이오!"

"길세 기땐 신문을 살리기 위해서 기런 약속을 했디만……. 가만히 생각해 보니까니……."

고당은 말을 끊었다가,

"역시 돈을 대신 분이 아무래두 신문 경영을 실딜덕으루 맡는 것이 순리 아니가시오!"

"안됩네다. 내래 애당초 고씨에게 고당 선생이 계속 사당을 맡아 주신다는 도건으루 신문사를 인수한 게 아니가시오! 기런데 이제 와서 조 사당이 그만 두신다문 문데가 다르디요. 내래 다시 생각해 봐야 되가시오!"

그래서 고당 조만식은 그야말로 울면서 겨자먹기로 사장 자리에 눌러 앉아 있지 않을 수밖에 없었다. 정말 묘한 대접이었다. 방응모는 그 뒤 3월 22일자로 그 경영권을 인수했고 5월 1일 주식회사 발기인 총회를 열어 7월 10일자로 자본금을 불입하기 시작해서 9월 14일까지 총 50만원의 자본금을 모두 불입했다.

4월 25일 견지동堅志洞 사옥에서 연건동蓮建洞에 지은 임시 사옥으로 옮긴 <조선일보>사는 편집 겸 발행인 방응모, 인쇄인 최익진崔益進 명의로 혁신호를 냈다. 간부의 구성은 사장에 조만식, 부사장에 방응모였다. 그렇더라도 조만식은 적당한 시기에 물러나고 실질적인 자본주인 방응모에게 실권을 실어 주려고 생각하고 있었다가 <조선일보>사가 법인으로 등록하는 7월 10일을 기해 이번에는 강경하게,

"방 형! 아무래두 명목만의 사당으루 있는 거이 마음이 불편하니 두식회사루 등록하는 판에 내 이름을 빼구 방 형 이름으루 명의를 벤갱하는 거이 돟을 것 같소!"

고당이 진심으로 사양하는 것 같고 일단 자기 입으로 말한 이상 그 뜻을 굽히지 않을 것 같아서,

"에에 조 사당님이 정 기리시야 마음이 펜하다문 일단 기렇게 하시디요!"

"고맙소 방 사당!"

고당은 방응모 사장의 손을 덥석 쥐었다. 그러나 그것으로 끝난 것이 아니었다.

"그러나 고당 선생님은 우리 <도선일보>사의 고문으루 계속

도와 주세야 합네다!"

"고롬 기거야 내래 의당 해야 하디 하하하하……."

그리하여 고당 조만식은 <조선일보>의 경영일선에서 물러나 평양으로 돌아갔던 것이다. 결국 새로운 병기로 일본제국주의에 항거하려던 굳은 의지를 한동안이나마 접어 두고 새로운 투쟁방법을 찾을 수밖에 없었다.

실질적인 고문

고당 조만식은 방응모 사장의 간청으로 한동안 고문이란 자리를 맡을 수밖에 없었다. 요즘은 대개 총재나 회장직을 지낸 사람에게 명목상으로 추대하는 것이 통례인데 그럴때엔 회의에 참석 안 해도 되고 전화라든가 인편으로 사정이 있어서 나갈 수 없다고 통지만 하는 것이 보통인데 고당은 주주총회땐 빠지지 않고 꼭 참석하곤 하였다.

견지동에서 연건동으로 사옥을 옮겼던 <조선일보>사는 이제 버젓한 주식회사로 창립되면서 이번엔 본격적인 광화문통-8·15 해방 뒤에는 태평로로 이름을 바꾸었지만-에 새로이 큰 빌딩을 짓고 본격적으로 자리를 차지하게 되었던 것이다.

이때 고당은 고문이란 직함을 가지고 있었으므로 경성에 항시 머물러 있을 이유가 없었고 고향인 평양에 내려가 있었던 것이다. 그러나 주주총회 때에는 꼭 상경해서 방응모 사장의 강력한 요청으로 호텔이나 여관에 머물지 않고 방사장의 죽첨정의 사저에 숙식하면서 주주총회가 끝날때까지 4, 5일간 묵다가 평양으로 돌아가곤 하였다.

그동안은 방 사장의 장손으로 당시 중학생이었던 방일영方一榮이 전적으로 고당의 심부름을 맡고 있었다. 고당은 그때 2층에 이불을 펴놓고 자곤 하였는데 새벽 4시면 일어나서 화장실에 다녀와서는 그 유명한 수목두루마기를 입고 단정히 꿇어 앉아 하느님께 기도를 드리곤 하였다. 그러자 방일영은 손님이 일어나 있는데 주인인 자기만 자고 있을 수는 없으므로 떨어지지 않는 눈을 비비면서 억지로 일어나려고 하자 그러면 고당은 빙그레 웃으면서,

"젊은이, 젊은이는 지금 둥학생으루 잠이 꿀맛 같이 달 터인데 더 눠서 자디 그래!"

"하지만 선생님이 일어나 계신데 주인인 제가 어찌……."

"긿디 않네. 내가 습관이 돼서 일찍 일어나 기도를 디리디 않으문 맘이 괜디 않아서……."

그래도 방일영은 할아버지의 손님인 고당이 일어나 있는데 자기가 버릇 없이 떡 누워 있다는 건 예의가 아니라구 생각해서 떨어지지 않는 눈까풀을 억지로 떼면서 일어나는 것이었다.

이른 초 겨울이라 그리 춥지는 않지만 역시 공기는 차가웠다. 고당은 송월정 뒤 언덕 위를 아침 산책하고 있었다. '이제 어드룹게 하디? 신문은 돈두 많이 드는 사업이니까니 언감생심 나

같은 가난뱅이는 도대체 생각두 못 할 일이구! 뭘 가디구 싸와야디? 하느님 좀 가르케 주십시오!' 문득 동편 하늘을 보니까 인왕산 마루턱이 붉으레 물들기 시작했다. 곧 해가 솟을 모양이었다. 하루 해가 또 시작할 모양이었다. 고당은 초조했다. 문득 남강의 얼굴이 떠올랐다. 별로 노한 얼굴은 아니었다. 다만 안타까운 듯한 표정이었다. 무언가 빨리 시작해야 하지 않겠느냐는 얼굴이었다.

"남강! 너무 나무래디 마시우! 내래 나라 찾는 무슨 일이든디 시작할테니끼니!"

이미 땅속에 누워 있을 아니 하늘나라에 가있을 남강이 아쉬운 듯 물끄러미 쳐다보는 것이었다. 해가 솟아올랐다. 고당은 발길을 돌려 언덕을 내려 왔다.

만해 · 벽초 · 고하 · 인촌 등

아침을 먹고 조금 있노라니까 만해 한용운이 문을 열고 쑥 들어왔다. 고당이 상경해 있을 때에는 매일 밤이다시피 만해와 벽초가 찾아오곤 하였으나 그날 아침엔 무슨 바람이 불었는지 아침 일찍 만해가 찾아왔던 것이다.

"고당! 나 오늘 아침엔 시굴 좀 갔다 와야 할 것 같아서……. 그래 언제 평양에 내려가지?"

"두주총회가 끝나는 대루 가뵈야디."

"그럼 댐에 또 올라오문 또 만나지!"

두 사람 외에도 유명한 지사들이 가끔 찾아오기 때문에 방일영은 훌륭한 지도자들을 집에서 뵙게 되어 무척 영광스럽게 생각했던 것이다.

홍명희는 가끔 손주인 홍기문洪起文도 데리고 왔었다. 벽초는 곧잘 유명한 집안 이야기니 무덤자리가 어떠느니 하는 이른바 풍수지리 같은 것도 가끔 이야기 하는 것이었다. 물론 고당은 기독교 신자이기 때문에 그런 미신 따위는 믿지 않지만 그런 내색도 하지 않고 그저 묵묵히 듣고만 있는 것이었다.

'님의 침묵'이란 시로 유명한 한용운은 스님에 걸맞지 않게 농담과 우스갯 소리를 어찌나 잘하는지 좌중을 곧잘 웃음의 바다로 몰아 넣기도 하였다. 한용운은 백용성白龍成과 함께 3·1 운동 당시에 33인의 한사람으로 불교대표인데 독립선언문을 낭독한 것으로 유명하고 키가 작지만 그 몸 속에 온갖 재주와 유머가 살 속마다 아니 살갗도 모발도 우스개로 짜여진 사람마냥 항상 만장에 웃음보를 터트리게 만들었던 것이다. 고당은 말수가 적고 듣는 편으로 너무 우스울 때도 소리내어 웃는 적은 거의 없었다. 가끔 손님을 접대하기 위해 주안상을 내오기도 했으나 고당은 약주를 끊은지 오래이기 때문에 술은 한방울도 입에 대지 않고 이야기만 듣고 있었다.

어느날 밤이었다. 그날 따라 진눈깨비가 몹시 휘날리는 밤이었다. 약속이나 되어 있었던 듯 인촌과 고하가 함께 찾아왔다.

그동안 여러번 따로따로는 들렀으나 둘이 함께 찾아온 적은 처음이었다. 이날 밤처럼 늘 와서 북적대던 다른 손님들은 한사람도 오지 않았는데 단 둘이서 찾아왔던 것이다.

문득 그는 일본 도쿄에 있을 때 그들이 별도로 호남 유학생 친목회를 만들어 고당의 비위를 거슬리게 했던 그 일이 새삼 생각났던 것이다. 그래서 고당이 <오산학교>에서 방배정을 할 때 같은 고향이나 같은 지방에서 온 학생들을 가능한 한 따로따로 있게 나누어 서로 마음을 열게 배려했던 것이 아닌가! 지방색을 일체 없애기 위한 실천교육의 일환으로서의 애오라지의 애씀이었던 것이다. 모두 하느님의 뜻으로 생각했던 것이다.

원수의 나라 수부인 도쿄에서의 민족독립의 투쟁에 있어서의 단결의 방법에 약간의 차이는 있었으나 고하와 인촌의 자극으로 오히려 더욱 뚜렷한 길을 가르칠 수 있게 됐으니 오히려 스승이 된 셈이라고 고맙게 생각하기에 이르렀던 것이다. 그래서 고당 자신이 식민지 백성으로서 마땅히 가져야할 자세를 암시해 준 것으로 일종의 선각자처럼 느껴지기도 하였다. 그런 고당의 마음의 갈피를 알 리가 없는 고하 송진우는,

"고당! 결국 <조선일보>에서 손을 뗐다면서?"

"허허어. 인촌이나 고하하구 한판 겨루어 볼라구 했는데……. 난 덕수가 못되는 모양이다!"

그건 인촌이 <동아일보>를 세우고 고하가 그 신문사를 맡아서 경영하고 있는데 대해 농담조로 빗대어 한 말이었다.

"핫핫하하. 우리 이제 손을 맞잡고 왜놈덜과 싸워야 하지 않겠소?"

그리고서는 정말 잘못했다는 듯이 고개를 숙이는 시늉을 하면서,

"그땐 동경에서 우리가 호남 유학생 친목회를 조직해서 섭섭했었지? 그땐 우리두 너무 좁은 생각을 해서 그만……."

"아니오. 기게 내겐 돟은 생각을 맨들어 주었소. 기래서 오산에 가서 학생덜 배와 주는 데 도움이 된거요!"

고당은 진정으로 그렇게 생각하고 있었던 것이다. 그리고 동경에 있을 때의 고통스러웠지만 낭만적이었던 학창생활이 새삼 그리웠던 것이다. 그때의 가까웠던 친구들 김정식 목사, 정노식, 유영모, 김지환, 백남훈 등 지금은 다 무엇을 하고 있는지 궁금했다. 유영모야 오산에서 다시 만나서 잘 알고 있으나 그밖의 사람들 소식은 간간이 듣고 있지만 모두들 지조를 지키며 일제와 싸우고 있는지? 자기는 지금까진 지조를 지키며 그래도 좌절하지 않고 버텨 나오고 있기는 하지만 말이다. 끝까지 버티며 승리하는 것이 얼마나 어려운가를 깨달아 가고 있지만. 많은 사람들이 갖은 유혹과 갖은 협박과 갖은 술책에 넘어가고 있다는 것을 보아 왔으며 또 그렇게 되리라고 생각하고 있기 때문에 몸서리 쳐졌던 것이다. 이제 다가올 그런 시험을 어떻게 이겨 나가야 할지 두렵기조차 했다. 그건 온갖 수단을 가리지 않고 어떤 시간도 가리지 않고 스며 들어오는 마귀의 시험이었던 것

이다. 또 언제까지 일본군국주의의 압제가 우리 조선을 억누를 것인가! 그것도 헤아릴 수 없었다. 고하와 인촌도 그날 밤 늦게서야 돌아갔다. 오랜만에 쌓였던 회포를 마음껏 푼 진눈깨비가 휘날린 밤이었다.

그 이튿날 주주총회가 끝났으니까,

"방 사당! 기동안 신세 많이 뎄오. 오늘은 내레 가 봐야디오!"

"아니! 고당 선생님 며칠 더 쉬시다 가시디 않구!"

"아니오! 기동안두 폐를 많이 끼텠는데 이젠 내레 가 봐야디!"

그러면서 방응모 사장의 만류를 뿌리치고 부득부득 나서는 것이었다.

"기럼 댐에 올라오실 땐 찔게두 미리 준비해 놨다가 너무 소홀티 않게 대덥해 디리디요!"

"기거이 무슨 소리요? 기동안만 해두 너무 디내티게 대덥해 주세서……."

"아니! 고당 선생님! 기거이 무슨 말씀이시우? 기럼 우리 <조선일보>사의 사당님이시던 선생님을 기덩도루 대덥해 디리디 못하가시오? 기따우 말씀 마시라우요!"

본디 방응모 사장도 고당처럼 말수가 많은 사람은 아니었으나 서로 존경하는 처지라 친한 사이면서 지켜야 할 예의는 깍듯이 지키고 있었다.

조여드는 족쇄

정면돌파

고당 조만식이 <조선일보> 사장에 취임한 것이 1932년 6월 15일로 그가 50세였을 때이고 사장을 그만둔 것이 그 나이 51세로 1933년 7월 10일이었으니 만 1년여를 이른바 언론 투쟁을 위해 애쓴 시기였다고 할 수 있다. <조선일보>의 고문직도 그만두고 이제 고향인 평양에서 그냥 좀 쉬려고 하였으나 세상이 그를 그냥 내버려 두질 않았다. 그러면서도 더 열정적인 항일투쟁을 전개하려고 늘 그랬듯이 짬만 있으면 평양의 유지들의 회합장소인 오윤선 장로의 사랑방에 모이곤 하였다.

더욱이 그 즈음에 들려오는 소문으로는 조선의 고급 지성인들의 정신을 돌려 놓기 위해서 일본이 모종의 음모를 꾸미고 있다는 이야기인데 추적컨데는 어떤 종교적인 부문에 있어서의 전략인 것 같았다. 요즘 일본인들은 자기네의 토속신앙인 이른바 신사당의 건설에 부쩍 열을 올리고 있었다. 경성에는 경성신궁京城神宮 평양에는 평양신사平壤神社 등을 지었으며 심지어는 시골의 각 면소재지까지에 소위 그네들의 귀신딱지를 모셔논다는 신사당神祠堂을 지어 놓았던 것이다.

본디 신사란 일본인들이 자기네 나라를 건국하였다는 소위 아마데라스오오미까미天照大神란 계집신을 모신 이세징구우伊勢神宮를 비롯해서 자기네들이 임금이라고 받드는 천황 중에 조금쯤 훌륭하다고 믿고 있는 몇몇을 떠받들어 신궁에 모시고 있는 것이다. 예컨대 메이지덴노오 같은 사람이다. 하긴 일본사람들은 모든 임금을 살아있는 신이라고 하여 우쯔쯔미까미現御神 또는 아라히도가미現人神라고 숭앙하고 있다. 하여튼 일본인들이 임금으로 떠받드는 그 선조가 바로 백제인이었다. 그러니까 우리 조선사람이 바로 일본인의 임금의 조상인 셈이다. 그래서 일본에서는 이른바 천황들의 무덤을 발굴하려고 하지 않고 있다. 거기서 조선인의 유골이 나오면 큰 망신이니까!

또 일반 국민 가운데서도 약간 뛰어난 사람, 말하자면 통치권을 빼앗아 국민을 오랫동안 지배했던 도꾸가와 이에야스德川家康 같은 사람은 정치가 뛰어난 명승지인 닛꼬日光라는 곳에 도쇼구東照宮란 신궁에 모시고 있는 것이다. 그런가하면 니노미야손도꾸二宮尊德 같은 농민도 신으로 받들어지고 있다. 그렇게 되면 우리네의 사당과도 별 다를 바가 없는데 그네들은 그런 사람들을 자기네의 토속신앙의 대상으로 받들어 모시고 있는 것이다.

그러한 현실로 보아 일본인들이 조선의 종교계도 농단할 것임이 틀림없을 것이라고 예견되었던 것이다. 그런데 이상하게도 무슨 짓을 저지를 것 같은 낌새가 보이지 않았다. 그런데 그렇지가 않았다.

주기철朱基徹 목사의 하늘 길

그날도 고당 조만식은 오윤선 장로네 사랑방에 앉아서 지금 자기가 가르치고 있는 학생들을 어떻게 하면 보다 더 훌륭한 독립투사로 키울 것인가에 대해 곰곰이 생각하고 있는데 갑자기 김동원 장로가 헐레 벌떡 숨이 차서 문을 벌컥 열고 들어왔던 것이다.

"아니? 웬일이오? 김 당노!"

오윤선 장로가 물었다. 여간한 일 아니고서는 김동원 장로가 그렇게 다급해 하질 않을 터인데,

"드디어 터넸쉐다. 큰일났쉐다!"

"큰일?"

그 자리에 있던 모두가 의아해 했다. 오윤선 장로도 의아스런 눈으로 김동원 장로의 얼굴을 새삼스럽게 쳐다 보았다. 허나 고

당은 심상찮은 얼굴로 그저 묵묵히 그러나 긴장된 얼굴로 김동원의 입을 지켜보고 있었다. 일단 무슨 말이 나오는지 그 내용을 듣고 나서 자기 의견을 말하려고 했던 것이다. 그건 고당의 습성이기도 했으니까!

"길세 우리 조선인 학생덜두 자기네 귀신인 신사당에 가서 참배하라는 거요."

"뭐요?"

오윤선과 유계준이 놀라며 반문을 했다.

"그래 좀 더 자세하게 내길 해 보소고레. 어드릏게 된 건디?"

윤계준 장로가 캐 물었다. 그러자 김동원은 자기가 듣고 온 이야기를 털어 놓았던 것이다. 말인즉 숭실전문학교의 조지 매큔George M. Mccune인 한국이름 윤산온尹山溫 교장이 숭의여자고보의 교장인 수누과 함께 평안남도 학무국장의 초청으로 도청에 가자,

"우리 평양에도 신사가 생겼으니 우선 거기 가서 참배를 하고 와서 의논을 하십시다."

하면서 일어서자 윤산온 등은,

"우리 기독교를 믿는 사람들은 그런 우상에 절을 할 수는 없소"

정면으로 거부하자 일인도지사는 화를 벌컥 내면서 회의도 중지하고 다시 생각해보라고 하면서 60일간의 말미를 주었다는 것이다. 그런 말을 전해들은 숭실전문 학생들은 일제히 신사참배를 거부했으며 숭실고보 학생들도 거기에 동조했던 것이다.

그런 내용을 들은 고당 등은,

"이제 일본인들은 본격덕으루 우리 도선을 통태루 딥어 삼킬라구 발악 하누나!"

하고 치를 떠는 것이었다.

실은 이때부터 <오산학교>에서 고당의 훈도를 받은 주기철朱基徹 목사의 순교의 가시밭길은 시작되었다.

하늘 가는 밝은 길이
내 앞에 있으니
슬픈 일을 많이 보고
큰 고생 하여도
하늘영광 밝음이
어둔 그늘 헤치니
예수 공로 의지하여
항상 빛을 보도다

<찬송가 545장>

굳은 믿음을 가진 숭실전문과 숭실고보 학생들 그리고 고당 조만식과 오윤선과 김동원 등 세 장로가 시무하고 있는 산정현 교회의 담임인 주기철 목사는 끝끝내 그네들 일본인들이 강요하고 혹독한 고문에도 굴하지 않고 신사참배를 거부하였다. 마침내 주기철 목사는 옥중에서 순교하고 말았던 것이다. 개신교

에서의 순교자로는 대표적인 분으로 추앙받고 있다. 그의 순교정신을 기려서 쓰여진 책이 바로 『저 높은 곳을 향하여』라는 것으로 한국사람이라면 모두 알고 있다.

물론 그런 주기철 목사의 높고 깊은 신앙심은 그 자신의 진정 마음 속으로부터의 영적인 외침 영적인 부르짖음으로부터의 활화산 같은 하나님에의 사랑의 열정으로부터 비롯된 것이라고 할 수 있겠지만, 한편 오산시대 때 고당 조만식 교장의 가르침도 조금쯤은 영향을 주었을거라고 믿어진다.

어두움을 뚫고

숭실전문학교 학생들이 신사참배를 거부하자 일본의 관헌들은 머리가 큰 전문학생들을 밤낮으로 감시하였던 것인데 그런 감시망을 뚫고 한 사람 한 사람씩 또는 두 사람이 밤늦게 고당을 찾아왔던 것이다. 자기네 학교의 어느 교수보다도 역시 믿을 수 있는 사람은 고당이었기 때문이었다.

"고당 선생님!"

조만식은 재취부인인 이의식 여사가 경성에 수술을 받으려고 가고 혼자서 외로이 자리에 누워 막 잠을 청하려는데 이번에는 누가 조용히 방문을 두드리는 것이 아닌가! 고당은 약간 수상하다고 생각은 하였지만 예감이 이상해서 방문을 배시시 열었다. 검은 그림자가 후다닥 뛰어 들어왔다. 필시 왜경의 눈을 피해 왔을 것임에 틀림없었다. 고당도 문을 급히 닫았다.

"누가 본 사람은 없디?"

역시 짐작한대로 자기가 가르치는 숭실전문의 학생임에 틀림없었다.

"고당 선생님 어드릏가문 돟가시오?"

"길세……. 학생 생각에는 어드릏가문 돟갔디?"

"끝까디 버티야디요!"

"기거이 돟을 것 같으문 기릏게 해야디!"

고당은 자기가 그렇게 하는 것이 좋다고 생각하고 있으면서도 어디까지나 자기 의견을 강요하기보다는 상대방의 의견을 존중하는 그런 성격이었던 것이다. 결국 그렇게 하면 만일 관헌에게 잡혀도 언질을 주지 않을 수 있었던 것이다. 물론 그런 얕은 꾀로 책임을 피하려는 간사스런 마음에서는 아니었다.

그렇다고 그러한 교묘한 수단을 쓰려고 일부러 그랬던 것은 아니었으며 가령 불필요한 오해가 생겼을 경우를 생각해서 자연히 터득한 습성이었던 것이다. 허나 고당 조만식은 어디까지나 정면돌파형이었다. 누구에게도 꺼릴 것이 없으니 빙빙 돌려서 변명할 필요가 없었던 것이다. 양심에도 아무 가책이 없기 때문이었다.

그러는 가운데 고당의 재취부인 이의식 여사는 경성에서 뇌수술을 받고 그 다음해인 1935년에 50세의 나이로 세상을 뜨고 말았던 것이다.

성姓을 갈고 이름도 고치고

우리나라 속담에 사람으로서는 도저히 있을 수 없는 잘못을 저질렀으면 성을 갈겠다고 한다. 그러니까 성을 간다는 것은 결정적인 실수나 씻을 수 없는 잘못을 저질렀을 때에만 사람이 아니고 개자식이란 뜻으로 가장 나쁘게 쓰인다. 그러니까 조선 사람들은 모두 사람의 아들·딸이 아니고 개자식인 것이다. 그러니까 죽을 죄를 지지 않으면 절대로 성을 갈고 이름을 고치지 않는다. 그런데 성을 갈고 이름을 고치라는 것이다. 1940년 2월부터 이른바 창씨개명이란 해괴한 정책이 시행되었다.

그날 곧 창씨개명령이 시행되는 첫날 여전히 오유선 장로네 사랑방에 모인 산정현교회의 장로들과 집사들은 울분을 참을 수 없다는 듯 일본정부가 조선사람들을 일본사람들과 같은 대우를 한다는 이른바 황민화皇民化 정책을 규탄하고 있었다. 항상 열을 잘 올리는 유계준 장로가,

"아니 고당! 이제 그 자덜 못하는 것두 없군! 성을 갈라구! 허어 참! 내 원!"

오윤선 장로도 이제는 더 못 참겠다는 듯,

"고당 더 보구만 있을 작덩이오? 내두 무슨 수를 내야디!"

한원준 집사가 말을 거들었다.

"기야 식민디 백성인 우리가 뭘 어드룹게 할 수 있가시오?"

"고당 말 좀 하소고레!"

조만식이 입맛이 쓰다는 듯 쩍쩍 다시고 아무 대꾸도 하지 않고 있었다. 이미 고당의 맏딸인 선부 여사와 결혼한지 오래인 정재윤 장로가 급히 들어오는 것이었다.

"아부님. 피양경찰서에서 고등계 주임이 댁으로 간 모양인데요!"

그래도 고당은 아무런 동요하는 기색이 없었다. 일본정부가 무슨 짓을 하건 어떤 농간을 부리던 간에 이제는 대응할 수단을 찾으려고 하지 않았던 것이다. 그때 그때 그네들이 나오는 데 따라서 대응할 뿐이었다. 정면돌파가 고당 조만식의 일제에 대항하는 유일한 수단이요 방법이었던 것이다. 물론 이때 창씨개명을 하지 않아서 학교에서 쫓겨난 학생들도 있었으며, 심지어는 자기는 사람이 아니고 개자식이라 비꼬아 성을 이누꼬犬子라고 고친 사람까지 있었고, 이름도 스데오拾男 버린자식이라고 아주 정면으로 투쟁적으로 고친 친구도 있었던 것이다.

어떻든 이때 전국에서 단일교회로는 산정현교회만큼 9명이나 창씨개명을 하지 않은 데가 없을 것이다. 끝까지 창씨개명을 거부한 사람들의 명단은 다음과 같다. 조만식 장로를 비롯해서 유계준 장로, 고당의 맏사위인 정재윤 장로, 박정익 장로, 오윤선 장로, 한원준 집사, 김경진 집사, 김성만, 김능기 성도 등이었다.

물론 이 모두가 고당 조만식의 영향에 따른 것임은 불문가지인 것이다. 결국 여기서도 정면으로 거부하였던 것이다. 조상대대로 내려오는 성을 절대로 갈 수는 없다. 그건 조상을 버린다는 것인데 너희네들도 조상을 버릴 수 있느냐고 이론적으로 따지고 들었다는 것이다.

오히려 역효괄 텐데요!

'민족이 민족을 나라가 나라를 대적하여 일어나겠고 처처에 기근과 지진이 있으리니 이 모든 것이 재난의 시작이니라 그때에 사람들이 너희를 환난에 넘겨 주겠으며 너희를 죽이리니 너희가 내 이름을 위하여 모든 민족에게 미움을 받으리라 그때에 많은 사람이 거짓 선지자들이 많이 일어나 사람을 미혹하게 하겠으며 불법이 성하므로 많은 사람의 사랑이 식어지리라'<마태복음 24:7-12>

일본군국주의자들은 1937년 7월에 중국의 노구교라는 데서 불법으로 공격함으로써 이른바 일지사변이라는 중일전쟁을 일으키고 다음 해인 38년에는 이른바 국어상용이라고 해서 자기네 나라말인 일본어를 조선사람네 집에서도 쓰도록 강요했다. 도저히 있을 수 없는 일이었다. 그러니까 말도 빼앗아 갔던 것이다. 그런가하면 이번에는 국민징용령이라는 것을 내려 사람도 징발해 가기 시작했다. 적령기이면 군대로 자기네 군대의 방패막이로, 나이든 사람은 징용이라고 해서 노동이나 광부로 뽑아 나가고 하루살이 범 무서운 줄 모른다고 계란으로 바위치기지 미국을 상대로 싸움을 걸었다. 진주만眞珠灣 폭격으로 어린 애가 거인에 도전했던 것이다. 그것이 바로 1942년 12월 8일이었다.

그 뒤로는 자포자기한 전쟁이었다. 심지어 특공대라고 해서 자살비행으로 적진 속으로 폭격을 감행했던 것이다. 그리하여 어쩔 수 없이 조선의 전 기능을 총동원하기 위해서 만든 것이 소위 국민총력연맹이었다. 물론 그 전에 위험성이 있다고 보여지는 소수 요시찰자는 벌써 예비검속으로 모조리 잡아 넣은 뒤였다. 그래도 아직 이용가치가 있다고 본 사람들은 남겨 두었던 것이다.

하루는 평안남도 지사가 고당 조만식과 오윤선 장로를 정중히 초청하였다.

"두 분! 잘 오셨습니다. 전쟁수행으로 바빠서 자주 찾아뵙지 못해 죄송합니다."

"웬 일루 우릴 부르셌나요?"

"그 무슨 섭섭한 말씀이십니까! 꼭 무슨 일이 있어야 오시라구 합니까?"

"우리두 바쁘니까니 용건부텀 말씀 하시디요!"

"다름이 아니구……. 두 분을 이번에 국민총력연맹의 고문으로 추대하려구 하는데……. 꼭 받아주셔야 갔습네다."

고당은 한참동안 묵묵히 앉아 있다가 천천히 자세를 잠깐 바로 잡으며,

"우리에게 기런 높은 자리를 주시는 것은 고맙습네다만 우리 루서는 당신네덜의 정책에 동조하거나 협력할 수 없을 것 같소. 우리의 보잘 것 없는 개인덕인 멩예라는 것두 낢었버리게 되오. 따라서 우리가 비록 국민연맹에 협력하더라도 국민연맹에는 되레 해가 되문 됐디 니로운 건 없을게요! 이것은 모두 두켠 다 불리한 것이니 털회해 주십시오. 아마 오 당노님두 나하구 같은 생각일 거라구 믿으오. 오 당노 어드룹게 생각하우?"

"그렇습네다. 조 당노 말씀이 맞습네다!"

정면으로 거절 당하자 평안남도 도지사도 더는 말을 붙일 수가 없었다.

학병? 너 정신 있니?

"아바지!"

"왜?"

보성전문학교가 일본제국주의의 강압으로 경성척식경제전문학교로 이름을 바꾸었다. 고당의 둘째아들인 연창이 그 학교에 다니다가 결국은 학도지원병으로 지원하도록 강요 당했던 것이다. 일본은 무모하게 막강한 경제대국이면서 군사력에 있어서도 완전히 선진 무기로 무장한 미합중국을 상대로 싸움을 걸었던 것인데 병력이 딸리자 식민지의 학생들도 명색은 지원병이지만 강제로 징집하였던 것이다.

그전에 이런 일이 있었다. 유계준 장로의 아들인 유기선이 일본의 모 기관에 근무하고 있었기 때문에 일본사람들의 동향을 탐지해서 고당에게 항상 정보를 제공해 주곤 하였던 것이다. 학병에 관한 것도 미리 알려 주었는데 하루는 고당을 만나서,

"고당 선생님! 연창의 학도병 지원을 찬성한다고 선생님의 도장을 몰래 사모님께 속여서 찍으려고 하는데 조심하세야디요!"

"허허허허 그리디 않아두 그딴 수작 할 것 같아서 이렇게 내가 가디구 댕기네 허허."

그러면서 지갑에서 도장을 꺼내 보이는 것이었다. 연창이 아무래두 아버지 고당의 허락을 받아야 하기 때문에 아버지 앞에 무릎을 조아리고 말을 꺼내자마자 이미 알고 있는 듯 도저히 말을 꺼내기 조차 어려웠다.

"학병? 너 정신있네?"

고당의 태도는 결연했다. 자기도 역시 마찬가지다. 누가 남의 나라 전쟁에 목숨을 걸고 나갈 것인가! 그 뒤에 친권자의 승낙을 받기 위해 평양경찰서 고등계 부임인 마쯔모도 경시가 일본인 형사 한 명과 통역으로 조선인 김호우金虎羽 경부를 대동하고 집으로 고당을 찾아왔다. 고당은 일본에서 대학을 나왔으니까 일본말에 능통하지만 일본사람과는 일본말은 일체 쓰지 않았던 것이기 때문에 그 사실을 잘 알고 있는 일본 경찰은 으레 고당과 만날 때는 통역을 데리고 다녔던 것이다.

고당은 집에 찾아온 손님이라 정중히 맞았다.

"잘 왔수다. 일러루 딜어 오시디요! 방은 누추합네다만……."

"시쯔레이시마쓰-실례합니다-"

"무슨 일루 오셌디요?"

물론 그들이 뭣 때문에 왔으리라는 것은 잘 알고 있지만 우선은 시치미를 뗄 필요는 있었던 것이다.

"단도직입적으로 말씀드리지요. 선생님의 둘째 아드님인 연창군을 이번에 명예로운 황군으루 출정시켜 주십사하구 간청하러 왔습니다. 그건 내선일체를 위해서도 꼭 필요하니까요!"

이때 고당은 눈을 감고 있었다. 일본인들을 보기 싫었기 때문이다. 안질이 났다는 핑계도 있었지만! 마쯔모도 경시는 헛웃음을 섞여,

"아무리 보시구 싶지 않아도 눈은 조금 뜨시지요!"

"미안스럽게 됬이다. 안질이나서요!"

"아아! 그러십니까! 이 비상시국에 조심을 하셔야죠."

"우리 아이는 당신네 나라전쟁엔 못내 보내갔수다."

"네에?"

"당신은 내선일테 내선일테라구 노래터럼 외이구 있디만 기래 뭐이 어드래요?"

"……."

"또 목덕이 우리 도선사림을 위하는 거이 아닙네다. 예를 들문 우리 조상때부텀 내리오는 성두 못 쓰게 하는데 기거이 될

말이오? 게다가 우리 도선 글루내던 신문두 못 내게 하구! 어린 학생덜이 제 말두 못 쓰게 하구 자기네 말인 도선말을 쓰문 때리구 학교두 못 오게하구 기것부터가 차벨대우가 아니구 뭐이요?"

"저……?"

"내 말이 더 남아 있시오. 조끔만 더 딜어 보십시오. 그리문서두 전쟁이 급해 디니까니 우리 청년덜두 잡아 내다가 총알받이루 하갔다구요! 내가 뭐이 잘라 내 귀여운 새끼를 당신네 싸움터에 내다가 죽이 가시오? 안되디 안되구 말구!"

"그런 거이 아니구……."

"애쉐 기따이 소리 다신 하디두 말라요. 우리 아이 절대루 내보내디 않가시오. 절대루요!"

그때 고당의 세 번째 부인인 전선애 여사가 차를 내왔다. 빛깔이 틀림없이 커피 같았다. 마쯔모도는 옳다구나 하고 꼬투리를 잡으려고 하였다. 의기양양해,

"고당 선생, 당신은 조선물산장려회를 위한다면서 지금이 어느 때인데 외제 커피를 아직두 마시구 있소? 역시 비국민이군요!"

"허허어어 우선 맛이나 보구 말씀하시오!"

마쯔모도는 한모금 마시더니 점잖지 못하게 마신 차를 다시 그 그릇에 뱉으며,

"이게 도대체 무슨 차요?"

"허허어어 기건 콩차라는 거요. 우리집 독특한 차디요! 오윤선 당노네는 겨울에 무를 내놓디요 허허허허……."

마쯔모도는 혹 떼러 갔다가 혹을 달고 간다고 밑천도 못 찾고 꽁무니를 빼고 도망치듯 물러가고 말았던 것이다.

고당도 드디어 변절?

"아니 고당 선생두 벨 수 없군! 기럼 기룽디 어느 턴디라구!"

"길세 용케 버틴다구 해디만……."

"신문에 뭬라구 났디?"

"이렇게 났어. 조만식도 자발덕으로 성전에 적극 협격하기루 했다. 이 사람도 마침내 전비를……."

"전비가 뭐야?"

"기것두 몰라? 전의 잘못이라는 말이댢아!"

"기렇디 기래! 기 전비를 깨닫고 전향하였다. 전향이 아는건 돌아셌단 거디?"

그전에 이런 일이 있었다. 동네 애국반에서 놋그릇 공출을 받으려고 나왔는데 마침 세 번째로 결혼한 전선애 여사가 조각난 요강을 가지고 나오자 애국반장이,

"이렇게 깨딘 거 말구 없이요?"

"와요? 아무래두 깨드레서 대포알 만들 거이 아녜요?"

"기래두……."

"기거이 안된다문 기리문 그만 두시라요!"

"아니 기런건 아니디만! ……."

"기거 뿐인걸 어드릏게 해요!"

"할 수 없디요 뭐! 하디만 댐부텀 깨디디 않은 결루 메련하소 고레!"

"기렇게 해보두룩하디요!"

그 다음에 고당이 전향했다는 신문기사가 대문짝만 하게 났던 것이다. 그러자 여기저기서 사람들이 찾아오기도 하고 평양거리가 떠들썩 하도록 고당의 변절이 그럴싸하게 퍼져 갔다. 발없는 말이 천리 간다고 더욱이 고당의 변절은 큰 관심거리라 입에서 입으로 퍼져 간 것은 틀림없었던 것이다. 그리고 그걸 반증이나 하듯이 왜경이 자주 드나들었다. 실은 고당에게 시국강연을 해달라고 조르기 때문이었던 것이다.

"고당 선생님! 평양 <매일신문>에 그런 기사가 난 것을 백배 사죄합니다만 기왕에 지상에 보도 되었으니 어떻게 할랍니까!"

"당신네덜 기렇게 사람 망신시케두 되는 거요?"

"그러니까 사과하는 게 아닙니까! 그래서 말인데……."

"……."

"어떻게 할까요?"

"……."

"경성에서는 이광수 선생은 물론이고 윤치호 선생도 이도오치꼬伊藤致昊라고 창씨 개명하고 성전에 적극 협력하고 있는데요! 아마 윤치호 씨는 선생님 결혼식 때 축사를 하셨나 뭔가 하신 가까운 분이라고 들었습네다만!"

"그 사람은 그 사람이구 난 나구 사람이 다르디 않소?"

그리고서는 고당은 아무 말도 없이 그냥 방으로 들어가고 말았다. 그날 밤에 몰래 한원준 집사를 불렀다. 한원준 집사는 항상 비밀스런 고당의 의논상대가 되고 있었던 것이다.

"한 집사 내길 들어서 알구 있잖디만 이럴 때 어드릏가문 둏갔소?"

"길세요……."

"좀 비겁한 것 같디만 기홀병원에 입원하문 어드릏갔소?"

"꾀병으루요?"

"기리야 피할 수 있디 않가시오!"

"기거이 둏을 것 같군요!"

"기렇게 하기루 하구 당장 이길루 병원으로 가갔소. 한 집산 내가 갑자기 병에 걸레서 입원했다구 소문을 좀 내주시디."

"기리디요."

고당이 유일하게 일본관헌의 회유와 협박을 우회적으로 피한 것은 이 경우 밖에 없었다. 그 일로 어찌나 고민하였는지 병원에서 퇴원하는 길로 도망칠 겸 고향인 강서로 소개해 갔던 것이다.

노처녀 전선애田善愛

이의식李義植 두 번째 아내의 죽음

아직 새벽의 쌀쌀한 바람이 뺨을 여윈다. 그래도 크리스마스의 새벽이 밝아오고 있다. 멀리서 구세주가 될 아기예수의 탄생을 알리는 기쁨과 지상의 평화를 알리는 새벽송의 노랫소리가 흘러오고 있다. 문득 하늘을 쳐다 보았다. 사그라져 가는 별빛이 하늘 저 멀리로 달아나고 있었다. 1934년 12월 25일 새벽 4시경이었다. 가까운 남대문교회서인지 모르겠지만 탄일 아침을 알리는 종소리가 은은히 들려 온다.

기독교의 독실한 신자인 고당 조만식은 구세주의 탄생이 마냥 기쁘기만 해야 할 터인데도 어쩐지 기분이 썩 가볍지가 않다. 역시 인간의 육체를 가지고 있는 현실적인 사람이며 두 번째 아내인 이의식 여사가 설혹 수술은 잘되었다고 하나 수술 끝이라 물을 마시면 안되는 터에 목이 타오는 것 같아서 귤이라도 구해다가 주어야 하는데 밤이 깊어 가게가 모두 닫혀 있어서 귤을 살 데가 없었기 때문이다. 남대문시장까지 갔다. 그래도 가게는 아직 열린 데가 없었다. 문이 열릴 때까지 기다리는 수밖에 없었다. 오랫동안 기다렸다. 아마 두서너 시간이 흐른 것 같았다.

기다리면 으레 시간이 가지 않는 법이다. 그래도 4시가 조금 지나니까 한 조선인 가게가 문을 열었다. 다급하게 귤을 한봉지 사가지고 달려서 세브란스 병원의 수술실로 들어갔다. 파리한 얼굴의 이의식 여사는 손에 봉지를 들고 들어오는 남편을 보자 어찌나 고마운지 손을 허우적거리며 반가워 했다.

"물을 마시문 안된다니까니 이 귤물을 입술에 바르기만 하시오."

그네는 거저 고개만 끄떡거리고 입술을 내밀 뿐이었다. 그러면서 무한히 기쁘다는 표정이었다. 언제나 무뚝뚝한 남편 고당이 그렇게 다정스럽게 대해 주는 것이 정말 고마웠던 것이다. 젊은 나이에 시집와서 처음 남편의 따뜻한 사랑을 느끼는 것 같았다. 이것이 결혼 살림이 아닌가! 그런 느낌이 들었던 것이다. 그럴러면 차라리 늘 앓아 누워 있으면 하기까지도 했던 것이다.

그러나 그런 행복도 오래 가지는 못했다. 수술 다음 해인 1935

년 12월 18일 그녀는 마침내 50세의 젊은 나이로 세상을 뜨고 말았다.

괴로운 인생길 가는 몸이
평안히 쉬일 곳 아주 없네
걱정과 고생이 어디는 없으리
돌아갈 내고향 하늘나라

광야에 찬바람 불더라도
앞으로 남은 길 멀지 않네
산넘어 눈보라 제우쳐 불어도
돌아갈 내고향 하늘나라

암이란 대개 재발하는 수가 많다. 아직까지는 거의 불치병으로 되어 있다. 그리고 그 아픔은 극약인 아편으로야 진통을 이겨낼 수 있을 정도로 살을 쪼개는 듯한 아픔을 참을 수 없을 정도로 극심하다. 오죽해서 도저히 고칠 수 없는 못된 성질을 가진 자를 암적 존재라고 하지 않는가! 수술이 잘됐던 이의식 여사의 위암도 다음 해에 재발이 되었다. 그 고통은 눈 뜨고는 볼 수 없을 정도로 참혹했다.

그때 어린 연찬이는 보통학교에 다니는 어린아이였다. 그 애를 남기고 저 세상으로 가지 않으면 안될 젊은 엄마는 어린 자식이 너무 불쌍했던 것이다. 에미 없는 자식이 밖에 나가서 놀다가 넘어지고 들어왔을 때 누가 쓰러 줄 것인가도 걱정스러웠던 것이다. 그런 아내가 어린 아들의 손을 붙잡고 마냥 안쓰러워 하는 이의식을 바라다보는 고당의 마음은 한량 없이 쓰리고 아팠던 것이다. 여기서 인간의 한계성을 깨닫지 않으면 안되었던 것이기도 하였다.

"하느님! 어디까디 참으란 말입네까?"

그리고 어린 아들 연창의 슬퍼하는 얼굴을 물끄러미 쳐다보며 하염 없는 눈물을 가슴속으로 흘리는 것이었다. 그러던 어느 날 밤 고당의 둘째부인 이의식 여사는 김요나 목사의 표현대로 폭풍이 잦은 듯 고요한 적막속에서 조용히 눈을 감았다. 어린 연창이의 흐느낌과 남편 고당의 소리없는 통곡을 뒤로 하고 천국에로 올라가고 말았다.

배裵 · 박朴 두 목사의 중매

고당의 두 번째 부인 이의식 여사의 장례식에 갔다가 돌아오는 기찻간에서 오래전부터 가까이 지내던 배민수裵敏洙, 박학전朴鶴田 두 목사가 말을 주고 받았다.

"박 목사! 고당 선생두 이제 상처 하셨으니……. 그리구 선생님두 아직 50밖에 안된 젊은 나이신데……."

"배 목사 역시 목사님두……. 고당 선생님의 재혼을 생각하구 계셨군요!"

우리나라 풍습에 초상집에서는 시신을 모신 뒷방에서는 젊은 홀아비의 재혼을 운위하는 것이 통례로 되어 있던 것이다. 그야 유교 관례로 봐서는 3년상을 치룬 다음에 재혼을 하는 것이 옳다고 되어 있지만 말만은 이미 얘기되고 있던 것이 흔히 있었던 일이었다.

기독교의 관례에 있어서도 상배한 6개월 후면 재혼을 하여도 무방한 것으로 되어 있다. 더더욱이 정력가인 고당의 경우에 있어서 민족해방운동의 일선에서 크게 활동해야 할 인재의 입장에 있어서 내조자가 한시라도 없다는 것은 나라와 민족을 위해서도 큰 손실이 아닐 수 없었던 것이다. 배 목사는 이왕 말이 나온 김에 구체적으로 진행시키는 것이 좋을 것이고 이야기의 매듭을 짓는 것이 좋으리라고 생각한 것 같았다.

"그래서 말인데 마침 참한 규수가 생각나서……."

"개성 호수톤여고 전선애 선생 말이죠!"

"아니! 어드릏게……."

"와 이심던심이란 말 있디 않소!"

"그렇더락두 기렇게 신통히 마음이 통하는 것두 쉽디 않은데 하하하하……."

"그분이 여러가디 사덩으로 결혼을 미루다가 그만 혼길 놓데서 나이는 좀 딜었디만 고당의 여생을 맡기기엔 덕당한 분이라구 생각되오만……."

"턴덩배필이디!"

그리하여 두 목사는 우선 고당의 생각을 타진해 보기 위해서 고당의 가장 가까운 친구로 하여금 본인의 의중을 알아보도록 하였던 것이다.

"기러기 위해선 아무래도 오윤선 당노하구 의논해보는 거이 데일 돟을 것 같은데……."

"난두 기룷게 생각하던 참인데 기거이 역시 돟갔디!"

"기럼! 쇠뿔은 단김에 뽑으랬다구 이길루 오 당노네 사랑으로 갑세다."

그러자 오윤선 장로는 두 목사님이 무슨 일로 자길 찾아왔는지 의아스러워서,

"아니 이거이 무슨 일들이시오! 해가 서쪽에서 뜨는 거이 아니오? 하하하하……. 이렇게 두 분께서 함께!"

두 목사는 방금 전에 기찻간에서 논의한 애길 털어 놓았다. 그 말을 들은 오윤선 장로도 고개를 끄떡이면서도 너무 서두른 것 같아,

"기거 참 돟은 내긴 것 같은데……. 우선 서두르긴 해야 갔디만 안딕 너무 빠른 것 같디 않소? 기렇드락두 3년상은 디내는 거이 덕당할 것 같은데……."

그러자 이번에 박학전 목사가 한발자국 다가 앉으며,

"아니오. 오 당노님! 우리 기독교 규범에두 상배한 뒤 6개월 후면 재혼해두 괜디않다는 도항두 있디 않소? 또 고당 선생두

혼자 몸으로 늙으라구는 할 수는 없디 않소!"

이번엔 배민수 목사가 거들고 나섰다.

"또 우리 두 사람 생각엔 지금 개성 호수톤여고의 던선애 선생이라는 분이 계시는데 고당 선생의 배필루 덕당하다구 생각하오만……."

두 목사가 하도 열심히 추천하므로 오윤선 장로도,

"기럼 두 분 목사님께서 알아서 하시구려!"

라고 맡기지 않을 수밖에 없었다.

그 뒤 본인인 고당에게도 말을 넌지시 건넸는데 고당은 선뜻 마음이 내키지 않는 것 같았다.

1936년 8월 18일 고당의 차녀이며 이의식 여사가 남긴 조선희曺善姬가 대동강이 내려다 보이는 백선행 기념관에서 강의홍康義弘과 결혼식을 올렸다. 피로연은 홍차와 케이크였다. 아주 그 당시로서는 파격적이었다. 피로연이 끝나자 배민수 목사가 넌지시 전선애와의 결혼문제를 다시 끄집어냈다.

"글쎄 난 의의가 없소만 그분이 초혼이라문서요?"

"기야 기렇습니다만……."

"기런 규수가 두 번씩이나 상톄한 나따위 호래비한테……."

"길세 선생님만 돟으시대문 우리 저하구 박학던 목사하구 말입네다. 등간에서 설득해 보가시오."

"그러시구려!"

"무슨 일이야요! 두 분 목사님께서!"

노처녀 전선애는 배민수, 박학전 두 목사의 느닷없는 방문에 저으기 놀랬다. 왠지 범연치가 않았던 것이다.

"와 놀랐소?"

"디옥으루 데리구 갈라구 오딘 않았으니까니 넘네 놓라구요!"

"원 목사님두! 농담은 그만하시구……. 정말 무슨 일이야요?"

두 목사는 정색을 하면서

"수업둥이라 잠깐 나갈 수는 없갔디만 긴히 드릴 말씀이 있어서 찾아 왔이다."

"무슨 일이야요? 빨리 말씀 하시지 않구!"

"데무사니 디낸번 고당 선생님 상톄하시디 않았소? 기건 아시디요?"

"그건 소식을 들어서 알지만요."

전선애는 점점 의아해진다. 필시 두 목사가 자길 찾아온 것이 고당의 상처와 무슨 연관이 있는 것이 틀림없으리라는데 생각이 미쳤던 것이다.

"그래서 저더러 어떻게 하라는 것인가요?"

"기렇게 머리가 잘돌아 가문 내기가 쉽디요."

배민수, 박학전 두 목사는 역시 신식공부를 하고 머리가 좋은 여자는 무엇이 달라도 다르구나 하고 감탄하는 것이었다.

"단도 딕입덕으루 말씀 디리디요. 고당 선생님은 안딕 젊으신데 기냥 늙으시라는 건 좀 디내 티디 않아요! 기래서 재혼을 시케 디리야 갔는데 마땅한 혼테가 없어서 던 선생과 의논해 볼라구요!"

"호호호 그렇게 빙 돌레서 말씀 하실 것이 뭐 있어요? 내 의사가 어떠느냐고 묻고 싶은 거죠?"

"예에."

"한마디루 NO예요."

"예에?"

말을 붙혀 보지두 못할 것 같았다. 일언지하에 거절당했으니 말이다. 먼 산에서 뻐꾸기가 구구구 우는 소리가 들려왔다. 마치 두 목사가 공연히 남의 일에 나서서 설치는 것을 비웃기나 하는 듯이! 잠깐 자리가 어색해졌다. 그래두 두 사람은 역시 많은 교인들을 다루는 목회자들이라 분위기를 돌리는 데는 약간의 솜씨가 있었다.

"던 선생, 기룷게 무자르듯이 싹둑 잘라 버리문 우리 목사 테면이 어드룷게 되갔소?"

"호호호. 그렇게 됐나요? 죄송합니다!"

"하여튼 우린 선둑교엽 선둑네관에 들어 있으니까니 생각이 달라디문 언제던디 오소고레!"

"하여튼 다시 한 번 잘 생각해 보소고레!"

"가타부타 대답을 듣기 전엔 이 개성을 떠나디 않갔웨다."

"아니디 던 선생 승낙을 받기 전엔 떠날 수 없다!"

그리고 두 목사가 가버리고 말았다. 두 분이 가버리자 전선애는 이상하게 고당 조만식의 생각이 머리에서 떨어지지가 않았다. 마침 점심시간이 되었으므로 학교 뒤뜰 나무 그늘 밑의 의자에 가서 앉았다.

"고당 조만식! 훌륭한 분이시지! 신앙심도 굳으시구 어디로 보나 흠 잡을 데 없는 인격자시구……. 하지만 벌써 두 번씩이나 결혼하셨던 분인걸! 나이두 너무 많구! 아니 그렇구 보면 내 나이두 벌써 서른 다섯이니! 호호호. 나두 영낙 없는 노처녀인걸! 호호호……."

멀리 송악산松嶽山 기슭에는 하늘 하늘 아지랑이가 피어 오르고 있었다. 갑자기 녹은해서 이대로 들어 눕고 싶어진다. 문득 하늘을 올려다 보았다. 무심한 구름만 두둥실 흘러가고 있었다. 구름이나 되어 하염없이 푸른 하늘을 떠돌고 싶었다. 마냥 정처 없이 머리에 퍼뜩 떠오르는 생각이 있었다.

"그렇지 이럴때는 교장 선생님이 좋은 의견을 내주실거야!"

지체없이 교장실로 Dial 교장을 찾아갔다.

"교장 선생님!"

"오오! 전 선생 무슨 일이시오? 아까 손님이 두 분 찾아 오셨던 것 같은데!"

"그 일루 의논할 것이 있어서 이렇게 들어왔습니다!"

"……."

"지금 저에게 청혼이 들어 왔는데요!"

"뭐요?"

"결혼을 하라구요!"

"오오! 그래요! 축하합니다!"

교장대리로 시무하고 있던 선교사 Dial은 회전의자를 빙돌려 전선애와 마주 앉았다.

"그래서 교장 선생님께 의논 드리고 싶어서……."

"무슨 일입니까?"

"어떤 분에게 시집을 가라고 하는 분이 계시는데……."

"조금전에 오셨던 손님들 누구십니까?"

"잘 아는 목사님들이세요."

"그분들이 이야기 가져왔습니까?"

"네에!"

"그래 신랑이란 사람 키가 큽니까?"

"아니요."

"노우! 돈이 많으신지요?"

"먹구 살 수는 있을만 합니다."

"허어 물론 총각이겠지요!"

"아 저어……."

"왜요?"

"그분은 두 번씩이나 결혼한 과거를 가지고 있습니다. 게다가 전처 자식으로 아들이 둘, 딸이 둘씩이나 달려 있습니다."

"안됩니다!"

교장은 신랑이 될 사람은 우선 키가 크고 돈도 많고 젊어야 한다는 것이었다. 그런데 그 조건엔 하나도 들어맞질 않았던 것이다. 교장의 의견은 단호했다. 그렇지 않아도 곧 미국으로 유학을 보내려고 생각하고 있는데 불행해질 것이 뻔한 결혼은 절대로 찬성할 수 없었던 것이다. 그러나 전선애의 생각은 달랐다. 자기 나이도 너무 시들어 버린 노처녀이고 또 고당 조만식하면 세상이 우러러 보는 인격자가 아닌가! 절호의 기회를 놓치기도 아까웠다.

"헌데……. 그분은 조만식 선생인데요!"

"네엣?"

미국인 교장은 어느 정도 납득이 가는 듯,

"그러면 그렇지. 그런 분이 상대이니까 전 선생이 망설이는 것도 이해할 수 있습니다!"

그러면서 잠깐 생각하는 것이었다. 교장 선생은 무언가 심각하게 생각할 때에는 일어서서 창문 밖을 내다보며 그 실마리를 풀려고 하는 버릇을 가지고 있었다. 창 밖은 무척 맑은 햇볕이 쏟아지고 있었다. 벌써 오래전이지만 미국 유학을 다녀왔다는 어떤 청년하고 한 번 선을 본 적이 있었다. 허나 그 사람은 너무 유치하고 도저히 말 상대가 되질 않았던 것이다.

전선애는 조용히 교장실을 나왔다. 어차피 자기가 풀어야 할 숙제였던 것이다. 교원실 자기 자리로 돌아와 앉았다. 갑자기

웡…… 하고 귀가 멍멍해지더니 어디선지 모르게 가느다란 목소리가 들려왔다. 무슨 일이 있어도 고당과의 혼인을 저버려서는 안된다……. 비몽사몽간에 들려온 하느님의 계시 같았다.

그 길로 학교를 나서자마자 두 분 목사가 가르쳐 준 선죽교 옆 객사로 찾아갔다. 노처녀 전선애의 인생길은 거기서 결정되었던 것이다. 그리고 성스러운 십자가의 길도 만들어졌다.

신부수업

신접 살림으로

꽥 칙칙폭폭 기적을 울리며 경의선 기차가 평양역으로 미끄러져 들어오고 있었다. 개성 호수돈여고를 사임하고 새로 맞는 남편에게 자신을 맡기기로 한 전선애는 이제 늙은 신랑 조만식의 품속으로 파고 들려는 것이었다. 들은 바대로 시집이 될 고당네 집이 있는 옛전골로 접어 들고 있었다.

그러자 문득 남편이 될 고당 조만식이 피로연석상에서 축하해 주려고 온 손님들에게 답사 겸 변명 비슷하게,

"내 개인의 행펜과 아이덜을 키워야 할 가덩상의 니유루 아이덜 오마닐 빨리 얻어 저야 돠갔으므르루 새루 결혼하기루 했으나 너무 과분한 분을 얻게 돼서 황송할 따름이올시다!"

그 너무 과분한 분이란 대목을 떠올리니 전선애에겐 저절로 미소가 배어 나왔던 것이다. 다시 지도를 들여다 보려고 했으나 그럴 필요가 없었다. 고당이 자세히 설명해 주었으므로 거의 외우다시피 했던 것이다. 혹시 새로 시집오면서 신랑댁을 찾지 못할까 보아 지나치게 걱정했을는지 몰랐기 때문이었을 것이다. 눈을 감고도 찾을 수 있도록 마치 자주 다녔던 길처럼 익숙해서 성큼성큼 걸어 들어갔다.

그녀는 문득 섰다. 이제 마지막 결단을 내릴 차례였다. 낯익은 듯한 대문이 보였다. 필시 고당네 집인 것이 분명했다. 저 대문을 들어가면 지난날에 이상을 가졌던 장미빛 인생은 한낱 허망한 꿈으로 끝나고 말 것이다. 무언가 커다란 힘이 콱 가로막는 것 같았다. 걸음이 차츰 차츰 떠졌다. 다시 현실로 돌아왔다. 그렇지 나는 고당과 결혼식을 올렸지! 다시 발을 가볍게 떼어 놓으며 힘차게 걸어 갔다. 아내의 길로 과감히 걸어 들어가야지!

개성에서 떠나올 때 호수돈여고의 니콜슨 대리 교장에게도 단호하게 말씀했듯이 더 주저할 아무 이유도 없지 않은가! 그래도 한가닥 뒷머리카락이 잡아당겨지는 것 같았다. 눈 앞에 천국과 지옥이 겹쳐서 다가왔다. 그것은 영광에의 막다른 골목일 수도 있는 것이다. 모두 하느님의 뜻이다.

전선애는 머리에 떠 올랐던 잡스러웠던 망상을 떨쳐 버리는 듯 머리를 절레절레 몇 번 흔들고 그 초가집 앞으로 성큼 다가

섰다. 초라한 초가집이었다. 그런데 빼젓한 영광의 궁궐같이 빛나고 있었다. 마음에 느끼는 것이 사실의 실상이 아니겠는가! 초가집 대문은 두드릴 필요도 없었다. 두어번 흔들었다. 대문이 삐걱하고 열리고 마당에서 뜰을 쓸고 있었던 듯 고당이,

"당신이오? 난 지금쯤 오실 때가 되었는데 와 아딕 안 오는가 하구……."

"호호호. 결혼서약까지 했는데 어디 도망쳤을라구요!"

"아니 기른 건 아니디만……. 허허허어 신랑이는 거이 너무 보잴게 없어서."

"걱정 마세요. 혹이 표주박처럼 주렁주렁 달레 있다는 걸 다 알구 결혼하기루 결정했던 걸요!"

"하여튼 디리갑세다."

그리구 안을 향해,

"야! 엔창아 새 오마니 왔다. 짐 받아 디리가람!"

둘째 아들 연창이는 1922년생이니까 그때 고등보통학교에 다니고 있었는데 그날은 일찍이 돌아와 있던 모양으로,

"예에……."

뜰에 내려와서 낯선 새어머니에게 절을 꾸벅하고 전선애의 손에서 트렁크를 빼앗다시피 해서 방으로 가지고 들어갔다. 고당네 집은 평양 관후리館後里에 있는 낡은 초가였으나 게딱지 같을 정도로 그렇게 초라하지는 않았다. 전에는 그래도 살만한 장사꾼네 가문이라 아무리 고당이 돈을 쫓지 않는 생활을 해

왔지만 아버지 조경학이 그런대로 그렇게 구차하지 않게 살아왔고 아들 만식이 재정적으로 불편을 느끼지 않게 해주려고 애썼으므로 고당은 <오산학교>에 근무하고 있을 때도 학교에서는 귀떨어진 동전 한푼 받지 않고 봉사만 한 사람이라 그동안 용케도 버텨 왔던 것이다.

시작한 새 살림

전선애가 고당댁 주부로 들어 앉은 뒤에도 조만식은 여전히 광신상회를 경영하는 오윤선 장로네 사랑방에 여전히 단골로 개근을 하였다. 어쩔 수 없는 일과이기도 하였다. 그곳에서 같은 산정현교회의 김동원 장로와 유계준 장로 등과 이런저런 이야기를 주고 받으며 소일하는 것이었다. 그러니까 별로 용돈도 들을 리가 없었던 것이다. 그날은 어쩐지 갓 시집온 아내가 측은해서 일찍이 집에 돌아왔었다. 마침 부엌에서 설거지를 마치고 들어오는 신부더러 한껏 다정스럽게,

"어드룹소? 그럭저럭 디낼만 하디 않소!"

조금도 자상한 적이 없는 혹달린 남편 고당이 아내 전선애에게 위로와 정성이 듬뿍 담긴 말을 건넸다. 물론 조만식으로서는 미소를 머금은 모처럼의 부드러운 말이었다. 아마 고당으로서는 평생에 몇 번 안되는 정스러운 말투라고 할 것이다. 그랬다. 노처녀 신부인 전선애는 방긋이 웃으며 고당의 손을 살며시 잡

는 것이었다. 부드럽게! 그리고 힘을 주어 고당의 손을 끌어 당기는 것이었다. 한참 동안 아무 말도 없이 그냥 쳐다보고만 있었다. 말이 필요 없었다. 깊고 무한한 사랑이 오고 갔다. 신부는 갑자기 무슨 큰 죄나 지은 듯 방안을 대강대강 치우고 부지런히 부엌으로 내려 갔다. 저녁 밥 짓는 것이 늦기나 한 것처럼! 하긴 벌써 다 저녁 때가 되기도 했던 것이다.

그런대로 고당과 전선애의 달콤한 신혼 생활은 계속되는 듯하였다. 사실 이번에야말로 고당은 천정배필인 아내를 맞았으며 전선애 또한 흡족한 배우자를 만난 것이었다. 첫 번째는 열세살 때 멋도 모르는 가운데 박씨와 결혼을 했으나 17세 때에 사별했으며, 두 번째 아내 이의식 여사와도 별로 다정한 결혼생활은 아니였는데 이번만은 마음으로도 흡족하고 모든 면에서 흠잡을 데가 없는 지아비와 지어미였다. 고당의 친지들도 시샘을 할 정도로 부러운 한쌍의 원앙부부였던 것이다. 그들 부부는 민족과 종교에 대한 뜻도 한치의 틈새도 보이지 않을 정도로 하나에로 귀결되고 있었던 것이다.

"천정배필!"

그런데 그들 두 사람의 평화스럽고 달콤한 행복을 시샘이나 하는 듯 시국은 그들의 그나마의 모처럼의 행복을 그대로 내버려 두지는 않았던 것이다. 갑자기 검은 손이 그들의 포개진 가슴 사이로 헤집고 들어왔다.

시샘이 초가 됐다

하루는 평양경찰서의 마쯔모도라는 일본인 민완형사가 조선인 통역 김호우 경부를 대동하고 느닷없이 고당네 집을 찾아왔다. 마치 은미한 마귀처럼!

"조만식 선생! 잠깐 본서로 가 주셔야겠습니다!"

"예에? 어째서!"

"선생이 회장으루 계시는 그 을지문덕묘 보수회인가 뭔가 하는데 대해서 서장님께서 설명이 있을 겁니다."

"을지문덕 장군은 삼국시대에 있어서 나라에 큰 공로가 있는 분인데 그 유적이 데릏게 잡초에 묻혜 있구 또 비석이 쓸에데 있는데 그대루 냇버레둘 순 없디 않소?"

"하얗든 자세한 설명은 본서에 가서 하시지요!"

물론 그 을지문덕 장군의 묘와 비석을 보수하는 것은 결국 조선의 독립정신을 고취하려는 숨겨진 목적임을 간파한 일본의 고급 정세분석가들의 판단이 있었기 때문이었던 것이다. 그래서 그 주동자인 고당 조만식을 경찰서에 초치해 간 것이다. 일본 경찰은 이번 기회에 눈 위의 가시이며 지독한 예수쟁이인 전선애와 결혼까지 한 고당 조만식이 더욱 비위에 거슬려 초를 치려고 했던 것이다. 조만식은 감쪽같이 본서에 따라가지 않을 수밖에 없었다.

그러니까 달콤했던 꿀맛인 신접살림은 순식간에 식어 버리고 말았던 것이다. 그날로 그 을지문덕 운운한 모임은 해산하라는 강경한 명령에 따르지 않을 수 없었던 것이다.

<숨 좀 돌리고>-고구려의 넋

을밀대乙密臺를 돌아서 장별리將別里 밥집으로

새벽 4시. 천길 만길 캄캄한 물속이다. 조금 전에 첫 닭이 울었으니 분명 날은 밝기 시작한 모양이다. 멀리서 동네 개가 짖고 있는 듯하다. 고당은 일어나서 벽에 걸려 있는 그 정강치기 수목두루마기를 한번 힐긋 쳐다보고 무릎을 꿇었다. 예수교에 입교한 뒤로는 늘상 하는대로 매일 새벽에 하느님께 기도를 드리는 것이다.

"하느님! 무소 부재하시고 전지 전능하신 하느님 아바지! 이 죄 많고 불쌍한 저를 용서해 주시구 왜에 압박받구 있는 이 어리석은 도선백성을 굽어 살피시구 죄에서 헤어나 우리 인간덜의 영원한 고향인 텬국에 한발자국 더 가까이 가게 해 주시옵구

피 같이 붉은 죄를 흰 눈 같이 깨끗하게 씻어 주옵시구 하루 속히 왜의 굴레를 벗어나게 하옵소서. 오늘두 하느님과 동행해서 무사히 승리하는 하루가 되게 하시옵소서! 이 모든 말씀을 우리 주 예수 그리스도의 이름으로 비나이다! 아멘!"

새벽 기도를 끝마친 고당 조만식은 벽에 걸려 있는 그 정강치기 수목두루마기를 입고 말총모자를 쓰고 옆방에서 곤히 자고 있을 맏아들 연명을 깨우는 것이었다.

"옌멩아! 옌멩아!"

그리 크지는 않으나 쇳소리 같은 목소리는 여느 때와 같이 곤히 잠들어 있는 아들의 고막을 찢었다. 매일 같으니까 조연명은 벌떡 일어나서 짧은 기도를 마치고 뜰로 내려 서고 있었다. 고당은 곤히 자고 있을 아내 전선애가 눈을 뜰까봐 살그머니 뜰로 내려가서 아들을 데리고 대문을 나섰다. 매일 같으니까 아내 전선애도 빙긋이 웃으며 그렇게 자기를 아껴주는 남편의 자상한 마음씨, 겉으로는 무뚝뚝하게 보이지만 속으로는 정말 진정한 사랑을 느끼게 되어 여간 고맙지가 않았던 것이다. 처음에는 눈물을 찍어 내기조차 했었다.

을지문덕 장군 일로 경찰서에 불려갔다가 온 뒤로는 별로 시끄러운 일도 없고 해서 한동안 조용한 나날을 보낼 수가 있었던 것이다. 그래서 아들 연명이를 데리고 아침 산책을 하기 시작하였다.

고당은 오늘도 대동강 기슭을 금수산을 약간 빠르게 부벽루로 올라가는 것이었다. 오늘은 왠지 아들에게 이 대동강과 평양의 내력에 대해서 다시 한 번 이야기를 들려 주고 싶었던 것이다. 귀에 못이 박히도록! 그 귀에 박힌 못은 아무도 뺄수 없게끔 말이다. 물론 걸음을 재촉하면서…….

"야 예멘아! 너두 잘 알갔디만 이 피양은 녯날 패강이라구 해서 기건 대동강의 녯이름이기두 하디만 말이다. 녯날 패강은 고구려의 서울이었다는 걸 잘 알구 있디! 와 아바지가 디낸번에 을지문덕 장군 일루 피양경찰서에 끌레 갔다 오디 않안! 그 을지문덕 장군이 바루 고구렬 디케줬다는 것두 잘 알구 있디?"

"기것두 아바지가 몇번씩이나 말씀 하디 않아시오!"

"기래 우리 피안도 사람덜을 뭬라구 기랬는 디두 알구 있디!"

"맹호툴림이디요!"

"기렇디 사나운 호랭이가 방금 숲에서 나선 다는 거이디. 기거이 녯 고구려 사람덜의 기상이라는 거야!"

그러면서 고당은 한숨을 쉬고,

"헌데 지금은 우리 도선 사람덜은 나약해데서……."

그러면서 주위를 한번 둘러 보구 소릴 약간 낮추면서,

"나랄 왜놈에게 뺏기구 서두 벨루 분하게 생각티두 않구 있디만……. 녯날 우리 조상덜은 데 동삼성 벌판 지금 만주벌판 말이다. 거기서 말을 달리문서 호령을 했디! 더욱이 광개토대왕이란 분은 둥국대륙까디 휩쓸었다는 거야!"

고당은 숨도 차고 해서 옆에 놓인 돌 위에 앉으면서 저 앞에 구비쳐 흐르는 대동강 물길을 바라다 보았다. 옛 시조가 생각났다.

> 산천은 의구한데
> 인걸은 간 데 없고

"야 옌멩아 좀 쉤다 가자꾸나!"

연명이도 옆에 앉으면서,

"기럼 기 을지문덕 장군의 살수대첩을 다시 한 번 말씀해 주시디요!"

"살수래는 거이 뭔디 알디?"

"청천강 녯날 이름이라문서요?"

"기렇디. 거기서 수나라 130만 대군을 몰살시켔다는거디!"

"어드릏게요?"

"을지문덕 장군은 기전에두 덕딘에 숨어 딜어가서 덕군을 뎡탐하기두 했던 용감한 대장인데 서울인 피양이 얼마 멀디 않은 청천강까디 밀리는 척하문서 도망티는 척했디. 기거이 계략이었던 거야!"

"기래서요?"

"디난번에두 내기 하디 않아서! 기때 공교롭게두 중이 일곱이 나타나서 바디가랭이를 기냥 걷은 채루 강을 건너가는 걸 보자 둥국병덩덜이 물이 얕은 줄 알구 강속으루 밀레 들어가서 다 빠데 죽었대는 거야! 허허허허허허……."

"기래서 안주에 있는 칠불사라는 거이 그때 그 닐굽명 중들을 기념해서 딘 덜이래문서요!"

그리고서는 구성에서 크게 이긴 귀주대첩의 영웅인 강감찬 장군 그리고 임진왜란 때 정적들의 모함으로 감옥에 들어가 있으면서도 오로지 나라만을 생각해서 이른바 벼슬없이 백의종군으로 남해로 달려가서 그 유명한 현대의 철갑 잠수함이라고 할 수 있는 거북선을 만들어서 스물네번씩이나 왜선단을 물리치다가 장렬하게 전사한 이순신 장군 등 더더구나 많은 백성들의 불편을 덜어 주려고 한글을 제정한 세종대왕을 추앙하는 고당 조만식의 머리에는 젊음을 바친 <오산학교> 시절의 1913년에 평교원으로 갔다가 교장을 세 번씩이나 하면서 전후 7, 8년간의 교육자생활, 그리고 그 <오산학교>를 세운 설립자 남강 이승훈의 나라에 대한 사랑과 열정을 생각할 때 자기 고당도 덧없이 살아왔다고는 생각하지 않았다.

하지만 시국이 납덩이처럼 점점 큰 무게로 짓눌려 와 이제 언제 어떻게 자기가 지켜온 나라에 대한 지조를 무너 뜨리지나 않나 갉아 먹지나 않나 하고 생각하니 갑자기 몸이 오싹하고 몸서리 쳐진다. 고당도 천상 살과 피와 뼈가 있는 약한 인간임에 지나지 않으니까! 그러다가 퍼득 현실의 세계로 돌아왔다.

아들 연명이 물끄러미 자기를 쳐다 보고 있는게 아닌가! 고당은 조금 머쓱해졌다. 고개를 두어번 절레절레 흔들고서 새삼스럽게,

"야 옌멩아! 이 코스 정말 기맥히게 돟디?"

"기럼요. 아바지! 긴데 오늘두 장벨리 밥집에 들레 가갔소?"

"기리야디! 장벨리 기집 국밥이 정말 돟드라!"

"육수 장국은 그만두구요?"

"엉 오늘은 밥두 한그릇 먹구 가잤구나!"

그렇게 한바퀴 돌구가면 대강 두어 시간은 걸리곤 하였다. 밥이 나왔다. 부자간에 겸상을 해서 먹기 시작했다. 아무래도 연명은 젊으니까 밥을 입에 넣자마자 몇 번 씹지도 않은 채 꿀꺽 삼키고 하였다. 그런걸 물끄러미 쳐다보던 아버지 고당이,

"야! 옌멩아 꼭꼭 깨물어 먹으라므나."

"예!"

"쉰 번 아니 적어두 마흔 번 아니 적어두 서른 번은 깨물어 먹는거이 돟다!"

"예에? 서른 번씩이나요?"

"기렇디 기래야 소화두 잘되구 너희 할아버님이 내가 예전에 그러니까 3 · 1운동 때 둥국으로 도망티다가 와 너두 잘 알디않네. <오산학교>괄 세운 남강 선생 부탁으루 말이다 엘파라는데서 잡혀서 피양감옥에서 딩역살일 한 여나무달 할 쩍에 네 할아바지가 와서 내가 먹는 쉬 밥을 보구 기땐 감옥소에서는 쉬 밥을 줬으니까니 기만하문 디낼만 하구나 하시문서 한 쉰 번씩이나 깨물어 먹으라구 하셌디! 기룷게 했더니 정말 배두 고프디 않구 몸두 추세더라! 기때 밥은 지금 네가 먹는 밥 보담두 절반

밖에 안됐디!"

"……."

"기리구 더 먹구 푸다구 해서 막 먹디 말구 죄꼼만 더 먹구 푸다구 할때 뚝 그티구 숫깔을 놔야한다!"

"예에?"

"네 오마니두 첨엔 내가 너무 작게 먹는다구 야단이더니……. 기리니까니 이렇게 건강하디 않니!"

"예에!"

고당은 지난날을 회상하는 것이었다.

"……."

"기리구 밥을 국이나 물에 말아 먹디 말구 맨 밥으루 먹으야 잘 깨물어딘단다!"

"예에!"

집에 돌아와 보니 아내 전선애가 조반을 지어 놓고 기다리고 있다가 밖에서 부자가 아침을 먹고 왔단 말에 상을 치워 버리고 말았던 것이다. 그러면서 신접살림이라고는 하나 시국때문이어서 모든 것이 넉넉지 못하고 또 초가집이라 그럭저럭 지내는 수밖에 없었다.

제2차 세계대전은 점점 치열해지면서 미국의 B29기의 폭격이 잦아지고 전쟁은 막다른 골목으로 치닫고 있었다.

행복한 피난 살이

새벽 몰래 달구지로

"선생님! 고당 선생님! 빨리 나오시디요! 식구덜이 다 오셌습네다."

같은 산정현교회의 유계준 장로의 아들인 유기진劉基鎭이 소리를 죽여서 고당을 재촉했다.

기홀병원에는 장기려張起呂 박사와 유기진이 의사로 봉직하고 있었다. 일본관헌측은 압력을 가해봐도 구슬러봐도 말을 들어 먹지 않는 고당 조만식이 자기네 뜻을 따르게 하기 위해서는 어쩔 수 없이 교묘한 계략을 써야겠다고 생각하여 허위 전향보도를 내보내서 어쩔 수 없이 자기네에게 협력하도록 만들려고 했던 것이다.

그리하여 우선 자기네가 발행하는 평양 <매일신문>에 일단 먼저 기사를 내 보내고 뒤에 강압적으로 설득하거나 협박해서라도 친일행위를 하도록 꾸미려고 했던 것이다. 우선은 그 계략이 성공하는 듯 하였다. 평양시민들의 시선이 고당을 경멸하는 눈초리로 쳐다보기 시작했기 때문이었다.

고당은 당황했다. 그리고 가슴이 아팠다. 그러면 지금까지 쌓은 자기에 대한 평양시민들의 신뢰감이 하루 아침에 무너지고 말 것이 아닌가! 여간 괴롭지가 않았다. 금방이라도 쥐구멍에 들어가고 싶은 심정이었다. 누구에게 무어라고 해명을 할 것인가! 결국 사회에서 매장될지도 모르겠다는 번민에 사로잡히게 되었다. 그래서 일단 공개강연을 피하기 위해 꾀병으로 기홀병원에 입원하기는 했으나 그건 일시적인 도피일뿐 근본적인 문제 해결은 아니지 않는가! 자기 스스로 저지른 것은 아니지만 그로 말미암은 심리적인 타격은 말할 수 없이 컸던 것이다.

그리고 여러 가지 이유로 일단 평양을 떠나는 것이 좋을 거라고 생각해 밤에 몰래 평양을 떠나려는 것이다. 탈출 계획은 면밀하게 짜 놓았으며 유기진과 장기려 박사가 물샐틈 없이 계획대로 진행시켰다. 그래도 안심이 되지 않은 듯 유기진이 먼저 밖으로 나가서 망을 보면서,

"선생님 빨리 나오십시오. 괜찮지 않습네다. 빨리 달구질 타십시오!"

아내 전선애도,

"여보 얼른 오시라요!"

고당은 서둘러서 달구지에 올라 탔다. 고당 조만식의 평양탈출의 극적인 한 토막이다. 그 전에도 아슬아슬한 대목에 유기진의 형인 기선이 어디서 어떻게 손에 넣었는지는 몰라도 고당의 둘째 아들 조연창이 보성전문의 전시이름인 경성척식경제전문학교에 재학중 학도병으로 끌려 나가게 되자 친권자의 동의를 위한 도장을 속여서 찍기 위해 아내 전선애에게 거짓말로 도장을 날인케 하려고 한다고 하자 그 소식을 재빨리 고당에게 알려주기도 했는데 그 모두가 유계준 장로네 아들들에 의해 위기를 모면하게 되었던 것이다. 그야 조만식과 유계준 장로가 같은 산정현교회의 성직자 동료이고 아주 친한 사이라는 이유도 있겠지만 평양사회에 있어서의 고당에 대한 믿음 때문이라고 하는 것이 더 옳을 것이다.

하여튼 고당네 가족은 그날 이후로 평양사회에서는 다시는 찾아볼 수 없게 되었다. 물론 일본 정부가 그 사실을 모를리는 없었겠지만 전쟁이 코 앞에 다가왔기 때문에 미처 다른데 신경을 쓸 수가 없어서 고당의 행방따위는 더 추구하지 못했을는지 모르기도 하였다.

흙냄새 속에-1

흙냄새에 흠뻑 취했다. 어릴 때부터 장사를 시작하고 날파람으로 이름을 날렸을 때 밤을 새어가며 말술을 마다하지 않고 퍼마시던 그때보다 더 취했다. 무더위에 섞인 덤의 냄새 같은 쉰 냄새에서 풍겨오는 상큼한 맛이 오히려 정겨웠다.

고당이 평양을 떠나 강서가 본향이라고 하지만 본디 고당 자신은 평양에서 태어났으니까 실은 부친이나 조상들의 고향이지 엄격한 의미에 있어서는 본향이라고는 할 수 없다. 하여튼 그곳으로 소개한 것은 1945년 4월이었다. 평안남도 강서군 반석면 반일리 내동班石面 班一里 內洞 안골이란 조상대대로 살아온 곳으로 전쟁을 잠깐 피하지 않을 수밖에 없었다. 당시를 겪은 사람은 누구나 경험이 있을 것이다. 그 마을은 평양에서 한 80리 가량 서쪽으로 떨어져 있었으며 그저 60호 가량의 창령 조씨네 일가가 모여 사는 종씨 마을이다.

그렇게도 아끼던 동지요 선배였던 도산 안창호가 대성산大成山의 송태산장松苔山莊에 은거하다가 61세를 일기로 세상을 뜬 것이 1938년 3월 10일로 그의 영결식에도 참례하였고 또 일본측으로 봐서는 고당의 둘째 아들 연창의 학병문제가 조만식을 친일적으로 전향시키는데는 절호의 기회라고 생각됐던, 다시 말해서 학병을 빼주는 대신 전쟁수행에 협력시키려고 한 그 음모도 고당이 정면으로 거부하는 바람에 무산되어 약간 찜찜하긴 했으나 연창이도 학병에 나가지 않아도 되었으므로 이럭저럭 해결이 된 셈이어서 일단은 낙착落着이 되었던 것이다. 자칫 잘못하면 변절이란 큰 죄과를 저지를지도 모를 위기를 간신히 넘길 수 있었던 것이다. 아들이라는 육친의 정을 볼모로 잡은 시험 그건 마귀의 달콤한 유혹이기도 하였던 것이다. 그걸 슬기롭게 이겨냈다.

정면 돌파이면서 그 수단은 철저한 무저항주의였기도 했던 것이다. 그리고 존경하던 목회자요 무던히도 아끼던 제자요 산정현교회의 당회장이었던 주기철 목사도 끝끝내 신사참배를 반대하다가 옥중에서 순교한지도 이미 4년이란 세월이 지났으니 이제 평양에는 아무런 미련이 남지 않았던 것이다. 다만 같은 산정현교회의 믿음의 형제이며 가까운 친구인 오윤선 장로와 유계준 장로, 김동원 장로 그리고 같은 교회의 믿음의 형제자매들이 때때로 보고 싶기는 했지만 그건 시국의 탓으로 돌릴 수밖에 없었다고 치부했다.

다행히 문전옥답이라고는 할 수 없으나 집 둘레에는 다른 농가와 마찬가지로 집에서 반찬거리를 할만한 푸성귀는 심어 먹을 텃밭이 있었다.

전선애도 처음으로 고당과의 새 살림에서 행복이란 이런 것인가 하는 것을 느낄 수 있었다. 유학을 포기하고 늙은 신랑 그것도 혹이 주렁주렁 달리고 그것도 세 번째인 후취로 들어앉은 것이 도리어 잘 됐다고 생각하는 것이었다. 그 혼담을 가져온 두 목사님께 고맙게 여기고 그렇게 섭리하신 하느님께 새삼 감사하는 것이었다.

딸 선희네와 함께

고당도 그가 살아온 일생 중에 처음으로 한가로움을 느낄 수 있었다. 그것은 순전히 타의에 의한 것이지만 어떻든 아무것도 생각하지 않고 그저 농사일에만 머리를 쓰는 일밖에 없었다. 또 구태여 그러려고 애썼다. 아침 일찍 일어나서 집둘레에는 여느 농가와 마찬가지로 옥수수・오이・호박・토마토・파・강낭콩・감자 등을 심고 담 둘레에는 해바라기・꽈리・봉숭아・나팔꽃 등도 심었다. 물론 뜰에는 닭도 몇 마리 길렀다. 노란 병아리가 무럭무럭 자라는 것을 보는 것도 무척 재미있었다. 말랑말랑 하던 부리가 어느 사이에 딱딱해져서 제법 꿈틀거리는 버러지를 쪼아 먹는 것이 대견스러웠다. 고당은 토방에 앉아서 연홍이와 제억이를 무릎에 안고서 아직 어린 닭들이 몰려 다니면서 모이를 쪼아 먹는 것이 무척 재미있는 듯 시간 가는 줄 모르고 바라다 보았다.

방 두 개가 있는 안채에는 부엌이 있었으며 광과 문간방이 있는 바깥채도 달린 자그마하지만 아담한 초가집이었다. 물론 마을 사람들은 모두 조손간이나 숙질간이 되거나 그렇지 않아도 먼 친척으로 한 집안임에는 틀림없었다. 그리고 모두가 고당 조만식을 존경하는 사람들이라 정이 넘쳐 흐르고 사는 맛이 감도는 시간이었다. 기쁜 일이 있을 때에는 물론이고 슬픈 일이 생겼을 때에는 모두가 자기 일처럼 위로하는 것이었다. 친척이란 그래서 좋았다.

고당네는 논농사를 짓거나 넓은 밭농사를 짓는 것이 아니기 때문에 쌀이라든가 조 같은 것은 이웃 친척들이 밤에 몰래 가져다 주는 것으로 끼니를 때우게 마련이니까 별로 걱정은 하지 않지만 일본관청에서 공출 독려가 너무 심해 그것들을 숨겨 눈치를 봐서 가져다 주기 때문에 좀 번거롭기는 하지만 외려 그러는 것이 일종의 아슬아슬한 맛도 있어서 긴장미가 있기도 하였다.

그건 또 전쟁으로 내모는 일본의 군국주의와 항쟁한다는 애국적인 맛도 있었던 것이다. 아직도 순박한 농촌의 인정이 살아 있고 더더구나 같은 종씨마을이라 고자질 하는 사람이 없는 것은 물론이고 무슨 일이 폭로될까 보아 웬만하면 감추어 주곤 했기 때문에 안심하고 지낼 수가 있었다. 그리고 고당은 그런 인정 속에서 마냥 쉬고만 싶었다. 아무 생각도 없이.

그런데 하루는 그런 가운데도 조그마한 물결이 일었다. 평양에 살던 둘째 딸 선희네가 소개해 왔던 것이다. 사위인 강의홍康義弘은 평양에 남아 있고 여섯 살난 제억濟億이 등 서 자녀만 데리고 와서 문간방에 같이 살게 되었다. 그러니 걱정은 식량이었다. 미국의 신형폭격기 B29기가 거의 매일 같이 날아 왔다. 이제 전쟁은 막바지에 다다른 듯 일본 관헌들은 더 들볶아 되었다. 식량은 날로 바닥이 났다. 그러자 하루는 전선애가,

"선생님! 우리 식구만두 먹기가 빠듯한데 선희네 식구까디

들이닥테서…….”

“허어 기름 개네덜을 내쫓잔 말이요?”

“아니! 기런 건 아니디만…….”

“어려울 땐 콩 한 쪽두 노나 먹으라구 하디 않았소?”

“거저 기렇다는 말이디요 뭘!”

고당은 살며시 아내의 손을 쓰다듬으며,

“당신 맘 고생이 많소!”

흙냄새 속에-2

고당은 반 농사꾼이 되어서 소쿠리를 들고 들과 밭에 나가 오이니 토마토니 애호박을 따다가 두 집에서 똑같이 나눠 먹도록 하였다. 딸 선희네가 평양으로부터 안골에 소개를 해 온 다음부터 고당 자기네 아이 셋과 딸네 아이 셋 도합 여섯을 그러니까 어른 아이 합쳐서 아홉명이나 되는 대 식구를 거느리는 대가족의 가장으로 그들이 싸우지 않고 평화롭게 지낼 수 있도록 다스리고 있었다.

하루는 오이가 실하게 달려 50개나 따서 소쿠리에 수북하게 담아 가지고 돌아왔다.

“자아 오이가 올해엔 잘 돼서……. 전 같이 똑같이 논자!”

아이들은 조르르 고당의 무릎 앞에 모여 들었고 전선애와의 사이에서 난 연흥이와 딸 선희의 아들인 제억이는 제각기 소쿠리를 들고 앉았다. 연홍이는 조카 제억이보다 한 살 아래로 나이 어린 숙부인 셈이다. 아이들은 아버지와 할아버지가 나눠주는 오이를 냉큼 냉큼 받아서 각자 자기네 그릇에 주어 담는 것이었다.

"자아 제억이네 하나 연홍이네 하나!"

그렇게 나누다 보니 그 50개나 되던 오이가 삽시간에 다른 두 그릇에 깨끗이 나눠졌다. 그런데 제억이가 소리를 질렀다.

"할아버지 와 연홍이네는 한 개 더 주구 우린 안 주디?"

"뭐이? 기를 리가 있나! 똑같이 노났는데……."

"아냐 할아버지 연홍이네게 하나 더 줬어!"

"아냐! 우리두 똑같애!"

연홍이가 반대하구 나섰다. 고당이 그런 말다툼을 빙그레 웃으며 쳐다 보다가 정말 싸움이 되면 안되겠다고 생각하여,

"기러문 안되디!"

제억이가 자기네 그릇에 담은 몫을 다시 쏟아 놓으려고 하자 연홍이가,

"제억아! 기건 네가 잘못 본거야! 분명히 똑같아!"

"아냐 그룽디 않아 너네가 하나 더 많아!"

고당은 아무래도 자기가 끼어 들지 않으면 진짜 싸우게 될 것 같아,

"기럼 안되디 연홍아 네가 받은 오이를 다시 한 번 헤봐라!"

"아니야 제억이네와 똑같애!"

연홍이도 무슨 고집에서인지 그냥 버티려고 한다.

"길세 다시 한 번 헤 보래두!"

그러자 연홍이도 아버지가 하라는 대로 그릇에서 오이를 쏟아 놓고 다시 세기 시작한다. 부엌 문을 조금 열고 그 광경을 들여다 보고 있던 전선애가 빙긋이 웃으며 남편 조만식이 아이들 다툼을 어떻게 처리하는지 지켜보고 있었던 것이다. 그것은 전선애가 남편을 못 믿어서가 아니라 또 시험하고자 하는 것은 물론 아니고 본받으려고 하기 위해서였다. 그런데 고당은 사회에서 그렇게 분주하고 일본인들과의 치열한 싸움을 하던 민족의 지도자인데도 일단 집안에서 한 가장으로서의 자상한 모습이 자못 흐뭇하기도 했던 것이다.

"허허허 이 광경을 선희가 봤으문 낭패였을 걸!"

그 조그마한 다툼이 차라리 단조로운 시골 생활에 약간의 활기를 가져다 주는 자극제가 된 듯 납덩이처럼 무거웠던 지난날의 긴장스러웠던 나날에서 놓여 난 듯한 느낌이었다. 마음의 평온을 찾을 수 조차 있었던 것이다. 밤에 조만식네는 조만식네 대로 선희네는 선희네 대로 각기 자기네 방에서 저녁을 먹으며 그날의 수확과 내일의 일을 걱정하고 있었다.

희한한 유언遺言

갑자기 싸이렌소리가 들려왔다. 이방 저방에서는 모두 숨을 죽이고 있었다. 지금까지는 낮에만 폭격을 해오던 미국의 B29기가 느닷없이 밤에도 폭격을 해온 모양이었다. 그것은 분명히 폭격소리였다. 멀리서 누가 외치는 소리가 들려왔다.

"불을 끄시오. 적기 내습이오!"

멀리서 지른 소리는 분명히 경방단원인 듯 했다. 평화롭고 한가로운 시골에도 전쟁이 몰려 왔던 것이다. 허나 그 경방단원의 외침은 고당과 그 가족에게는 구원의 종소리 같았다. 일본의 임종을 알리는 종소리였으니까! 목소리를 낮춰서,

"웬일이디요!"

"길세 전에 없던 일인데……."

전선애는 누가 들을세라 소리를 낮추며,

"아마 전쟁두 이제 막바디에 왔나 봐요!"

"길세 기랬으문 둏갔는데!"

다시 고요가 왔다. 그 고요 적막이 고당에겐 더 큰 우레소리처럼 머리와 가슴을 내려치는 쇠망치 같았다. 그 뒤 평온한 며칠이 지나갔다. 그런데 어느날 고당은 자식과 아내 전선애에게 희한한 유언을 남겼다.

고당으로서는 언제 어느 때 일본의 관헌에게 최후의 날을 맞게 될지 모르기 때문에 자기가 죽으면 자기 비석을 이렇게 해달라고 당부하였던 것이다. 보통사람과는 달랐다.

"애국애족을 하다 보문 내가 언제 죽울디 모르니까니 내가 죽은 뒤에 너희들이 비석을 세울래문 거기엔 글을 쓰디 말라.

그 대신 큰 눈을 두 개 새게라. 그리문 데 세상에 가서락두 한 눈으루는 일본이 망하는 걸 살펴보구 한 눈으루는 조국의 자주 독립을 디케 보갔다!"

정말로 나라를 빼앗긴 나라를 사랑하는 애국지사로서의 애절한 아무나 생각해 낼 수 없는 절절한 충정에 넘치는 간절한 바람을 살필 수가 있었다. 그의 가장 존경하는 선배요 친구이며 동지였던 남강 이승훈이,

"내래 죽으문 땅에 묻디 말구 박물 표본을 만들어 후학덜이 학문에 힘쓰는 본보기루 하두룩"

이란 말과 같은 것이었다. 허나 그 유언은 이제 지키지 않아도 되었다. 고당은 살아서 조국의 해방을 맞이했으니까!

슬픈 해방解放

일본이 마침내 손을 들었다

뻐꾹새가 뻐꾹뻐꾹 한가로이 울고 있었다. 아마 저 건너 산에 서인가 보다. 고당은 그날도 텃밭을 한바퀴 돌아보고서는 나지막한 뒷동산에 올라가서 기울어져 가는 전세를 가늠하며 조국이 해방이 되면 장차 어떻게 나라를 건설해 나갈 것인가를 구상하고 있었다. 왠지 그 옛날 오산에 있을 때 황성산 기슭을 거닐던 생각이 떠올랐다. 그런데 상황은 급변했다.

그렇게도 끈질기게 그야말로 최후의 한사람까지 죽더라도 일본의 본토는 지키겠으며 대나무창까지 깎겠다던 일본 군벌은 그들의 승리를 가져다 줄 것이라는 신사당 야스꾸니靖國神社에게 손이 발이 되도록 빌었으나 냉철한 역사와 과학은 일본의 군벌을 그냥 내버려 두지는 않았다.

오끼나와沖繩에 미군이 상륙했음에도 그냥 버티던 일본군 수뇌들은 일본군을 총지휘하는 이른바 그네들이 자랑하던 육해공군 총사령부격인 다이홍에이가 있는 히로시마廣島에 사상 최초의 신병기인 핵폭탄이 떨어져 20여 만명의 시민이 순식간에 몰살당하고 그 자랑하던 다이홍에이도 잿더미로 화했는데도 끝끝내 버티다가 그 며칠 뒤에 또다시 이번엔 일본의 봉건제도 때에 유일한 개항지였던 나가사끼長崎에 두 번째의 원자탄이 떨어져 이른바 일본인들의 최고 통치자이며 그들이 신처럼 숭앙하는 천황이라는 자가 많은 국민이 죽는 것을 더는 볼 수 없다고 생각했는지 1945년 8월 15일 12시에 마침내 울먹이는 소리로 무조건 항복했던 것이다. 그래서인지 원자탄이 떨어져 수많은 시민이 죽자 전후에 '나가사끼의 종소리'라는 노래가 유행했지만 말이다.

오정쯤 되었을 때 멀리 높은 봉우리 너머에 뭉게 구름이 두둥실 떠가는 것을 바라다보면서 고당은 오늘도 또 하루 무사히 지나갈 것인가! 푸- 한숨을 내쉬며 고목나무 그루터기에 앉아서 시름을 달래고 있었다. 그런데 저어 산기슭에서 평양에 살고 있는 맏아들 연명이 그 전날 아버지를 뵙고 자전거를 타고 돌아갔는데 안골과 평양의 중간 지점쯤 되는 태평면太平面 사무소 앞을 지나다가 문득 일본 천황이 울먹이는 소리로 방송하는 목소리가 라디오의 전파망을 타고 흘러나오고 있었다. 연명이는 아무래도 수상하다고 생각해서 자전거를 내려서 들어보니까 그것은 일본이 연합군에 대해 무조건 항복한다는 조서를 낭독하고 있는 것이 아닌가!

연명은 터져 나오는 기쁨을 가까스로 참으며 자전거를 거꾸로 돌려 안골로 되돌아 왔던 것이다. 고당은 자기를 부르는 평양에 돌아갔어야 할 연명이 되돌아온 것이 수상해서,

"무슨 일이가?"

급히 산 아래로 내려왔다. 연명은 아버지에게 달려가서 부등켜 안고 그제서야 울음을 터뜨렸다.

"아바지 기엉구 일본이 손을 들어시오 무도건 항복 했답네다!"

그러나 고당은 별로 감격하는 것 같지는 않았다.

"기래?"

보복은 안된다

안골에서는 친일한 반역자들이 거의 없지만 벌써들 일본인들에게 빌붙어서 세력을 부리거나 돈을 번 자들을 처벌하겠다고 날뛰는 사람들이 여기저기서 떼지어 다닌다는 소문이 들려왔다.

'기래선 안되디! 기룸 우리 도선인두 야만인으루 밖에 안 보일터이니? 기걸 우선 말레야디!'

그런 생각이 들자 고당은 그 길로 집에 들어가서 식구들을

모여놓고,

"내가 우리 식구한테 할 말이 있다."

모두 엄숙한 얼굴로 고당의 입을 지켜 보았다. 물론 그들도 해방되었다는 일본인들의 그 무시무시한 압박의 쇠사슬에서 벗어났다는 기쁨을 참지 못하고 있었으나 그들도 아버지이며 할아버지인 고당 조만식이 자기네들에 비해 얼마나 더 각고의 시간을 쌓아 오면서 하루하루를 지냈는가를 잘 알고 있었기 때문에 감히 입을 벌려 이러쿵저러쿵 이야기를 할 계제가 아니었다. 고당의 무거운 입이 떨어졌다.

"일본은 결국 끝이났는데 반면에 우리 도선이 잘만 하문 꽃이 필 수 있을 거다. 당연히 기런 당면이 올거다!"

모든 식구가 아버지와 할아버지의 그 한마디에 흐뭇한 기쁨이 솟아 올랐으나 어떻든 다음 말을 기다렸다. 모두 마음에 너무 흡족한 생각으로,

"헌데 어지께까디 너무 끔띡하게 눌레놔서 오늘과 내일이 끼어들 틈새가 없는 거이 탈이란 말이다."

"기거 또 무슨 말씀인디?"

연명이 맏아들답게 더 자세한 말을 기다리는 투였다.

"일본사람덜이 우리나라를 송두리째 삼킬라구 너무나 딛밟아 놔서 말이다!"

그러면서 한참 동안 모든 식구 한 사람 한 사람씩을 둘러 보구나서,

"자기네 귀신단디인 그 신사당인가 뭔가에 절을 하라구 강요하딜 않나 허허어어……."

어이가 없다는 듯 한동안 웃다가 다시 숨을 가다듬고서,

"우리 도선말과 글을 못 쓰게 하딜 않나 심디어 조상대대루 내레 오는 성과 이름까디 갈라구 하디 않나 또 기것 까딘 좋디만 젊디 젊은 사람덜을 전쟁터에 끌어 나가딜 않나 젊은 체니덜을 정신댄디 뭔디 하문서 자기네 군대위안부루 끌어가딜 않나 게다가 놋그릇이니 뭐니 쇠붙이란 쇠붙이는 몽주리 뺏아가구 기것두 모잘래서 쓸만한 사람덜은 모두 잡아 갇우구 텐벤한 사람인 니광수니 윤티호니 하는 분덜을 다 친일파루 만딜어 놨으니 정말 기맥힌 노릇이 아니구 뭐이가서!"

그는 한참 숨을 돌렸다가 무거운 얼굴로 다시 말을 이어갔다.

"기리니까니 기렇게 모두 너무 딛눌레 놔서 뭘좀 해볼라구 해두 빠데나갈 구녕이 없단 말이디!"

"예에!"

모두 아버지와 할아버지인 고당 조만식이 조국을 얼마나 걱정해 왔던 가는 잘 알고 있었지만 그렇게까지 속속들이 아파하고 있었을 줄을 모르기도 했던 것이다. 따라서 조국의 앞날에 대해서도 그 암울했던 과거를 어떻게 정리하고 새로운 질서를 세워 갈 것인가에 대해서도 기대할 수 있기도 했던 것이다. 그렇다고 그 구체적인 설계도는 알 수 없었고 어렴풋이 짐작할 수는 있었다.

“내가 너희들에게 신신당부하는 건 우리가 일본사람덜의 그 간교하구 악딜적인 탄압을 받았다구 우리두 그렇게 보복해서는 안된다는 거다. 기룽게 되문 우리 도선사람두 일본사람과 똑같은 야만인이 되는 거니까니! 다만 우리의 힘으루 싸워서 이기디 못한게 아쉽긴 하디만!”

모두 고개만 끄덕일 뿐이었다. 고당은 모두가 자기 말을 알아들은 것 같아서 속으로 흐뭇해 했다. 그러다가 선희를 쳐다보며,

“선희네는 어드룽게 하간? 이제 해방두 됐으니까니 피양에 돌아 가야디!”

“고롬요. 피양에 애덜 아바지두 계시니까니 낼이락두 가야디요!”

고당과 평양

바빠진 오윤선吳胤善네 사랑방

"오 당노! 서울에선 건국준비휜가 뭔가가 생겠다구 방송을 했는데 우리두 이 피양에서 기른걸 맨들으야 하디 않갔소?"

1945년 8월 15일 조선이 일본의 통치로부터 자유 해방이 되자 오윤선 장로네 사랑방은 갑자기 바빠지기 시작했다. 이번엔 해방된 조국을 새로이 건설하려는 새로운 건국의 역군들의 설계 사무소로 바꾸어진 것이었다. 오윤선 장로를 비롯해서 김동원 장로 이윤영李允榮, 장리욱張利郁, 노진설盧鎭卨, 한근조韓根祖, 김병연金炳淵 등 제제다사로 평양의 내노라 하는 인사들은 모두 모였으며 그 넓은 사랑이 비좁을 정도였다.

"길세 기건 고당이 올라 오신 다음에 의논하는 거이 둏디 않가시오!"

"기래야디! 고당의 의견을 먼저 딛으야디! 그 분이 어드른 의견을 가디구 있는 디가 우선이디!"

모두들 그 말에는 한치의 이론도 없었다. 그리하여 고당을 평양으로 초치하는데 있어서 가장 적임자로 파견된 사람은 고당의 <오산학교> 때의 제자인 김항복金恒福이었다. 그런데 조만식은 선뜻 따라 나서지를 않았던 것이다. 김항복이 다녀간 뒤 고당은 늘 하던대로 뒷동산에 올라가서 그 고목나무 그루터기에 앉아서 장차 나라를 어떻게 세워 가야 하는가에 대해 구상을 하는 것이었다. 마치 그 옛날 <오산학교>에 있을 때 자주는 아니었어도 학교에 중대한 사건이 생기면 황성산 기슭에 찾아가서 그 해결책을 모색하던 때와 마찬가지로 잠깐동안이라도 그런 시간적인 틈새가 필요했던 것이다. 여전히 뻐꾹새가 한가로이 울고 있었다. 여전히 뭉게구름이 두둥실 떠가고 있었다.

며칠 전의 일이다. 일본이 항복하게 되자 평안남도의 니시까와西川 지사가 고당에게 정권을 맡아달라고 간곡히 요청했지만 그는 그 자리에서 완강히 거절했던 것이다. 그건 마치 서울에서는 일본총독 사이또齊藤가 고하 송진우에게 정권을 인계받으라고 하자 한마디로 거절한 것과 같았던 것이다. 그러했다. 일본 관리로부터 정권을 인수한다는 것은 언어도단이었던 것이다. 어떻게 정권을 인계하고 인수한다는 것인가! 빼앗긴 정권을 말이다. 일본은 백배사죄를 하며 정권을 가져다 바쳐야 할 것이 아닌가! 그런데 그러는데는 일본인들이 안전하게 자기네 본토로 돌아가려는 속셈이 숨어 있었던 것이다. 물론 일본인들에 대해 어떤 보복행위를 하려는 것은 아니었지만 그동안 조선인들에 대한 강압을 되돌려 받아야 할 것이 아니겠는가!

하여튼 고당은 우선 일본인들을 무사히 자기네 나라로 곱게 돌려 보내는 것이 급선무라고 결론지었다. 지금까지 압박을 당했다고 해서 보복적인 감정으로 잔학행위를 한다면 조선사람도 일본인과 무슨 차이가 있단 말인가! 그는 급히 뒷동산에서 내려왔다. 평양으로 빨리 돌아가야겠다는 생각이 들었던 것이다.

한편 평양에서는 앞서 말한 여러 사람과 김성업, 지창균池昌均 등도 합세하여 이번에는 고당의 집 근처에 사는 송호경宋昊景을 새로운 특사로 보내기로 결정하고 운전사로는 대동군 남곶면大同郡 南串面에 사는 김승명金承明을 따라 보내기로 했던 것이다.

오윤선 장로네 사랑방에 모인 유지들은 말하자면 예전에 신간회의 평양지부를 구성하고 있던 평양사회에 있어서의 민족진영의 간부들을 총망라한 인사들이었다고 할 것이다.

평양에 입성하는 고당

고당을 모시러 간 차가 안골 고당네 집에 도착한 것은 해방 다음날인 16일 밤 늦게였다. 고당은 재차 평양에 오라는 독촉을 받지 않아도 이미 평양에 가서 시급히 해결해야 할 문제가 있었기 때문에 곧 출발하려던 참이었다. 때문에 곧 평양으로 간다는 소식을 인편으로 띄우기도 하였다.

오윤선 장로네 사랑은 술렁이기 시작했다. 고당이 오면 모든 문제가 술술 풀려지게 될 것이기 때문이다. 고당은 우선 흥분해서 일본사람과 친일파를 마구 핍박하려는 군중들을 달래야 했던 것이다. 노한 군중은 경우에 어긋난 행동으로 치닫기 쉬우니까!

"난두 피양에 빨리 올라 가야갔다구 생각은 하디만……. 잠깐만 기대레 주갔소? 내가 디낸 밤에 한 잠두 못 잤으니까니 아무리 바쁘드래두 잠깐 눈을 붙이 가서!"

"기렇게 하시디요. 사실 잘 주무시딜 못해셨을 거라구 생각이 듭네다!"

특사인 송경호는,

"기렇디만 낼 새박엔 무슨 일이 있어두 꼭 떠나야갔어요."

"고롬 기리야디!"

그리구 옆 방에 가서 잠을 청했으나 도무지 잠이 오질 않았다. 우선 평양시민들이 그동안 자기네들을 괴롭혔던 일본인 형사들과 더욱이 그들의 앞잡이가 돼서 같은 동족인 조선사람들을 업수히 여기고 한술 더 떠서 짓밟은 조선인 경찰들을 응징하려고 무자비하게 복수하는 장면이 눈 앞에 아른거려 도무지 눈을 붙일 수가 없었다.

새벽 2시경이었다. 고당은 모시러 온 차를 타고 평양으로 달렸다. 우선 사위네 집에 들렀다가 평양의 모든 유지가 눈이 빠져라 하고 기다리고 있는 오윤선 장로네 사랑으로 갔다. 물론 그전에 성난 군중들에게 결코 폭력으로 다스려서는 안된다는 것을 차근차근히 설득을 하고서 말이다. 고당이 나타나자 저저끔,

"고당 선생 어서 오시라요!"

"정말 눈이 빠데라하구 기대레시오!"

"해방이 됐으니까니 당장 뛔 올라와야 하디 않가시오."

여기서 오윤선이 침착하게,

"자아 인제 고당 선생두 오셨으니 우리두 서울에서 조딕한 것터럼 건국준비위원회를 만들어야 하디 않가시오?"

"기럽시다!"

고당을 비롯한 그 자리에 있던 모두가 만장일치 일사천리로 건국준비위원회가 조직되었다.

조직하는 건국준비위원회建國準備委員會

"니주옌이? 기 공산주의자 니주옌이말이애요?"

"와? 기 사람은 안된단 말입네까?"

"아니요 하필이문 기른 사람을 총무부당이란 둥요한 자리에 앉힌다는게……."

"여봐요 이 동디. 서울에선 너운형이 둥심이 돼서 건국준비 위원회를 조딕하구 있어요! 기리구 기런 사람을 요긴한 자리에 앉혜 놔야 쏘렌뎀렝군두 안심하구 우릴 민구 일을 맡겨 줄게 아니가시오!"

"기릏기두 하구만요!"

"기대신 티안책임자는 최능딘이 같은 든든한 우리쪽 사람에게 맽겠디요!"

"역시 고당 선생의 계책은 용이 주도하군요!"

그리하여 해방후 처음으로 조직 발족하는 북조선 정부의 기구가 출발하였던 것이다. 실은 북조선에는 소련군이 점령하게 되었으며 당연히 좌익세력이 정권을 잡게 될 것이 뻔한 노릇이고 실제에 있어서 한반도에는 민주주의와 사회주의가 공존하게 될 것이기 때문에 좌우 합작정부가 서야 하겠으므로 민족진영의 인사와 좌익진영의 지도자가 적당한 비례로 배분이 되어서 정부가 조직되지 않으면 안되게 되었던 것이다. 그런 앞날의 실질적인 전망도 보고 포석을 하였던 것이다. 원대한 경륜으로 미리 짜여진 정부기구였다. 그것을 납득하기 쉬운 방편으로 동지들에게 설득하였다.

나라를 새로이 세우는 데 대한 청사진은 그가 조선이 해방이 되었다는 소식을 들은 뒤 뒷동산에 올라가서 구상하면서 짜놓은 설계도였다. 이미 조선안에는 새로운 사조직인 사회주의가 당분간은 설칠 것이라는 것을 예견하고 있었고 재래의 민족주의도 뿌리 깊게 박혀 있었으니 그 두 정치사상이 한동안 대결하면서 엎치락뒤치락 할것이라는 것이 예견되었다. 그리하여 우선은 합작 곧 혼합된 색깔의 지도자들로 내각을 구성하지 않을 수 없다고 생각했던 것이다.

사실 전국의 정치적 중심지인 서울에 있어서도 김규식 박사를 중심으로 한 "좌우합작위원회"가 한동안 중요한 정치세력으로 활동하고 있었다는 것으로 증명이 된다. <대한민국임시정부>의 주석인 김구가 통일조국을 건설하지 않으면 반드시 동족상잔의 비극이 올 것이라고 갈파하면서 그 당시 붉은 거리였던 평양까지 노구를 끌고 와서 남북협상을 시도했던 것으로도 여실히 증명되었던 것이다.

사실 그것은 6·25 한국동란이란 제2차 세계대전 이후의 최대의 비극으로 실제로 증명이 되었다. 역사란 가설이 없다고는 하지만 만일 고당 조만식의 그때의 경륜대로 정부조직이 이루어졌었다면 그런 잔혹한 살상의 현실은 없었을 것이다.

이때 평안남도 건국준비위원회의 구성은 아래와 같다. 위원장은 만장일치로 고당 조만식이 추대되었고 부위원장에는 오윤선 장로가 역시 만장일치로 선출되었다. 그리고 모든 정책을 의결하는 기구로 위원회가 있었는데 그 위원은 김병연·노진설·김광진金光鎭·지창규池昌均·김동원·한근조 등이었다. 그 중 김광진 같은 공산주의자도 있었으니 그건 어쩌는 수 없는 사회적 조건에서였다. 그러나 대다수는 민족진영의 인사들이었으며 실제에 있어서 민족진영의 인사가 평양사회를 지도하고 있었다. 실제로 실무를 맡아서 일을 집행하는 부서의 책임자들은 다음과 같다.

총무부장 이주연李周淵

재무부장 박승환朴承煥

선전부장 한재덕韓載德

산업부장 이종현李宗鉉

지방부장 이윤영李允榮

교육부장 홍기주洪箕疇

심의부장 정기수鄭基琇

치안부장 최능진崔能鎭

위원회와 실무부서가 결정되었으니 이제 문제는 사무를 볼 곳이었다. 백선행 기념관에 임시로 사무처를 두었다.

시민의 생명과 재산을 보호하고 모든 질서를 유지할 치안부는 그 옆에 전에 경방단이 있던 자리를 쓰도록 하였다. 이에 총무부장으로 결정된 이주연은 고당 조만식과 함께 일을 할 수 있다는 것을 자랑스럽게 여겨,

"여러분! 저 리주연이 영광스럽게두 고당 선생님을 위원당으로 해서 발족하는 건국준비위원회의 총무부당으로 일하게 되어서 다시 없는 영광이란 말씀을 디립니다!"

이렇게 밝혔던 것이다.

그 며칠 뒤 공산당의 거물인 현준혁玄俊爀이 모스크바 공산

대학을 나온 조선공산당의 최고 거물인 박헌영朴憲永과 밀약을 맺고 평양에 와서 조선공산당을 조직하려고 서둘면서 고당이 영도하는 건국준비위원회에 본격적으로 협조하기에 이르렀다. 그러나 일부 극단적인 민족주의자들은,

"고당 선생! 기런 극좌덕인 공산당과 손을 잡을 수 있습네까?"

"허허어 우선 그들을 물리틸 수가 없디 않갔소? 기리구 얼마 뒤엔 여기 피양엔 소련군이 들이 닥틸테니……."

고당은 그러면서 평양시민들에게,

"우리에겐 지금 딜서를 비롯해서 각 디방의 민심을 수습하는 게 당면과데요. 어드른 희생두 막아야 하오. 물러가는 일본인덜에게 보복행위를 해서는 절대루 안됩네다. 딜서를 어기는 건 민족에게 해를 끼티는 거이 되니까니 조심들 해야 되오!"

평양시민 뿐만 아니라 그 당시 평안남북도를 비롯한 북조선 일대에 있어서 고당 조만식의 말은 글자 그대로 금과옥조로 거의 신성불가침의 지상명령이나 다름 없었다. 일본관헌에게 지독한 고문을 받은 바 있는 어떤 반일 투사도,

"고당 선생님이 기롷게 말씀 하시문 우리두 참아야디. 기게 우리나라에 도움이 될 터이니까니!"

그 당시에 있어서 고당의 말은 그렇게 절대적인 힘이 있었던 것이다.

독재자獨裁者를

현준혁玄俊爀을 제거하라

소련군이 드디어 평양에 진주하였다. 총사령관은 치야스코프 대장이었다. 소련군이 들어오자 이번엔 민족진영 중심으로 조직한 건국준비위원회에 조선공산당의 현준혁 등과 기왕의 민족진영주도의 건준의 간부들을 철도호텔로 초청하여 새로이 북조선을 대표하는 정권적 차원의 정치단체를 구성하자는 것이었다. 시치야코프 대장은,

"이번에 고당 선생을 비롯해서 기왕의 건국준비위원회의 간부 여러분들을 이곳에 초청한 것은……."

하면서 한편에 즐비하게 늘어 앉아 있는 언뜻 보기에 눈빛들이 날카로운 일제시대에 틀림없이 지하운동을 했을 것으로 보이

는 젊은 층들을 돌아다 보고,

"이분들 역시 일본의 군벌들과 정면으로 맞싸운 현준혁 동지 등이 영도하는 조선공산당 평안남도당부의 여러 동지들과 손을 잡고서 평안남도 정치위원회 이건 우선 가칭입니다. 물론 뒤에 정식으로 발족하는 대로 명칭이 결정되겠습니다만, 하여튼 그 이름은 여러분이 결정하게 되겠지만요! 다만 우리 북조선에 진주한 소련군이 새루 조직하는 정치단체를 후원하는데 있어서 모두의 협조를 부탁하기 위해 이렇게 초청한 것입니다."

그 말투는 어디까지나 해방군의 총사령관으로서 조선민중의 주권을 존중한다는 의미를 나타내고 있었지만 만일 명령에 복종하지 않거나 반항하는 기미가 보이면 추호도 용서치 않겠다는 생선가시 같은 뼈대가 숨겨져 있다는 것을 암시했던 것이다. 다시 말해 소련군의 절대 권위를 가지고 있다는 것을 슬며시 내비추고 있었던 것이다.

따라서 새로이 가칭 평남정치위원회가 새로이 조직되었으며 30명의 위원을 뽑았다. 여성대표를 한 명씩 추천하기로 하여 건준측으로 박현숙朴賢淑을 공산당측에서는 박정애朴正愛 등을 양측에서 선출하였다. 그래서 도합 32명으로 구성되었다.

이때의 조직은

위원장에 역시 고당 조만식이고

부위원장은 건준측으로 오윤선

또한 삶의 부위원장에 공산당측으로 현준혁 그리고 위원으로는 건준측으로 김병연·이윤영·홍기주·김광진·정기수·김익진·노진설·장이욱·최아립崔亞立·조명식趙明植·한근조·김병서金秉瑞·이종현·박현숙이고 공산당측으로는 김유창金裕昌·김용범金鎔範·송창렴宋昌濂·장시우張時雨·이주연·장종식張鐘植·문태영文泰永·이관엽李貫燁·이성진李聲鎭·허의순許義淳·한재덕·박정애 등과 그밖의 3명 등이었다.

헌데 실질적인 점에 있어서는 민족진영과 공산진영을 같은 수로 위원구성을 한 것처럼 보이지만 모든 결의에 있어서 과반수제로 한다면 민족진영은 100이면 100 항상 지게 되어 있었다. 건준측으로 들어온 위원중 한 사람은 좌익이었으니까! 곧 김광진은 그런 사람으로 말하자면 프락치였던 것이다. 그러니까 좌익의 위계에 넘어간 셈인 것이다.

고당이 그런 빤히 들여다 보이는 좌익의 술책을 모르는 바는 아니었으나 말썽을 부리면 오히려 모든 점에서 불리하게 되리라고 생각해서 점령군인 소련군이 철수할 날만을 기다렸던 것이다. 그 다음에는 자주적으로 완전 독립을 이룩할 수 있으리라고 생각했다.

하여튼 그렇게 정치적 권한을 구성하는 기구가 결정된 것은 해방되던 그 해인 1945년 8월 26일의 일이다. 공식명칭은 평안남도인민정치위원회였다. 그러니까 그것은 어디까지나 평안북도와 함경남북도에는 행정력이 미치지 못하게 되어 있으나 소련군 점령하에 있어서의 북조선은 소련군 총사령관인 스티코프 대장이 주둔하고 있는 평양이 실질적으로 수부이기 때문에 그 평안남도인민정치위원회가 행정적으로 전 북조선을 관할하게 되어 있었다.

현준혁을 겨냥하라

이곳은 소련군 총사령관인 치야스코프 대장이 사택으로 임시 쓰고 있는 평양에서도 손꼽히는 호화주택이다. 치야스코프 대장의 명령을 받고 달려온 북조선 군정장관 로마넹코 중장은 북조선을 실질적으로 지배할 정치적 수뇌를 결정하기 위해 음모를 꾸미고 있었다.

"로마넹코 장군. 귀관은 어떻게 생각하고 있을지 모르지만 그 현준혁이란 사람 말이오. 아무래도 좀 껄끄러운데……."

"글쎄 말입니다. 저두 스탈린 원수님의 명령을 받은 바 있습니다만……. 우리 손에 만만한 자라야만 다루기가 쉬울터인데……."

"역시 군정장관두 그렇게 생각하구 있었군! 정치군인다운 생각이요! 우리 군으로서는 박헌영이나 현준혁이 같이 주둥이만 까지구 말만 많은 그런 맑스주의 이론만 내세우는 자들은 필요없지. 당분간은 말이요!"

"그렇습니다. 우리가 내세우려는 김일성金日成 왜 아시지요!

실존인물인지 그건 자세치는 않지만 그 이름은 조선인민에게 있어서 항일 투쟁의 영웅인 것만은 사실이니까요! 그 이름을 이용하자는 것이요."

"나이가 틀리지 않나?"

"우리 유물론을 모르시진 않겠지요?"

"그야 백 번이구 천 번이구 되풀이 하면 그런가 하고 믿게 마련이지!"

"바루 그겁니다! 사람이란 건망증이 심해서 1년이고 2년이고 그 사람이 진짜 김일성이라구 되풀이 하면 모두 그렇게 생각하게 마련이니까 그건 걱정할 것 없습니다."

"그건 그렇다 치고……."

치야스코프 대장은 일단 로마넹코 군정장관이 철저한 정치군인이라는 것을 감탄하면서 실제적으로 그 실천방법을 생각하는 것이었으나 반면에 로마넹코 중장은 총사령관이 자기를 인정해 주는 듯하여 기분이 좋아서,

"그래서 말입니다. 그와 같은 실천력 있는 그리구 우리말을 100% 들어 줄 친구를 앞잡이루 내세워야 북조선을 요리하는데 좋을 게 아니겠습니까!"

"과연 정치군인다운 견해군!"

"감사합니다! 헌데 어떻게 그 현준혁을 제거하지요?"

"그렇지. 그럼 그 현준혁을 제거하는 건 찬성한단 말이지?"

"그 방법이 문젭니다!"

치야스코프 대장은 잠시 로마넹코 군정장관을 뚫어져라 쳐다보고 있다가,

"허허허허 장군은 정치군인이면서 마캬베리즘을 모르오? 목적을 달성하기 위해서는 수단 방법을 가리지 말라는……."

"……."

"내가 일등사수를 시켜서 그 자를 쏴버리문 그만이지. 핫핫하하……."

"그렇게 되문 당내에서 반발이 심할텐데요!"

"핫핫하하."

무엇이 그리 유쾌한지 치야스코프 대장은 한동안 웃어 제꼈다.

"이봐요 로마넹코 장군! 현준혁이 조만식과 함께 차를 타고 갈 때 감쪽같이 쏴 버리문 그게 조만식을 겨냥한 것이 빗나간 것처럼 가장 하문되지 않갔소!"

"네예? 네에!"

"그리구 그 저격은 조만식의 반대파가 저지른 것이라구 공표해 버리면 그만이지!"

"그리구 그 조만식이 이 평양에서는 절대적으루 존경받는 분인데 누가 감히 그런……."

"허허허허……. 그렇다문 극우 백색 테러가 현준혁을 저격했다구 둘러대지!"

"네에 그것두 좋겠군요!"

그들이 그런 음모를 꾸민 바로 며칠 뒤인 9월 2일 철도호텔에

서 치야스코프 주 북조선 총사령관이 초청한 공식회의가 끝나고 나온 양측 의원들이 한 대의 목탄차, 그건 일제가 휘발유가 없어서 목탄으로 움직이던 화물자동차인데 그 트럭을 타게 되었던 것이다.

앞 좌석 한 가운데는 위원장인 고당 조만식이 타고, 그 옆에 창에 기대어 부위원장인 현준혁이 비스듬히 앉아 있었다. 운전하는 소련사병은 긴장한 모습으로 이들 북조선의 최고 지도자들을 어떻게 하면 안전하게 목적지까지 모셔다 드릴까 하고 조심스럽게 차를 몰아 가고 있었다. 한근조 위원은 그 뒤에 서 있었다. 그들이 탄 트럭은 시청을 향해서 달리고 있었다. 평안남도청을 지나야 시청에 가는데 도청을 멀리 바라다 보면서 천천히 커브를 돌고 있었다. 바로 그 순간이었다.

탕 하고 날카로운 금속성의 소리가 고막을 찢었다. 뒤에 섰던 한근조는 앗하고 고당을 쳐다 보았다. 분명히 극좌 적색테러가 우리의 희망인 위대한 애국자인 고당을 쐈을 거라 생각했던 것이다. 그런데 고당은 꼼짝도 안하고 그냥 앉아 있었으며 놀랜 운전사가 급정거를 하는 찰나 현준혁이 앞으로 몸을 꺾었던 것이다.

김일성 장군 환영시민대회

여럿이 모인 자리에서 고당 조만식은 느닷없이,

"이번 기림리箕林里 운동장에서 가디는 김일성 장군 환영시민대회의 준비위원당을 내가 맡아야 할 것 같소"

"뭐요?"

"그 애송이의?"

모두 놀래는 기색이었다. 고당 조만식은 비단 평양시민 뿐만 아니라 북조선 아니 전 조선백성이 모두가 존경하는 국민적 지도자가 아닌가! 그런 인물이 고작 서른살 남짓한 새파란 그것도 어디서 굴러 먹으면서 다녔는지 모를 소련군 대위를 장군이라고 받들면서 그 환영시민대회를 그것도 평양의 한복판인 기림리 공설운동장에서 개최하는 것만도 과분한데 그 준비를 대대적으로 하고 그 준비위원장을 고당이라는 전국적으로 우러러

보는 지도자가 맡는다는 것은 일대 사건이 아닐 수 없었다. 그것을 고당 자신이 자진해서 맡겠다니 아연실색할 노릇이었다. 그야말로 경천동지할 일이 아닐 수 없었다.

"아니 고당이 꼭 그래야만 하갔소?"

"내가 그럴 수밖에 없디 않소! 명색이 평남인민덩티위원당이란 딕권을 맡구 있으니까니!"

오윤선의 씁쓸한 물음에 고당도 객쩍은 대답을 하지 않을 수 밖에 없었다. 그리고 고당이 김일성 장군 환영대회 준비위원장을 맡은데 대해서 이러쿵저러쿵 말이 많았지만 고당은 한마디로 잠재웠던 것이다. 그것은 내내 두고 음미할 대목이기도 하다.

"내가 이왕 위원당을 맡구 있으니까니 소련군이 하라는 대루 할 수밖에 없디 않갔소?"

그건 소련군 25군 총사령관 치야스코프 대장이 직접 고당에게 요청해 왔다는 것이다. 고당은 그런 요청을 받자 소련이 최종적으로 김일성을 북조선 통치를 위한 꼭두각시로 내세우려는 음모임을 알아채고 이제부터는 그 애송이와 한판 싸움을 벌일 것을 다짐했던 것이다. 그건 별로 어려운 일은 아닐 것 같았다. 아무래도 실제 인생을 살아온 경험을 보아서도 자기가 연륜에 있어서도 갑절이나 많았기 때문이다.

그리고 그 김일성이라는 자는 조선사람들이 잘 알고 있는 전설적인 항일 투사인 바로 그 김일성이는 아니고 급조한 김일성으로 밖에 볼 수 없었기 때문이었다. 우리 조선사람들에게 잘 알려지고 있는 항일의 영웅인 김일성은 적어도 나이 5, 60이 넘는 노년기에 접어들만한 연령층이어야 했다.

하여튼 지금의 그 김일성과 맞서는 것은 지난날 일본제국주의 관헌들과 싸우는 것보다는 손쉬울 것 같았다. 허나 한편으로는 당돌하고 간교하긴 했으나 어떻게 보면 단순했던 일본군 보다는 몇 배나 음흉하고 속을 내비치지 않는 클레믈린이 뒷받침하고 있으니 김일성을 다루는 데는 더 조심해야 할지 모르겠다는 걱정도 없지는 않았다. 하여튼 일본과 항쟁하듯 때에 따라 정면 돌파하는 것이 고당의 투쟁방식이니까 그러는 수밖에. 어떻든 김일성장군환영평양시민대회가 서평양에 있는 기림리 공설운동장에서 열렸다. 그 준비위원장으로 등단한 고당 조만식은,

"소련군은 일시적으루 우리 북조선을 점령했을 뿐 우리 민족이 독닙할 준비가 이루어디문 즉각 털수 한다구 약속했습네다. 쏘렌군은 분멩히 덤령군이 아니구 해방군이라는 걸 총사령관인 치야스코프 대장이 분명히 말씀했웨다. 여러분! 그분의 말씀이 거짓부렁이가 아니길 믿읍세다!"

그러자 만장한 청중은 손뼉을 치며 좋아했다. 그것은 김일성 환영대회가 마치 조선독립을 촉구하는 대회 같은 느낌이었다. 한편 김일성이 북조선의 실질적인 지도자로 옹립되기까지는 이런 계략이 있었다.

소련 25군이 소만국경을 넘어 북조선으로 침공해서 평양을 점령하기 위해 진격하려고 소련극동부의 하바로스크에 주둔하

고 있을 때였다. 침공 전날밤 총사령관 치야스코프 대장은 북조선 군정장관으로 내정된 로마넹코 중장과 25군 정치장교인 레베데포 소장 등 점령군의 최고 간부들이 어떤 정책을 토의했다.

"로마넹코 장군! 이번 북조선을 점령해서 군정을 피려면 어떤 준비가 있어야 하지 않겠소?"

"그렇지 않아두 그 문제에 대해서 이 레베데포 소장 동지와 최종 결정을 지어야겠다구 생각하구 있습니다만!"

"음 그거 골치 아픈 일인데……."

"우리 소련이 내세울 후보루 김일센 그 사람은 비밀경찰의 수장인 베리아 동지가 추천했소만 그밖에 김책金策·김용범金鎔範·최용건崔庸健·강건姜健 등 여러 명인데 그게 모두 그만그만해서 꼭 집어내세울 인물이 없으니……."

"그런데 지금 평양에서는?"

"조만식이란 민족주의자가 뚜렷하게 부상하구 있습니다만……."

그러면서 침통한 얼굴로 침묵하는 것이었다.

"그 조만식이란 사람과 필적할 만한 지도자가 사회주의 진영에서는 찾아볼 수 없는 것이 답답하단 말이오!"

"그런데 전에 스탈린 동지께서 박헌영朴憲永이란 거물 공산당 간부가 있다구 한 말을 얼핏 들은 것 같은데……."

"그 동무는 지금 미군이 진주한 남조선에 남아 있으니 급히 데려올 수두 없구……."

"그럼 뭐 더 의논할 것두 없지 않소! 김일성이 지금 조선에선 전설적인 항일 독립투사로 알려져 있으니 그 김일센을 내세울 수밖에……."

"일단 실무 책임자인 메끄레르 중좌를 불러다가 의견을 물어 봅시다!"

"그거 좋겠군!"

그리하여 메끄레르 중좌가 불려 들어갔다.

"메끄레루 중좌! 동무는 이번에 총사령관 치야스코프 대장 동지를 따라 평양에 진주하게 되었다는데 그게 사실이오?"

"네에. 제가 먼저 평양에 가게 되었습니다."

"그럼 북조선 지도자루 내세울 인물에 대해서 무슨 복안이라두 있나?"

"네, 저어 그건……."

"누굴 내세울 작정인가?"

"네에 베리아 동지가 추천하신 김일센을 우선 내세우는 게 어떨가하구……."

"좋아 우리두 대강 그렇게 결정했네! 그렇게 하두룩 하지!"

그리하여 아직 젖비릿내 나는 소련군 대위의 계급장을 달고 있는 33세의 젊은 자가 일약 조선해방의 영웅으로 둔갑하여 당당히 평양에 입성하기에 이르렀던 것이다. 그러나 소련고위층에서는 일단 조만식을 대통령으로 하고 김일성을 그 밑에 두어 행정을 관리하는 수상의 직책으로 만족케 했던 것이다. 아무래도 조선인민을 통치하는 데는 그동안 절대적인 신망을 받아 온 고당 조만식을 무자비하게 싹뚝 잘라 버릴 수는 없었고, 또 조만식을 회유하거나 설득해서 자기네 사회주의 진영에 영입하면 일거양득일 뿐만 아니라 만사가 순조롭게 진행될 것이라고 믿었던 것이다.

그러나 그런 망상은 터무니 없는 그야말로 망상일 뿐이었다. 고당을 비롯해서 이른바 오윤선 장로네 사랑방 측에서는 소련군의 조속한 철수를 촉구시키는 방책을 강구하고 있었던 것이다. 그리하여 조선의 완전 자주독립을 달성하려고 획책하고 있었다. 사실 고당 등이 믿고 있는 유심론적이고 유일신인 하느님을 믿는 기독교와 소련이 주장하고 있는 무신론을 믿고 있으며 유물론적 사회주의와는 빙탄불상용氷炭不相容의 사이가 아닌가! 더구나 공산주의에서는 종교는 마약이다 라고 까지 미워한다고 하지 않는가!

결국 북조선 인민들에게 있어서 공산주의 군대인 소련군이 점령군으로 맞이할 수밖에 없었다는 것을 일본을 내쫓은 것은 앞문으로 여우를 내쫓고서 뒷문으로 이리를 불러 들인거나 마찬가지였던 것이다. 어떻든 1945년 8월 25일 소련군 총사령관 치야스코프 대장은 평양에 당당히 입성하였던 것이다. 그 이튿날인 26일 고당 조만식은 건국준비위원회의 위원장 자격으로 소련군 총사령관인 치야스코프 대장을 예방하였다.

일본군형무소에서 풀려났으며 역시 열렬한 공산주의자인 김용범의 처 박정애를 통역으로 대동하고서 말이다. 전에 일제 때에 일본경찰이 조선인 김호우 경부를 통역으로 대동하고 고당 조만식을 신문하기 위해 찾아오던 것과는 정반대였던 것이다.

고당과 김일성

곰을 잡으려는 너구리

1945년 9월 30일 오후 6시. 여기는 지난날 일본인 고관들이 드나들고 조선인 지주들도 가끔 이용하던 고급 요정 하나부사 花房의 한 방. 여기서 고당 조만식은 처음으로 당시 33세인 김일성이란 공산당 빨치산을 만난다. 이때 고당의 나이 63세로 이미 이순이 넘고 환갑도 지낸 인간으로서나 신앙인으로서도 무르익을 대로 무르익은 경륜의 소유자였다.

고당은 소련 25군의 정치사령부 소속 메끄레르 중좌의 주선으로 강미하일이라는 소련군 중위의 통역으로 김일성을 만나기로 한 것이다. 만나는 장소가 항용 일본인 관리들이 요담을 나누던 요정이라서 어쩌면 장차 북조선 정국에 중요한 영향을 줄지 모르는 요인을 만난다는 것이 조금 꺼림칙했지만 그곳이 점령군의 고급장교들이 자주 이용하는 장소이기 때문에 하는 수 없이 지시에 따를 뿐이었다.

먼저 초청인 메끄레르 중좌와 강미하일 중위가 시간 전에 와서 자리를 준비하고 있었다. 이윽고 그 유명한 잿빛 정강치기 두루마기에 완장을 두르고 머리에 하얀 붕대를 동여 맨 고당 조만식이 들어섰다. 제시간이었다. 고당은 그때 머리에 종처가 나서 흰 붕대를 머리에 동여 매고 다녔던 것이다. 고당이 도착한 다음에 10분쯤 지나서 김일성은 3, 4명의 수행원을 데리고 나타났다. 그러자 기다렸다는 듯이 메끄레르 중좌가,

"김일성 동지 소개하지요. 이분이 그 유명하신 고당 조만식 선생님이시오! 인사하시지!"

그러자 김일성은 벌떡 일어나서 큰 절을 하였다. 꼭 서른살이나 위이며 평양에서는 구세주처럼 존경받는 조만식의 이름은 익히 여러 사람에게서 듣고 있었던 모양이었다.

(지은이: 이 대목은 뒤에 메끄레르 중좌가 술회한 비화에서 인용한 것이다.)

김일성과 고당이 첫 대면을 한 뒤 그 사람의 첫 인상이 어떠했으며 또 김일성이 민족진영에 대해 어떤 영향을 끼칠 것인가에 대해 모두 우려하면서 역시 그들의 회합장소인 오윤선 장로네 사랑방에 모여 기다리고 있었다. 고당이 들어서자마자 질문의 공세가 퍼부어졌다. 고당은 잠깐 숨을 돌리더니,

"길세 그 뭐라 할까! 퍽 젊디 않구 예의가 바릅데다. 날보구 벌떡 닐어나서 큰 절을 하구…… 헌데 술은 무던히 많이 마시더군! 나는 술을 끊었디만 우리 녯말에 술 돟아하는 사람티구 나쁜 사람 없다구 하디 않았소! 그 덤에 있어서는 걱정할 게 없가시오!"

오윤선 · 김동원 · 한근조 · 장리욱 · 김성업 등 그 자리에 모여 있던 건준측 민족진영 지도자들은 그나마 다행이라는 얼굴로 고개를 끄덕이었다.

그 뒤 곧 어려운 문제가 앞을 가로 막았다. 농지개혁에 대한 기본 정책을 의결하는 회의가 열리고 있었는데 거기서 사단이 생겼던 것이다.

"아니! 이럴 수가 있소? 그래 우리가 해방된디 메칠이나 됐다구 디주덜의 땅을 몽땅 빼앗겠다구!"

오윤선 부위원장은 젊디 젊은 공산주의계열 의원들이 자꾸 지주들이 가지구 있는 땅을 모조리 몰수해야 한다구 몰아 붙이는데는 아연실색했다. 모두가 농민들의 피땀을 착취했거나 일본놈들에게 빌붙어서 힘없는 농민들로부터 강제로 빼앗은 것이 틀림없다고 억지를 부리는 것이었다. 하긴 그런 경우가 전혀 없는 것은 아니었으나 대개는 먹지 않고 입지 않고 한푼 두푼 모은 돈으로 한 뙈기 두 뙈기 사 모은 땅으로 피땀이 밴 살과 뼈같은 몸뚱아리의 일부임이 대강의 경우였던 것이다.

그걸 무조건 인민의 고혈을 착취한 춘향전의 변학도 같은 지방관장의 가렴주구苛斂誅求의 옥반가효玉盤佳肴로 생각하는 그 일률적 해석이 불쾌했던 것이다. 그렇지 않아도 그동안 여러 차례의 회의에서 다수를 점한 공산측의 횡포가 소수파인 민족진영의 수를 깔보고 말도 안 되는 억지를 부리는 그들의 태도가 아니꼽던 차에 더는 참을 수가 없어서 부위원장인 오윤선이 위원장인 고당 조만식을 대신해서 먼저 매를 맞겠다는 생각으로 분노를 터뜨리고 먼저 사의를 표명했던 것이다.

이날따라 민족진영에서는 이미 38선 이남으로 월남해 버린 장리욱과 그리고 김병연, 노진설 두 위원도 무슨 이유에서인지 불참 중이라 너무나 수적으로 열세여서 표결로서는 도저히 승산이 없었던 것이다. 또한 그동안 법조인으로서 수많은 사건을 해결하던 한근조 위원은 더욱이 평양시장이라는 직책도 가지고 있어서 평양시민을 대변하여 그들의 이익을 옹호하는 발언을 하지 않을 수가 없었다. 한근조는 슬쩍 조만식의 표정을 살폈다. 조만식은 눈을 지그시 감고 고개를 푹 숙이고 있었다. 필시 끓어오르는 분노를 억지로 누르는 듯 입술을 꽉 깨물고 있었다. 혼신의 힘을 다해 폭발직전의 감정을 억지로 억누르고 있음에 틀림없었다.

"의장 나 한근조가 한 말씀 드리겠습네다. 지금 어떤 위원이 농사를 딧디 않는 사람의 땅을 무도건 몰수해야 한다구 하는데 기건 천부당 만부당한 말입네다. 녜전에 둥국에선 장개석이 모스크바에 갔다가 왔을 때 국민 정부에서 사회주의덕인 방법으로 농디개혁을 한 것으로 압네다. 그때 토디몰수법을 만들어 놓구두 고작 거부인 성모 씨의 28만석을 몰수하려구 한 것 밖에 없었습네다. 그것마저두 난중엔 후디부디해 버렸구 끝내 실행을 하디 못했다는 것입네다. 이제 조국의 광복을 맞이한 우리 도선이 이렇다 할 명분두 없이 토디를 몰수한다는 건 디내티는 것 같은데요!"

그리고 공산당위원측의 자리를 한바퀴 둘러보고,

"더욱이 지금 소련군 사령부에서두 우리더러 민주주의 국가를 건설하라구 종용하구 있디 않습네까? 우리두 인민에 재산권을 존둥해 가디구 말 그대루 민주주의럴 실행하두룩 합세다."

민족진영의 자리에서 박수가 터져 나왔다. 그러자 이번에 공산당측의 중진인 김용범이 벌떡 일어나서,

"한 위원! 그 말속엔 아직 친일파의 잔재가 남아 있는 것 같소."

이때 고당은 더는 참을 수 없다는 듯 의장석에서 벌떡 일어나서,

"김용범 위원! 사람을 모욕하는 언사는 좀 삼가주기 바랍네다. 거 무슨 소리야? 고럼 한 위원이 친일파란 말이야?"

테이블 위에 놓았던 서류들을 대강 치우면서,

"우리 이른 회의는 집어 티웁세다!"

그리고 김용범 위원 등 공산당측 위원들을 뚫어져라 노려보면서,

"당신네덜은 지금 총을 우리 앞에 갔다 대놓구 이 회일 하구

있디? 총 아니라 대폴 들이대 보래디 나는 무섭디 않아!"

그건 벼락치는 소리였다. 쇳소리가 귀청을 찢었다. 그 순간 고당 조만식의 머리에 떠오른 성경귀절이 있었다. 고린도전서 13장 이른바 사랑의 장이었다. 거기에는 분명히 사랑은 오래 참고…… 성내지 아니하며…… 라는 말씀이 있다. 잠깐 멈칫했다. 자기는 기독교 장로가 아닌가! 원수를 사랑하라고 하지 않았던가 참아야지! 그러나 자기가 진행하고 있는 것은 정치적 회의며 믿음의 세계가 아니고 세속에 있어서의 정치적인 다툼이다.

더더욱 이건 신앙과는 전혀 관계가 없는 순전히 민족의 앞날에 따른 구체적인 현실의 문제이며 또 신앙문제에 있어서는 유신론을 부정하는 유물론의 앞잡이들과의 투쟁이 아닌가! 옳고 그른 정당한 논리로 맞서는 것이 무슨 잘못이고 믿음의 길에 무슨 죄가 될 것인가! 한근조는 뒷날 이런 말을 하며 회상하는 것이었다.

"내가 조만식 선생 측근에서 25년이나 디케봤디만 기 선생님이 기룷게 화를 낸 적은 거의 없어시오! 박현숙 여사는 손수건으로 눈을 가리고 있습디다! 고당 선생은 사랑과 인자함으루 우릴 대해 오셨는데 그때에는 정말 무서워서 어쩔 줄을 몰랐디요!"

그 다음부터 조만식은 회의에 일체 나타나지 않았다. 그러자 당황한 것은 공산당측이었다. 스탈린을 비롯해 소련군 고위층에서는 무슨 일이 있더라도 조만식을 앞세워서 38 이북의 인민들을 달래고 수습을 해야 한다는 철칙을 세워 놓고 있었기 때문이었던 것이다.

그러기 때문에 장시우라는 중진을 고당이 묶고 있는 신창리新倉里의 고당의 사위 강의홍이 경영하는 보화의원으로 보내서 설득하려 들었다. 조만식은 그 집에 묶고 있었던 것이다. 그 장시우는 조만식이 자리에 앉자 그 앞에 무릎을 꿇고,

"스탈린 원수께서도 무슨 일이 있든지 꼭 조 선생님을 모시구 일을 하라구 신신당부 하셨습니다. 물러나시문 절대루 안됩니다."

그래도 조만식은 가타부타 대답을 하지 않았다. 장시우는 그래도 조만식의 입이 떨어지기까지 끈질기게 기다리고 있었으나 아무런 대답도 듣지 못하고 다 저녁 때가 돼서야 물러나고 말았던 것이다. 빈손으로!

납치된 고당

그 뒤에 고당이 납치되었다. 10월 10일에서 14일 사이에 일어난 일이다. 평안남도 인민정치위원회의 민족진영의 제2집회장소라고 할 수 있는 오윤선 장로네 사랑방에서는 그날따라 나타나지 않는 위원장 고당 조만식을 기다리면서 걱정들을 하고 있었다.

먼저 항상 공적으로 거취를 같이 하고 있던 한근조가,

"정말 이상 합네다! 나보담 몬제 나가셨는데 안딕 여게 안오시다뇨?"

"혹시 그 떠도는 소문이 사실인디두 모르디!"

"예? 무슨 말인데."

"아무래도 고당이 사사건건 제동을 거니까 그분을 데거하디 않구설랑 토디개혁 같은 둥요한 일은 해 티울 수가 없으니까니 아예 없애 버릴라구 할디 모르갔다는 말이디요!"

"기럼 테럴!"

"길세 말이디요?"

"설마!"

"설마가 사람잡는 대디 않소!"

그러나 김병연이 단호하게 반대하고 나섰다.

"기룷딘 못할거요!"

"와?"

이구동성으로 질문했다.

"지금 고당 선생을 없애문 이 피양 뿐만 아니라 북도선 전테가 당장 닐어날텐데 아무리 고당이 눈 안에 까시라구 해두 댜네덜이 기런 무모한 딧은 못할 거요!"

"응 기룷기두 하군!"

모두 고개를 주억거렸다. 그 시간에 고당은 어떤 젊은이들과 말을 주고 받고 있었다.

"조 선생님! 잠깐 조용한데 가서 말씀 좀 드리구 싶은데요!"

조만식이 얼핏 둘러보니까 자기를 에워싸고 있는 젊은이들의 눈빛이 아무래도 이상해서 뜨끔했지만 자기는 소련군이 절대로 지켜주고 있다는 사실을 굳게 믿고 있었으므로 별로 당황하지 않고,

"와 그르디?"

"예에. 잠깐 조용한 곳에 가서 이 시국에 대해서 견해를 좀 들을려구요!"

"기래? 고롬 갑세다!"

언제 준비해 놓았는지 소련군 스리쿼터가 옆으로 바싹 다가와 섰다. 깜짝 놀랬다. 그 서너덧명의 청년들은 조만식을 둘러싸듯 억지로 차에 태우고 어디론가 달려 가는 것이었다. 그러나 항상 김일성의 행동을 감시하고 있는 정치군인 메끄레르 중좌는 김일성이 태연하지만 그 주변의 정체모를 청년들의 행동이 수상하여 자기 부하를 시켜 김일성이 비밀히 설치한 사설 감옥 주변을 감시하고 있었는데 갑자기 스리쿼터 한 대에 조만식을 태우고 나타나는 것이 아닌가! 그리하여 그 감시하던 사병들은 즉각 무전으로 자기들의 상관인 메끄레르 중좌에게 보고하였던 것이다. 메끄레르 중좌는 당장 김일성을 불렀다.

"김일성 동지! 내가 그렇게 장난질 치지말라구 신신당부 했는데 왜 그런 짓을 하나?"

"예에?"

"지금 동지의 부하가 조만식 선생을 납치 감금시키려구 하오!"

"뭐이?"

김일성은 깜짝 놀랬다.

"기럴 리가 있나? 어느놈 새끼덜이 기따위 짓을 하디?"

"그렇지 않나해서 내 부하들을 동지를 따르는 청년들 뒤를 미행시켰으니 다행이지!"

"미친놈의 새끼들 아니야! 내가 스탈린 원수님의 디시두 있구해서 조만식 선생만은 절대루 건디리디 말라구 애덜에게 엄명을 내렸는데 기럴 리가."

"그럼 당장 나하구 같이 가봅시다!"

"아니오. 메끄레르 동디가 기룹게 말씀하시문 그거이 옳갔디요! 헌데 도대테 어디서디요!"

"당신이 비밀리에 꾸며놓은 그 감옥이 있는데 말이요."

차츰 얼어붙는 땅

얼어붙기 시작한… 동토에서…

메끄레르 중좌는 김일성을 데리고 그 비밀장소로 달려갔던 것이다. 아니나 다를까 거기엔 고당 조만식이 김일성의 젊은 부하들과 무언가 이야기를 주고 받고 있었던 것이다. 메끄레르 중좌는 차에서 뛰어 내리며,

"고당 선생님! 무사하셨군요!"

마치 죽었던 아들이 살아온 것 같이 기뻐했던 것이다. 사실 고당이 잘못이라도 되었다면 자기의 정치생명은 완전히 끝이 나고 말기 때문이었다. 조만식은 얼떨떨해서 메끄레르 중좌를 쳐다보며 도대체 정치군인인 메끄레르 중좌가 왜 그곳까지 왔으며 뭐가 좋아서 그렇게 기뻐하는지를 추측할 수가 없었다. 무

엇이 어떻게 돌아가는지를 모르는 채 어리둥절해서,

"무슨 일이요?"

메끄레르 중좌는 임기웅변술에 능한 정치군인이라 고당이 눈치를 채여서는 안되리라고 생각해서 시치미를 떼고,

"아니 아무것도 아닙니다! 헌데 선생님은 어떻게 여기까지?"

아무리 고지식한 고당도 지금 여기서 돌아가는 분위기쯤은 눈치 챌 수 있었다. 그러나 아무렇지 않다는 듯이,

"나를 보구 데 젊은이들이 시국과 민족의 장래에 대해 내기 하자구 하길래 따라 왔이다!"

"예에!"

갑자기 메끄레르 중좌는 회중시계를 꺼내 보더니,

"벌써 여섯시가 넘었는데요!"

그 말을 듣자 고당은,

"이거 야단났군! 둥대한 약속이 있는데……."

그러면서 자기가 태워 끌려 왔던 스리쿼터의 운전사에게,

"미안하디만 다시 날 태우고 아까 그곳으루 데레다 줄 수 없가시오?"

그러자 그 사병이 메끄레르 중좌를 쳐다 보았다. 메끄레르 중좌는 고개를 끄떡였다.

"타시디요."

고당은 자기가 끌려갔던 그 자리에 다시 돌아가서 걸어서 모두가 눈이 빠지게 기다리는 오윤선 장로네 사랑방으로 직행했

다. 고당이 문앞에 나타나자 모두 벌떡 일어나서 마치 죽었던 아버지가 살아 돌아오기나 한 것처럼 반가와 했다.

"아니! 와 늦었디?"

오윤선 장로의 울음섞인 기쁨의 한마디,

"미안하게 됬이다. 아아 아무것도 아니웨다! 자아 내길 계속 하소고레."

조만식은 실은 자기가 납치당할 뻔했다는 사실을 짐작했음에도 불구하고 그런 낌새는 전혀 발설하지 않았다. 그 말을 들으면 그 자리에 모여 있는 동지들이 놀래고 분개해서 무슨 짓을 저지를 지도 모르기 때문이었다. 그날 밤 고당은 집으로 돌아가는 길이 무척 무거웠다.

하마터면 정다운 이 평양거리를 숨을 쉬면서 걸어 다닐 수 없었을는지 몰랐을 것이다. 허나 그렇게 되지 않은 것이 모두 하느님의 뜻이라는 것을 깨달았다. 지금 이렇게 숨을 쉬고 있는 산 사람으로서 해방된 조국의 하늘 아래서 조국의 땅을 밟으며 네 활개를 활짝 펴고서 걷는 행복이 언제까지 갈는지는 모르지만 이 짧은 시간동안 만이라도 이런 자유와 평화를 누리는 기쁨이 더없이 귀중한 것임을 하느님께 감사해야 할 것이다. 정말 감사했다. 신창리의 딸과 사위가 그리고 외손주 손녀들이 건강하게 자라고 있으며 더욱이 해방된 조국에서 무한한 희망을 가지고 자라고 있다는 것은 그야말로 하느님의 축복이 아니고 무엇이겠는가! 그저 창조주에게 다시 한 번 감사할 따름이다!

고당 자신은 어렸을 때에는 강대국들이 각축하는 가운데 약하디 약한 동방의 조그마한 반도의 작은 나라에서 강대국들의 눈치만 살피고 살아야 했던 짓눌린 시절 자라서는 악독한 일본 제국주의자들의 강도들의 무서운 탄압 그리고 일제말의 그 지긋지긋 했던 갖가지 짓밟힘! 그래도 용케 버텨 나왔다고 생각하니 한숨이 바가지로 터져 나왔던 것이다.

문득 하늘을 올려다 보았다. 이상스러울만치 별이 총총히 빛나고 있었다. 멀리로부터 미리내라고 하는 은하수가 자기 가슴위로 흘러 오고 있었다. 저 은하수까지는 이 지구에서 수십억년 아니 수조년이 걸린 다는 것이 도저히 믿어지지 않는다. 그것이 빛의 속도로. 그런데 그 모두를 하느님이 창조했다니! 그 얼마나 위대한가! 그러나 이 세상의 과학자들의 지식이란 정말로 보잘 것 없지 않은가! 그런데 이 조그마한 지구에서 공산주의니 민주주의니 사회주의니 자본주의니 하고 아웅다웅 다툰다는 것이 어리석고 우습꽝스러웠다.

그런 상념에 빠져서 걷고 있노라니 벌써 집을 지나쳤던 것이다. 한 서른 발자국이나 되돌아와야 했다. 이제 뒤늦게 현관문을 두드려야 하니 미안한 감이 들었다. 아무리 딸네 집이라고는 하나 또 새로운 나라를 건설하기 위해서 일을 하고 있기 때문이라 딸네 사생활에 너무 폐가 되는 것 같아 미안한 감이 없지 않았다.

새로운 굴레

신탁통치信託統治

"고당! 고당은 장네 위원당이니까니 혹시 아시는디 모르갔디만 이건 디나티게 화례하디 않소? 장네식이 말이오?"

오윤선 장로가 옆으로 다가와서 넌지시 속삭이다시피 말을 걸자 고당도 벌써부터 그런 생각이 들고 있었던 것이다. 그렇다고 그런 말을 누구에게 물어볼 수도 없었다. 자기는 자기 옆에서 흉탄에 횡사한 현준혁의 장례위원장이다. 그 장례절차는 소련군 총사령부의 명령에 따라 진행하고 있으니까 실제로 내막은 모르고 있었다. 그렇다고 장례위원장인 자기가 모른다고는 할 수 없지 않은가! 그런 의아스런 분위기 속에서 현준혁의 유해는 모란봉 뒷산에 안장되었다.

한편 예의 밀실에서는 이번엔 그날 현준혁을 저격한 소련군 하급장교 바로 그 사람도 참석해서 일의 성공(?)을 축하하는 소소한 파티가 열렸던 것이다. 그리고 정치적 정세는 점점 소련군의 보이는 또는 보이지 않는 압력이 조여들기 시작해서 고당은 점차로 "꼭두각시"화 하고 있었던 것이다. 그리하여 민족진영의 위원들은 은연 중에 따로 모임을 가지고 공산당에 대항하는 정당으로 조선민주당을 조직하기에 이르렀다.

고당 조만식이 당수로 선출되자 북조선 일대에서는 순식간에 50만 이상이 당원으로 가입하였다. 그마만큼 고당의 인기는 절대적이었던 것이다. 그 확보된 당원으로 소련군의 절대적인 지원을 받고 있는 공산당보다 월등히 활발하게 모든 과업을 수행하고 있었다. 그것이 북조선 사람들의 민심이기도 했던 것이다. 아무리 점령군이 아니고 해방군이라 공언을 하고 있지만 이른바 다와이판 곧 빼뜰기를 일삼는 소련군 병사들의 실제 행동을 본 인민들은 소련군을 강한자로 인식하고 있기 때문에 결코 진정한 해방군으로는 생각하고 있지 않고 있었다. 사실 공장이란 공장의 모든 기계들을 뜯어서 자기네 나라로 싣고 가지를 않나 또 개인적으로는 시계들을 빼앗아서 몇 개씩 팔뚝에 주렁주렁 차고 다니질 않나! 가관이었다. 꼭 거지같았기 때문이었다.

총사령관 치야스코프 대장이 언명한 해방군은 결코 아니고 철저한 강탈을 위한 점령군이었던 것이다. 그러기 때문에 그 앞잡이인 공산당을 믿는 인민은 거의 없었다. 게다가 고당 조만식에 대한 신망과 아울러 조선민주당에 대한 촉망은 가중되었던 것이다.

그리하여 청소년의 체육시합에 있어서도 공산당이 자기네만의 경기를 가질 수 없었기 때문에 조선민주당의 청소년부와 연계를 제의해 올 정도였다. 그렇게 되자 조선공산당의 상전인 소련군정청에서는 조선민주당의 박재창朴在昌 청소년부장과 여성부장 박현숙朴賢淑을 소련군사령부에 호출까지 했던 것이다. 물론 부탁하기 위해서였다. 두 사람은 위원장인 고당 조만식을 위원장실로 찾았다.

"위원당님 우리가 어드룹가문 돟갔습네까?"

"응 뭐이?"

"치야스코프니 하는 친구가 우릴 보자구 오라는 데 말이디요!"

"기래서 어떻게 대답할 작덩이디?"

"거절해야디요!"

"기럼 됐디 뭘 물어 볼라구 기리디!"

"알가시오. 고롬!"

그 시간에 소련군 군청정에서는 로마넹코 군정장관과 김일성 공산당 서기장이 머리를 맞대고 심각하게 말을 주고 받고 있었다.

"김일성 동지 무슨 뾰족한 수가 없겠소?"

"기건 내가 장군께 묻고픈 말인데요!"

"별 수 없지 말을 듣지 않으문 넌지시 협박하는 수밖에!"

"그룹게 해서락두 협력하두룩 하는 수박에요!"

"강압적으루 밀어 붙입시다."

"돟쉬다. 장군님만 믿가시오."

"칼자루는 우리가 쥐구 있으니까! 핫핫하하."

그런 밀담이 있었다는 것을 모르는 박재창 등은 군정장관실에서 공산당측의 요청을 한마디로 거절하고 말았던 것이다. 그들 조선민주당 간부들인 박재창과 박현숙은 마치 개선장군처럼 의기양양하게 그 무시무시한 붉은 악마의 건물을 걸어 나왔다.

오산의 망령이 살아났다

이번엔 <오산학교>에서 일이 터졌다. 고당 조만식은 자기가 오랫동안 몸담고 있던 학교라 결코 무심할 수는 없었다. 교장이 군청 소재지가 있는 정주의 보안서로 연행당해 갔으며 그래서 전교생이 걸어서 정주로 몰려 갔다는 것이다. 이것이 북조선에 있어서의 최초의 학생사건인 것이다. 뒤이어 이번엔 용암포에서 학생사건이 터졌다.

<오산학교> 출신인 함석헌을 평안북도 교육부장의 자리에서 숙청을 하면서 교육계에서도 공산주의만을 강요하자 학생들이 전면적으로 반대하고 나섰고 평안북도 보안당국에서는 그 공산주의 학습을 반대하고 나선 주로 기독교 신자를 위시한 반공적인 민족주의 교사들을 구속 유치시키자 학생들이 들고 일어났던 것이다. 그래서 소련군이 무력으로 학생들을 해산시키려

고 하자 마침내 학생들과 군인사이에 충돌이 일어났던 것이다.

그렇게 되자 조선민주당에서는 그 진상을 조사한다는 명목으로 당의 담당부서인 청소년부의 박재창 부장을 파견하기에 이르렀다. 실은 그것은 미묘한 사항이었다. 조선민주당으로서는 그 궐기가 당의 정책에 부합하는 것으로 학생들의 궐기를 격려하는 차원이기도 했던 것이다. 박재창 부장은 용약 경의선 기차를 타고 신의주로 가서 곧장 용암포로 가려고 하였다. 그러나 소련군은 그렇게 호락호락 하지 않았다. 박재창은 소련군에 의해 체포되어 구속되었다. 유치장에 집어 넣어졌던 것이다. 박재창이 학생궐기의 진상을 알면 소련군으로서는 곤란했을는지 모른다. 사실 강압적인 유물론 주입교육에 반발하여서 일어났었던 것이다.

박재창은 별 수 없이 좁고 냄새나는 방에 처넣음을 당하자 하도 기가 막히고 억울하지만 하소연 할 데는 없었다. 처음에는 얼떨떨해서 뭐가 뭔지 알 수가 없었다. 왜 체포됐는지도 몰랐다. 사건을 조사하기 위해 공식적으로 파견된 정당의 간부인데 말이다. 그러나 자기는 수인이다. 묶여 있는 몸이다. 우선 풀려나야 할 판이다. 매달릴 수 있는 것은 오로지 자기를 파견한 조선민주당의 위원장인 고당 조만식 밖에 없었다. 그러나 그분 고당 조만식과는 연락할 길이 전혀 없었다. 단념하는 수밖에 없다. 될대루 되라지! 아무 죄도 없는 자기를 죽이기야 할까! 소심하진 않았지만 두둑한 배짱이 있었던 것도 아니었다. 뱃심이 생기는 것이었다.

그리고 그는 하느님을 믿는 기독교 신자라 자기를 집어 넣은 원수인 소련군들을 이해하고 용서하고자 했다. 그들도 자기 나라와 자기네 이념을 위해 상관의 명령을 좇을 뿐이라고 억지로 자신을 달랬다. 그 유치장은 본식으로 죄인을 유치시키기 위해 지은 건물이 아니고 임시로 학교 교실을 뜯어 고쳐 개조한 것이어서 엉성하고 조잡하기 짝이 없었다. 그 많은 학생들을 수감하기 위한 임시 감옥인 것이 틀림없었다. 그러니까 탈옥하려고 들면 얼마든지 부시고 뛰쳐 나갈 수가 있었다.

허나 아무 죄도 없는 박재창은 그럴 이유가 전혀 없었고 조만간에 상부에서 사죄성 석방지시가 하달될 것이 틀림없을 터이니 초조할 필요가 없었다.

날벼락

그러는 가운데 정세는 더더욱 민족진영에게는 더 참을 수 없을 정도로 얼어 붙기 시작했던 것이다. 오늘 회의에서도 결의는 아예 일방적이었다. 민족진영의 위원들은 분노가 머리끝까지 치밀어 올랐다. 회의가 끝나자마자 민족진영 위원들은 오윤선 장로네 사랑방으로 직행했다. 고당 조만식도 따라 들어왔다.

"아니! 고당! 언제까디 줄줄 끌레 댕길라우? 이제 기 감투좀 벗어 버리디 않갔소?"

"와? 지금까디 내가 썼던 감투 가운데 뎨일 큰 감툰데 기렇게 호락호락 벗으라니 기건 또 무슨 심술이디?"

"뭐요?"

그 자리에 있던 모든 동지들은 놀래는 빛이었다. 그러면서도 설마 고당 조만식이 본심으로 그러지 않을 것이라고 믿기는 했지만 그러나 고당은 정말 그렇기나 한 것처럼 시치미를 뚝 떼고 언제나 그랬듯이 묵묵히 앉아 있었다. 고당은 그 아슬아슬한 순간을 잘 이용할 줄 아는 선천적인 감각을 가지고 있었던 것이다. 그는 의미를 알 수 없는 희미한 미소를 입가에 머금으면서,

"내래 이런 큰 감투를 써 본 적이 없는데 이걸 벗어 버리라구? 내가 이른 감투에 욕심이 많은 녕감쟁이라는 걸 안딕두 모르구 있었시오? 좀더 쓰구 있잖이오!"

"예에?"

그러자 고당은 파안대소하며,

"핫핫핫하하하……. 여러분덜 깜짝 놀랬디요! 내가 기따위 감투에 욕심이 있으문 일본놈덜한테 더 큼딕한 감투를 썼디요! 핫핫핫하하……."

그리고서는 그 유명한 정강치기 무명두루마기 품속 깊이 감추어 두었던 한지에 시껌한 붓글씨로 쓴 큼직한 사표를 끄집어 내 보이며,

"길쎄 이걸 몣번씩이나 내던뎄디만 받아 줘야디."

그러자 모두 그르문 그릏디 등등 궁시렁 거리면서 웃음을 터

뜨리는 것이었다. 방안은 갑자기 기분 좋은 웃음바다로 변했다. 오랜만에 마음이 툭 트인 화합의 장이 연출된 것이다. 그런데 그렇게 웃고만 있을 수는 없었다. 우리 민족전체를 옭아매는 새로운 무서운 굴레가 하늘로부터 뚝 떨어졌다.

신탁통치.

맑은 하늘의 벼락이었다. 누가 갑자기,

"이건 청련벽력인데!"

소릴 질렀다. 아마 한근조 위원이었을 것이다. 아니 모두가 그랬다.

얽히고 설킨 서울에선

서울엔 이미 미국으로부터 귀국해 있던 이승만 박사와 개인 자격으로 돌아와야만 했던 <대한민국임시정부>의 주석인 백범 김구를 비롯한 여러 <임시정부> 요인들에게도 마른 하늘의 벼락이었다. 일본이 너무 빨리 손을 들어 본토 침투작전이 중간 좌절되기 때문이어서 그만 전승국이 못되고 해방을 선사받은 나라로 전락되었기 때문이었던 것이다. 그리하여 종전소식을 들은 순간 김구 주석은 오히려 한탄했다는 말도 있다. 그리하여 이제 신탁통치라는 치욕을 받고 있는 것이 아닌가!

모스크바에서 열린 이른바 미 · 영 · 소 세 나라의 외무장관들의 모임인 이른바 삼상회의에서 한국을 당분간 미국과 소련의 신탁통치하에 둔다고 결의하였던 것이다. 1919년 3・1독립 만세 사건의 여파로 중국의 상해에 <대한민국임시정부>가 수립되고 초대 대통령으로 이승만 박사가 추대되었을 때 이승만 박사가 조선은 당분간 국제연맹의 신탁하에 두어야 한다고 주창하자 그 당시 내각을 실제적으로 구성하고 관리하고 있던 차관회의에서 그런 망언을 한 이승만 대통령을 규탄함으로써 결국 이승만 씨는 대통력직을 파면당하고 미국으로 도피한 사실이 있었는데 이번에는 그때로부터 25년이나 지나고 한국백성도 많이 성숙하였는데도 다시 신탁통치 문제가 나왔으니 모든 민족이 경악할 수밖에 없었던 것이다.

즉각 한국의 모든 정당인들 심지어 공산당까지도 처음에는 열을 올리며 선봉에 나서서 신탁통치 결사반대를 외치며 날뛰었었다. 그러더니 그들의 상전인 모스크바에서 지령이 내려와 불과 2, 3일만에 태도가 180도 변해 이번에는 열렬한 신탁통치 절대 찬성으로 표변하였던 것이다. 반탁이 찬탁으로 말이다. 그러나 극소수 공산당원을 제외하고서는 온 민족의 신탁통치 결사반대의 메아리 소리가 한반도의 온 산하와 두메산골을 들끓게 했던 것이다.

"자유 아니면 죽음을 달라!"

"완전독립 쟁취하자!"

"신탁이 웬말이냐!"

연령순으로 따져서 이승만 박사가 위원장으로 추대되고 김구가 부위원장으로 추대되어 반탁의 물결은 전 삼천리 국토에 넘쳐 흘렀다. 외침의 홍수였다. 신탁통치 결사반대라는 혈서의 홍수도 온 산하를 넘쳐 흘렀다. 젊은 청년들을 비롯해서 나이든 할머니에 이르기까지 한 마음 한 뜻이었다. 흰 옷을 입은 사람들은 손에 손을 잡고 모두 나섰던 것이다. 아마 이때의 마음이었더라면 통일국가의 건설은 문제 없었을 것이다.

서울운동장과 남산南山

1947년 3월 1일 뒤에 신생 대한민국의 헌법 전문에도 뚜렷이 게재되었지만 3·1독립만세 운동은 일본제국주의에 대한 거족적인 그야말로 극소수 친일파를 빼놓고서는 한사람의 비겁한 배반자도 없는 우리 겨레의 최대의 항쟁사건이다. 따라서 이 사건으로 인해 일본이 그동안의 억누르기만 하던 무단정치를 지양하고 보다 유연한 회유를 위한 문화적인 방법을 쓰는 이른바 문화정치로 일대 조선에 대해 통치의 정책을 바꾸지 않았던가!

그리하여 언론을 어느 정도 허용해서 3대 일간지의 발행도 있게 되었던 것이다. 물론 잡지도 여러 종류 나오게 되었고 그러니까 말하자면 3·1독립만세 운동은 일제시대에 있어서의 우리민족 최대의 항거사건이며 우리 민족이 길이 길이 기려야 할 명절이기도 한 것이다. 그래서 좌우익을 막론하고 이날에는 총동원하여 기념식을 대대적으로 거행하고 즐겁게 지내는 것이다. 헌데 서울에서는 자연스럽게 민족진영인 우익은 서울운동장을 사용하고 공산주의 진영인 좌익은 남산으로 모였던 것이다. 그때 좌익진영의 본부라고 할 수 있는 남로당은 남대문 옆에 있었다.

서울운동장에 모였던 민족진영에서는 기념식이 끝나자마자 신탁통치 결사반대의 구호를 외치며 스크램을 짜고 종로를 달려 광화문을 거쳐 태평로를 달려 남대문으로 뛰었다. 바로 그때 남산에서 기념식을 마친 좌익들이 내려 오다가 남대문에서 두 물결이 마주친 것이다. 성난파도는 격렬하게 마주쳐서 높이 솟아 오르며 부서질밖에! 그러자 2층에 사무실이 있던 남로당에서 피스톨의 총탄이 내려 꽂혔다. 서울운동장패들은 난데없는 총탄세례에 혼비백산 남대문 지하도 밑으로 숨어버려야 했던 것이다.

반탁과 찬탁은 이제 무력으로 발전한 것이다. 그것도 즐겁게 지내야 할 3·1절에 말이다. 한편 38 이북에서는 3·1절도 서울서처럼 자유스럽게 축하식을 거행할 수도 없었고 일방적으로 신탁통치 절대 지지만이 있어야만 했다.

미·소 공동위원회

1946년 1월 16일. 한국에 새 정부를 세우기 위해 미소공동위원회가 이승만, 김구 등 해외에서 한국의 독립과 조국의 광복을 위해 수십년간 풍찬노숙으로 일본제국주의와 싸운 노투사들이 앞장 선 한국의 거족적인 반탁 가운데 드디어 열리려고 하였다.

그러나 총칼을 가지고 있는 두 점령군은 맨주먹의 한국백성의 힘없는 항쟁따위는 아랑곳하지 않고 괴뢰정권을 세우는 청사진을 그리려고 하였다. 한국은 오랫동안 일본의 지배하에서 멋대로 주물러졌던 나라이기 때문에 마음대로 요리할 수가 있다고 생각하고 있었다.

이보다 앞서 1945년 12월 소위 전승국들인 아메리카 합중국과 잉글랜드와 쏘비에트연방 등 세 나라의 외무장관들이 소련의 수도인 모스크바에 모여 전후의 여러 가지 문제와 특히 일본이 강제로 합병하였던 여러 지역 특히 조선과 대만 등을 어떻게 처리할 것인가에 대해 의견을 나누었다.

이때 조선은 향후 5년동안 미국·영국·소련·중국 등 네 나라가 공동으로 신탁통치하기로 12월 27일 마침내 합의되었던 것이다. 그때 한국을 점령하고 있는 당사국들인 미국과 소련이 합동위원회를 구성하여 공동으로 처리하도록 결의했었다. 신탁통치를 한다고 보도되자 전 한국민은 벌집을 쑤셔 놓은 듯 일대 소동이 일어나고 한국의 도시와 산과 들과 바다는 온통 들끓었던 것이다.

그러는 가운데 열린다고 하니 미소공동위원회가 제대로 진행될 것인지 의아스러웠다. 미소공동위원회가 열리는 덕수궁은 서울의 한복판인 태평로에 있으며 서울시청의 바로 서쪽으로 그 유명한 가요 덕수궁 돌담길이 구비된 운치있는 고궁이다. 그 돌담길을 서울의 연인들은 아마 한번쯤은 거닐어 보았을 것이다. 하여튼 이 덕수궁은 경운궁慶雲宮 또는 명례궁明禮宮이라고도 불려졌으며 임금이 가끔 들리는 행궁이었다. 한때는 덕종德宗의 맏아들인 월산대군月山大君이 살던 사저이기도 하였다.

1953년 임진왜란 때 임금이 의주에 피난한 이른바 몽진했다가 환도해서 고치기도 했으며, 1623년에 인조반정 때 임금이 즉조당卽祚堂에서 즉위식을 가진바도 있으며, 뒷날 한국 최초의 서구식 석조건물로 현대 미술관으로 쓰기도 했다. 비운의 황제 광무제 고종이 한일합방 뒤에 줄곧 사시던 궁궐이기도 하다. 그런 유서 깊은 고궁에서 한국의 새나라를 세우려는 청사진이 만들어진다는 데 모두 아연하지 않을 수 없었다. 누가 누구네 나라를 세운단 말인가! 우리 국민들은 원치도 않는데 완전한 타의로 말이다. 자기네 멋대로!

이때 정치적으로 뛰어난 견해를 가지고 있는 것으로 알려지고 있던 고하 송진우는 '정치는 현실이다.'라고 하면서 반탁의 의사는 철저하지만 미소공동위원회에 참여해야 한다고 주장함으로써 열렬한 반탁 맹신자에게 암살 당했던 것이다.

미소공동위원회는 완전히 자유민주주의를 주장하는 미국측과 교조적인 민주주의를 철석같이 믿고 있는 소련과의 견해차이 즉 미국은 신탁통치를 반대하는 것도 하나의 견해이므로 참가시켜야 한다고 주장하였고 소련은 신탁을 반대하면 배제해야 한다는 의견이었다. 그리하여 1947년 5월 20일 드디어 제2차 본회의에서 미소공동위원회는 아무런 합의를 이루지 못하고 결렬되고 말았던 것이다.

이건 8·15해방 뒤에 우리사회에 유행된 우스갯소리지만 '생겼다 하면 다방이고 섰다하면 교회당이다.'라는 말이 있듯이 그동안 일본제국의 보이는 또는 보이지 않는 억압으로 자유로운 모임의 장소인 다방이 별로 생기지 못했으나 완전히 개방된 사회가 되자 또 서로 만나서 새로이 활동할 방법도 또 살아갈 직업의 정보도 교환할 겸 그 만남의 장소로도 다방이 많이 생기고 더욱이 기독교 국가라고 할 수 있는 미국이 점령한 남한에는 신교의 자유가 허용되어 그동안 일본이 금하던 기독교 신앙도 자유스러워져 예배당이 우후죽순격으로 난립하기에 이르렀던 것이다.

또한 사회단체와 정당도 자유스럽게 가입할 수 있게 되어 그동안 묶였던 집회의 금지조항도 풀려 너도 나도 단체에 가입하여서 미소공동위원회에 접수된 정당 사회단체의 회원수가 조선의 전체인구보다 많았다고 하는데 그거야 한 사람이 두서너 단체에 가입하면 자연히 회원 수는 많아질 것이 틀림없었기 때문일 것이다.

하여튼 밖에서는 신탁통치 결사반대라는 전 민족의 절규가 하늘을 찌르는 가운데 미·소공동위원회는 결국 종말을 닻이 한 것이다.

그리하여 새 한국의 건설문제는 마침내 유엔본부에 이관되고 말았다. 그래서 대한 독립촉성회 등 민족진영의 모든 애국단체들은 유엔본부에 외교단을 파견하는 등 야단법석을 떨었던 것이다. 결국 유엔은 유엔감시단의 관리하에 한반도에서 총선거를 실시한다고 결의하였다 그러나 소련은 자기네도 유엔의 중요한 구성멤버인데도 불구하고 북한에 그 유엔감시단이 들어가는 것을 반대하였다.

그래서 가능한 지역에서의 선거 즉 남한만의 단독선거란 한 민족의 영원한 원한의 남북분단의 비극이 빚어졌던 것이다. 백범 김구가 일찍이 갈파했듯 6·25라는 민족상잔의 비극이 연출되었다. 신탁통치가 빚은 비극의 결과가 그런 씻지 못할 일대 참극을 초래할 줄은 모든 민족인은 물론이고 더욱이 고당 조만식은 상상조차 못했을 것이다.

서울에선 신탁을 어떻게?

36년간이나 일본제국주의의 질곡 속에 있다가 이제야 겨우 자유해방되어 큰 숨을 한 번 마음껏 내쉬려는 데 또다시 옭아매려는 신탁통치의 굴레를 씌우려니 공산당도 더는 못참겠다고 일제히 일어섰으나 그들의 상전인 독재자 소련의 스탈린이 어떤 생각에서인지 그 신탁을 지지하라는 지령이 떨어지자 지금까지 죽자 사자 반탁을 외치던 공산당이 하루아침에 찬탁으로 돌아섰다는 것은 앞서도 밝힌 바 있지만 그건 한반도를 세계 공산화의 교두보로 만들려는 스탈린이 모략을 숨긴 음흉한 심산에서였다. 우선 소련이 점령하고 있는 북조선을 공산화하고 점차로 아시아는 물론 나아가서는 전 세계를 빨갛게 물들이려는 시꺼먼 뱃속이었던 것이다.

이때 풀이 죽어서 오윤선네 사랑방에 모여 앉아 한숨만 푹푹 쉬고 있던 평양의 거물급 지도자들인 민족진영의 오윤선·김동원·유계준·한근조·김병연·김성업 등은 고당 조만식이 어떤 결단을 내려줄 것을 기다리고 있었다. 역시 전과같이 먼저 입을 뗀 것은 이집 주인인 오윤선 장로였다. 우선 납덩어리처럼 무거운 침묵을 깨뜨려야겠다고 생각했다.

"고당 이제 우린 어드룹가문 돟디?"

조만식도 무언가 대답은 해야겠다고 생각은 한 모양이었다.

"길세 무슨 대답은 해야 갔는데……. 서울에서는 어드룹게 하구들 있는디 우선 안 댐 뭐라구 하는 것이 돟을거 같아서 말이웨다!"

"기건 기룹디!"

모두들 고당의 그 의견에는 일언반구 반대하질 않고 고개를 주억거렸다.

"기야 뻔하디 않가시오. 이승만 박사는 물론이구 김구 선생두 아마 앞당세서 반탁을 웨티구 돌아 댕길거디."

"어떻든 우리두 서울과 걸음을 맞혀야 할게 아니오?"

"기야 기렇디요!"

그러기 위해서 어떻게 해서든지 서울의 소식을 아는 것이 우선이었으며 백방으로 알기 위해 애들을 썼던 것이다. 그러나 소련군사령부에서는 신탁통치에 대한 조선민주당의 공식적인 태도를 밝히라고 독촉하는 것이었다. 대답은 한결 같았다.

"조선민주당도 어엿한 정당이니 그런 중대한 문제는 당연히 둥앙위원회에서 결의를 해야 하디 않가시오?"

"기야 당연하지요!"

"헌데 둥요한 둥앙위원인 홍기두 목사가 오랫동안 참석티 않으니 그 양반을 빼 놓구 회의를 가딜 수 없구……."

그렇게 미적미적 대답을 미루고 있었다. 실은 그러는 동안이라도 서울의 사정을 알 수 있을까 하는 생각에서였던 것이다. 그런데도 세월은 제멋대로 걸음을 재촉하고 있었다.

한편 조선민주당 청소년부의 활동이 활발할 뿐 아니라 여성부도 역시 눈코 뜰 사이 없이 움직이자 이제 더 조선민주당의 각 부서의 활동을 좌시할 수 없다고 판단한 소련군사령부가 이번에는 조선민주당의 청소년부와 여성부는 공산당의 민주청년동맹 그리고 여성동맹과 합치라는 명령을 내렸다. 그러자 청소년부장 박재창과 여성부장 박현숙이 위원장인 고당에게,

"위원당님, 또 자꾸 제네덜 밑으루 들어오라구 하는데 어드룷가문 돟가시오?"

고당은 그저 쓴맛만 다시는 것이었다.

"여성부당은?"

"거절하가시오!"

"됐어! 기렇게들 하라우!"

"예!"

두 사람은 씩씩한 걸음으로 위원장실을 걸어 나왔다.

소련군 사령부에서는 그날 두 사람을 군정장관실에 출두시켜 장시간 설득을 했지만 끝끝내 자기네 대로의 부서를 고집하자 사령부도 일단 박재창과 박현숙을 그냥 돌려 보냈던 것이다. 밤이 으슥해서였다. 두 사람은 지칠대로 지쳐 있었다. 두 사람이 고당에게 그날에 있었던 소련군정청에서 일을 보고하고 나서 집으로 돌아가려고 거리로 나서자 고당이 그들이 나서는 것을 보고,

"여봐 박현숙 부당 밤두 깊었는데 혼자서 가두 괜디 않가서?"

그러자 박재창 부장이,

"제가 있디 않습네까!"

"허허허……."

"아무래두 깊은 밤에 젊은 남네가 나라니 가는 것이 좀 위험한데……."

"예에?"

"하디만 박선생이 안딕 체닌데 혼자 가랄 순 없디 않아요!"

"굉이 쥐생각하누만……. 핫핫하하 아닐세……."

박재창 부장은 고당이 진짜 어떻게 생각하고 있다는 것을 잘

알고 있었기 때문에 그냥 받아 넘길 수가 있었다. 박재창과 박현숙 두 사람은 캄캄한 밤거리에 나섰다. 보석을 찬란하게 펼쳐 놓은 듯한 밤 하늘에 큰 한숨을 던지고 어둠속으로 사라져 갔다.

그런데 신탁통치에 대한 조선민주당으로서는 공식적인 견해가 찬성이냐 반대냐의 태도를 밝히라는 최후의 통첩이 날라왔다. 그동안 홍기주 위원의 불참을 구실로 중앙위원회를 열 수 없고 공식적인 의결을 할 수가 없어 확답할 수 없다고 여러 차례 연기해 왔으나 이제는 더는 미룰 수 없게 되었다. 어찌할 수 없었다. 고당은 아무 견해도 밝힐 수 없다고, 즉 신탁을 반대한다는 의견을 넌지시 표명했다. 사실 조선민주당의 중앙위원 절대다수가 벌써부터 신탁통치를 반대하고 있던 것이었다.

마지막을 위한 준비

비밀편지 석장

훨씬 전의 일이었다. 고당 조만식이 맏아들 조연명에게 근간 틈이 나는대로 조선민주당 위원장실에 한번 들리라고 말한 적이 있었다. 그 며칠 후에 들렀더니,

"야, 연멩아 잘 왔다!"

"예에, 와 기리십네까?"

"오랫만에 우리 부자끼리 목간이나 갈까!"

"예에, 목간이요?"

"기동안 여러 가디루 분주하게 돌아가기두 했구 피곤하기두 했으니까니 시언하게 때두 밀구 푸구나!"

"기르디요 뭐. 내가 오랜만에 아바지 등두 밀어 디릴겝!"

고당과 맏아들 조연명은 조선민주당사 가까이에 있는 대중탕에 들어갔다. 목욕탕 주인은 느닷없이 조만식 부자가 목욕하려고 온 것이 이상하여,

“어드룹게 되시오? 조 선생님이 부재끼리 우리 목욕탕에 다 오시구!”

“어허 내가 오문 안되나?”

“기건 아니디만! 고당 선생님이 오시문 우리는 영광이디만요!”

두 부자는 옷을 벗고 탕안으로 들어갔다. 별로 손님이 붐비지 않았다. 두 부자는 서둘러서 몸을 씻고 탈의실에 나가자 고당은 아들 연명이를 한 구석으로 데리고 가더니 저고리 안주머니에서 한지에 붓으로 쓴 편지 석 장을 꺼내 주위를 한번 둘러보고 별로 자기네를 눈여겨 보는 사람이 없다는 것을 확인이나 하듯 하고는 연명을 바짝 자기 옆으로 끌어 당기고 소리를 낮추어서,

“이거이 폐지가 석 당인데 한 당은 니승만 박사 한 당은 김구 주석 그리고 또 한 당은 미주둔군사령관 하지 둥장에게 갖다 드려라! 기리구 넌 이 피양에 다시는 돌아올 생각은 말아라!”

“아바진 기럼!”

“너만 살아 있으문 된다!”

고당은 한동안 비감한 느낌에 잠겼다가 곧 다시 냉철한 모습으로 돌아가서,

“내 걱정은 말아라! 기리구 벨 용건이 없이는 서울 정계인사

덜을 찾아 댕기디 말라! 꼭 내 말을 디케라!"

고당은 아들 조연명이 자기 조만식의 이름을 들먹이면서 어떤 이권이나 쫓아다닐 그런 호래자식은 아니라고 믿고는 있지만 사람이란 궁해지면 무슨 짓을 할런지도 모르기 때문에 그런 경우를 미리 경계시켰던 것이다. 조연명도 그런 아버지의 염려를 짐작 못하는 바도 아니고 또 결코 그럴 일은 없으리라고 장담은 하고 있지만 사람이란 모르는 일이다. 정말 궁해지면 자기도 그런 유혹에 빠질런지도 모를 일 아닌가! 하여튼 아버지 조만식이 중앙 정계의 인사들에게 조금이라도 폐를 끼치게 하지 않으려는 그 신실된 인격에 조금이라도 흠집이 생기는 행동은 절대 삼가야겠다고 굳게 다짐하였다.

그날 저녁 조연명은 어머니 전선애 여사에게,

"어머니! 난 전에 어머님께 말씀 드렸듯이 내일 서울 가갔습네다!"

전선애도 이미 짐작은 하고 있었기 때문에 별로 놀란 빛도 없이,

"으응 그거이 돟갔디! 자네래두 서울가서 여러 어른들에게 지도를 받아야 하디 않가서! 하여튼 몸 조심하구."

"예에. 기럼 낼 새박에 떠나야 할테니 다신 봅디 못하가시오!"

"다시 말하는데 조심해서 가두룩하게."

조연명의 아슬아슬한 탈출

조연명은 그 이튿날 새벽에 일찍 일어나서 변장을 하고 소련군처럼 긴 장화를 신고 일본군의 털외투를 입고 또 검은 안경까지 끼었다. 용의주도하게 만일의 경우 붙들리면 소련군에게 뇌물로 줄 붉은 소련 군표와 시계도 준비해 가지고 집 뒤에 미리 숨겨 두었던 지프차를 탔다. 새벽이라 아직 캄캄한 밤중이었다. 조연명은 비서실의 한 사람을 데리고 평양시를 빠져 나갔다.

대동강은 꽁꽁 얼어 붙어 있었다. 강가에 차를 버리고 두 사람은 대동강 빙판위를 미끌어지며 한 발짝 한 발짝 떼어 놓아 간신히 강을 건널 수 있었다. 날이 훤히 밝았다. 두 사람은 우선 춥고 배가 고파서 가까이에 있는 민가의 문을 두드렸다. 밥을 얻어 먹기 위해서였다. 마침 조선민주당 당원의 집으로 조연명의 얼굴을 알고 있어서 친절하게 맞아 주고 새로 뜨끈뜨끈한 밥을 지어 주어서 배를 채울 수 있었다.

"헌데 피양에선 얼마나 떨어데 있디요?"

"모릅네까? 여기는 피양에서 20리밖에 안 떨어데 있어요!"

"예에?"

지금껏 밤새 헤매고 왔는데도 겨우 20리정도 밖에 못 왔다고 듣자 동반하는 비서실의 젊은 친구는 무척 초조한 모양이었다. 위원장의 맏아들인 조연명을 무사히 서울까지 데려다 주는 것이 존경하는 고당 조만식 선생에 대한 자기의 충성심이라고 굳게 믿고 있었기 때문이었다. 비서실의 지고한 임무인 것처럼.

"조 형. 이러다간 어느 세월에 해주에 가가시오? 벨 수 없이 큰 길루 나갑세다!"

"기리야 갔는데!"

"잘 먹고 잘 쉬구 갑네다! 기럼 우린 떠나가시오!"

"조심해서들 가시라요!"

그들은 대담하게 큰 길로 나섰다. 부릉부릉하는 트럭엔진소리가 뒤에서 들려왔다. 얼핏보니까 해주 번호판이 붙어 있었다. 틀림없이 해주 보안서에서 평양본부에 출장왔다가 돌아가는 차임에 틀림없었다. 에라 이판사판이다 라고 생각했는지 비서실의 동반자가 손을 버쩍 들었다. 트럭은 멎었다. 어리둥절한 운전자 옆에 다가서서,

"동무 수구하십네다. 나는 피양 당시 우 동디의 명령으로 해주까디 가야 하는데 이렇게 걸어가다가는 부디 하세월이니 미안하디만 좀 태와줄 수 없가시오?"

트럭 앞좌석 운전자 옆에 앉아 있던 보안서원인 듯한 사람이 벌떡 일어서서,

"기렇습네까!"

하면서 거수경례를 하더니 조연명으로 하여금 자기가 앉아 있던 자리를 양보하고 자기는 뒤에 짐칸으로 가는 것이었다. 트럭은 조선공산당 해주당부 앞에서 멎었다. 그들도 트럭에서 내려서 건물안으로 들어가는 척했다. 트럭은 부릉부릉하고 엔진소

리도 요란하게 떠나 버렸다. 그들은 재빨리 도로로 나와 이번에는 조선민주당 해주당부로 들어갔다. 해주당부에서는 갑자기 조만식 당수의 아들인 조연명이 나타나자 해주당부의 책임자는 놀랬으나 곧 짐작이 가서 소련말에 능숙한 통역관을 불러 지름길로 38선을 건네 주어 곧 청단靑丹에 도착할 수 있었다.

청단에서 서울로 가는 길에 전에 평양에서 아버지와 함께 대중목욕탕에 들어갔을 때 아버지 조만식의 그 여윈 어깨를 보자 설음이 복바쳐 올라 본의 아니게 흐느낌을 토하자,

'야! 엔멩아 울긴! 사내대장부가!'

하던 아버지 고당의 인자한 목소리가 자꾸만 생각이 나서 저절로 눈시울이 뜨거워지는 것을 막을 길이 없었다.

깊고 험한 굴속

연금에서 감금으로

그날 밤 따라 고당은 홀로 소파에 앉아 무언가를 생각하고 있는지 명상 속에 잠겨 있는 듯한 모습이었다. 이상하였다. 조선민주당의 청소년부장이면서 비서인 박재창은 고당의 그 모습을 그냥 쳐다보고만 있었다. 그렇다고 별로 말을 거는 것을 거부하는 것도 아닌데 어쩐지 말을 걸 수가 없으리 만치 고당의 얼굴은 엄숙하기보다는 그 고요한 명상은 번접할 수 없을 것 같은 조용함이었다.

박재창은 고당의 그 명상을 아니 명상이 아닐런지는 모르지만 어딘가 말을 걸을 만큼의 틈새가 나기만을 기다리고 있었다. 이윽고 목이 마른지 물컵을 찾는 듯 하였다. 박재창은 그 순간을 놓치지 않았다. 그동안 가지고 있었던 의문을 던졌다.

"저어 선생님! 저번에 특사가 다녀갔는데 그 왕장군이란 분은 도대체 누굽니까?

"허허허. 그것이 그룹게 궁굼했던 모양이디!"

"예에, 선생님이 말씀해 주시디 않으까니!"

"응. 와 최용건이 있디 않아!"

"……."

"그 최용건이하구 <오산학교>에서 함께 나한테 배운 학생인데 본 이름은 김홍일金弘壹이라구 둥국군의 소장이 있어. 그 사람 둥국이름이 왕웅王雄으루 통하는데 상해 <임시정부> 사람이라구 다 믿디 말구 잘 살펴서 접촉하라는 거야!"

"와요?"

"사상덕으루 다른 사람이 끼어 있다는 거야!"

사실 그러했다. 김홍일과 최용건만하더라도 같은 <오산학교>에 다녔지만 남강 이승훈이 세운 민족사상의 요람인 교육기관에서 같은 기독교 신자이며 교육자인 고당 조만식의 훈도를 받았지만 뚜렷이 정반대의 사상을 가지고 있지 않은가! 김홍일은 유심론적인 자유민주주의적인 민족주의자이고 최용건은 유물론적인 사회주의를 신봉하게 되지 않는가! 하긴 최용건은 <오산학교>에 다닐때부터 빨간 물이 들기 시작했던 것이다. 동급생이었던 김준상金浚相이란 사람은 소련군이 북조선에 진주한 뒤에 자기는 학생시절 때부터 사회주의자였다고 내세울 정도였으니까!

김홍일은 정상적인 가정에서 순수한 교육과정을 거치면서 고르게 성장했으며 더욱이 평안남북도에는 일찍부터 기독교가 전파되어 기독교적인 박애사상이 퍼졌고 민족주의가 일종의 정상적인 교양인의 요건처럼 인격형성의 바탕이 되고 있었던 것이다. 반면에 최용건은 세파에 씻기면서 조숙하게 자란 탓으로 유럽에서 새로이 일어나고 있는 투쟁적인 이론인 유물론적 변증법에 의한 맑스주의에 심취하였을 것으로 생각된다. 사실 유물론적 변증법에 의하면 역사적인 필연성으로 사회주의 사회에 도달할 것이 틀림없다는 것이다.

봉건주의 사회는 근대의 부르주아지 곧 자본주의로 발전하게 되었으며 그것은 또 노동계급의 독재적인 정치형태인 사회주의에로 발전하는 것인데 정 · 반 · 합의 이론적 전개라는 것을 헤겔이라는 철학자의 유심론적 변증법에서 체계화한 것을 마르크스, 엥겔스가 유물론적으로 인용한 사상으로 전 유럽을 강타하였다.

러시아의 레닌이 그 이론에 입각하여 제1차 세계대전을 겪은 통치하의 러시아 인민을 선동하여 대지주들의 착취에 시달리고 있던 러시아 인민들을 궐기시켜 마침내 러시아에 공산혁명을 일으켰던 것이다. 그러나 정작 그 이론의 시조인 마르크스는 그 상황을 보고 오히려 한탄했다는 것이다. 자기가 생각했던 사실과는 거리가 너무나 멀었기 때문이었다.

오산에 있어서도 1919년의 3·1독립만세 운동 당시에도 그 사회주의 사상이 설치고 있었으나 종교적인 입김이 너무 강해 비집고 들어 올 틈새가 없었다. 남강과 고당도 그런 새 사상에 현혹된 학생들의 행동에 신경을 약간 썼던 것이다. 최용건이 그런 부류의 학생이었다. 그래서 결국 졸업은 못했던 것이다.

해방 뒤에 있어서도 김홍일은 중국에 남아서 조선동포들을 어떻게 해서든지 한 사람이라도 더 많이 무사히 본국으로 돌려보내느냐를 걱정하는 일에 진력하게 만들었고, 따라서 일제때에 만주라고 불리던 중국의 동삼성에 달려가서 눈코 뜰 사이 없이 뛰었고, 그 반면에 최용건은 한시라도 빨리 북조선에 들어가서 인민을 적화시키는 일을 서둘게 했다. 인생과 사회에 대한 자세가 완전히 달랐던 것이다.

그런데 고당 조만식은 아직 공산주의자들의 그 마캬베리주의적인 목적을 달성하기 위해서는 수단방법을 가리지 않는다는 철칙을 모르고 있었는지 모른다. 최용건이 아직 학창시절의 순수했던 감정을 그대로 지니고 있다고 생각하고 있었던 것인지 모른다.

그 김홍일은 <오산학교>를 나오자마자 설립자 남강의 지시에 따라 황해도의 어느 사립보통학교 교사로 근무하였다. 남강은 <오산학교> 출신들로 하여금 장차 조선의 독립을 완수할 역군을 키우는데 힘쓰라고 종용했던 것이다. 그는 남강의 지시에 충실하였다. 그 뒤 아무래도 젊은 혈기로 더 격렬하게 일본과 싸워야겠다고 결심하고 중국으로 망명했다. 그래서 한때는 만주와 시베리아에서 일본군과 무장 투쟁을 전개한 적도 있었다.

그러다가 상해로 가서 마침내는 <대한민국임시정부>의 김구 주석의 부탁으로 이봉창李奉昌, 윤봉길 의사에게 수류탄을 만들어 주어 도쿄에 가서 일본천황을 저격한 일과 상해의 홍구공원에서 일본의 이른바 천황의 생신일인 천장절天長節을 축하하기 위해 모였던 많은 일본의 고급 장성과 고관들을 살상하는데 큰 보탬을 주었다.

그 일이 있은 뒤로 그동안 중국의 인민들에게 의혹의 눈을 비치던 <임시정부>의 김구 주석의 입지가 활짝 펴서 중국의 장개석蔣介石 총통을 비롯해서 중국 국민당의 고위간부들이 김구 주석을 만보산사건 이후 <대한민국임시정부>를 귀찮은 혹으로 보던 것이 외경의 눈으로 보게 되고 중국정부로 하여금 <대한민국임시정부>에 대해 원조를 아끼지 않도록 만드는데 일조를 했다는 것은 모두 아는 바이다. 그 김홍일을 손때 먹여 가르친 이가 바로 고당 조만식이었다. 그러니까 김홍일이 은사에게 정성을 다할 것은 정한 이치가 아니겠는가!

박재창이 새삼 고당에 대해 존경심을 더 북돋우었다. 그러면서 시간은 자꾸만 살얼음판으로 미끄러져 가고 있었다. 그 즈음에 소련군정청에서는 조선민주당 위원장인 조만식에 대해 특단의 조치를 취할 수밖에 없다는 결론을 내리고 있었다. 이제는 외부와의 접촉도 일체 금한다는 것이었다. 연금이 아니라 감금으로 말이다. 그럴 즈음에 서울에서는 고당 선생이 가르친 제자들이 중대 결심을 하고 있었다.

연금이라고는 하나 고려호텔에 있어서의 그 수많은 시간의 여백들은 고당에게 있어서는 너무나도 지루하였다. 주체할 수가 없었다. 그럴 때 수양이 덜 된 사람들에겐 으레 잡념이 일어나는 법이다. 하지만 일생동안을 오로지 민족과 기독교신앙에 철저했던 고당 조만식에게 있어서 그런 잡념이 일어날 여지는 전혀 없었던 것이다. 하지만 그런 때를 사탄은 놓치지 않았다. 아주 교묘하게 아주 부드럽게 고당의 아직도 뜨거운 정욕을 칭칭 휘감는 것이었다. 시간이 너무 남아 돌아가는 것이 탈이었다. 옛날 성현의 가르침에도 덜 된 사람이 너무 한가하면 망상이 생긴다고 가르치지 않았던가!

그것은 깊은 산속이었다. 골짜기에는 맑고 시원한 물이 흐르고 있었다. 무더운 여름의 한가운데였는데 산새들이 조잘대고 있었다. 고당은 너무 더워서 홀랑 벗고 여울에 몸을 담갔다. 배어 나오던 땀이 다시 땀구멍으로 스며들어 너무나 시원하였다. 그는 눈을 지그시 감고 그 옛날 주색잡기에 빠졌을 때에 즐겨 부르던 수심가를 흥얼거리기 시작했다.

노자 노자 젊어서 노자 늙어지면 못노나니……

그런데 갑자기 젊은 여자의 깔깔대는 웃음소리가 노래를 가로 막는 것이었다. 눈을 뜨고 문득 보니 예쁜 처자가 실오라기 하나 걸치지 않고 다가오고 있었다. 뚫어져라 자기를 지켜 보고 있는 그녀의 눈가에는 매혹적인 관능이 넘쳐 흐르고 있었다. 고당은 그 여자의 얼굴을 힐끗 쳐다 보았다. 깜짝 놀랐다. 아주 많이 눈에 익은 얼굴이었다. 젊었을 때 자기가 어떤 요릿집에서 만나 밤새 술을 마셨으며 그녀의 방으로 가서 하룻밤 잠자리를 같이 했던 바로 그 아가씨였다.

고당은 아직 젊은 혈기의 팔팔한 젊은이였다. 불끈 발기하는 남성을 어쩌지 못할 정도로 욕정의 불길이 솟구쳤다. 자신도 모르게 사타구니를 두 손으로 감쌌다. 그리고 고당은 그 처자를 덥썩 안았다. 더 참을 수 없을 정도로 속으로부터 뜨거운 불길이 솟구쳐 올랐다. 그 처자를 반듯이 눕혔다. 풍만한 육체였다. 숨이 턱까지 찼다. 자기도 모르게 가쁜 숨을 헉헉거렸다. 그 찰나에 고당은 중늙은이로 돌아왔다. 전선애의 얼굴이 확대되어 앞을 가로막았다. 자칫 잘못하면 간음의 계명을 범할 뻔 했다. 아찔했다. 온 몸에 소름이 끼쳤다. 아직도 본능의 불길이 완전히 사그러지지 않은 불씨로 저 의식의 밑바닥에서 부글대고 있었다. 정말 무서운 노릇이었다.

한편 그 인간적 욕정의 시험을 물리칠 수 있었다는 자기 신앙의 깊음에 만족과 안도의 숨을 내쉴 수 있었다. 어째서 그런 망상에 사로 잡혀 있었는지 모른다. 사실 고당은 고려호텔에 연금되기 시작한 다음부터 아내 전선애에 대한 인간적인 욕정마저도 이미 사라져 버렸던 것이다.

그것은 꿈이었는지 모른다. 시대도 뒤섞이고 사리도 엉망으로 이것저것 겹치기도 하고 현실과 망상이 서로 오락가락하기도 하고 하여튼 망상의 세계인 것만은 틀림없었다. 그러나 그런 망상에 사로잡혀 있었다는 것은 아무래도 곧고 올바른 정신상태가 아니었기 때문에 나타났던 심리현상이었던 것만은 사실이었을 것이다. 고당은 창조주 하느님 앞에 무릎을 꿇고 손을 모았다.

"하느님 용서해 주시옵소서. 아직도 세상의 잡스런 망상에서 완전히 빠져나지를 못한 것 같습니다. 주 성신께서 그 끈질긴 사탄의 유혹을 물리쳐 주옵소서. 아직도 망설이는 이 죄인의 가슴에 남아 있는 한가닥 세상적인 욕망을 깨끗이 앗아가 주옵소서. 우리를 무서운 악의 구렁텅이 속에서 건져 내 주신 주예수 그리스도의 이름으로 비옵니다. 아멘!"

몰래 모세와야디

나병덕 · 김세준 · 김만형 · 김승제 네 젊은이는 심각했다. 서울의 정계가 너무나 혼탁스럽고 도저히 헤어날 가망이 없었던 것이다. 그래도 해방된 조국을 새롭게 건설하는데 있어서 무언가 좀 희망을 가져야 할 건덕지가 있어야 할 터인데 속된 말로 싹수가 노랬다. 뭐 하나 내세울 것이 없었던 것이다. 그런가 하면 평양에서는 곧곧하기로 이름난 고당 조만식을 고려호텔에 가두었다는 소식이 서울에까지 올라왔던 것이다. 그래서 모두의 얼굴이 침울하리만큼 심각했던 것이다.

더욱이 나병덕羅炳德은 그러했다. 그는 한때 정주의 <오산학교>를 다니다가 3·1독립만세 사건에 뛰어 들어 열렬히 시위운동을 벌이다가 결국 퇴학을 맞고 마침 고당이 창립한 숭인상업학교에 전학하여 직접 고당의 훈도를 받았기 때문에 더욱이 복잡한 심정이었다. 그래서 친구인 김세준·김만형·김승제 등을 불러 모아 여러 가지 문제를 의논하려고 했던 것이다. 한동안 정국문제에 대해 난상토론을 한 뒤 나병덕이,

"아무래두 지금 서울 정국 돌아가는 거이 울화통이 터데서 못 보가서! 너네덜은 어드래?"

그러자 그런 말이 나오기를 기다렸다는 듯이 김세준이 재빨리,

"우리두 너와 마찬가디야! 그래서 어드릏가문 돟을디 걱정하드랬어!"

역시 다들 생각이 같았었다는 것을 알자 나병덕이 자기가 평소에 생각하고 있던 바를 털어 놓을 게재가 되었다고 알게 되어,

"기래서 말인데 이때 고당 선생만 계시문 모든 거이 해결될 것 같은데 너네덜은 어드릏게 생각하네?"

모두 자기와 같은 생각을 가지고 있다는 것이 확인되자 나병덕은,

"고롬 우리 이릏게 하는 거이 어드릏가서?"

"어드릏게?"

"또 지금 딜레 오는 말에 고당 선생이 빨갱이덜 한테 잽혀

있는 모양인데 우리 좀 위태롭긴 하디만 아예 피양에 가서 고당 선생을 빼내오두룩 말이야!"

"기게 쉽게 되가서?"

"물론 쉽딘 않갔디! 허디만 우린 아딕 젊으니끼니 한번 해볼만 하디 않가서?"

"고롬 우린 어드룽가문 돟가서?"

"내래 며칠 전부텀 생각을 해 봤는데……. 선생님을 모시고 딘남포루 가문 위험할테니 우선 한턴항으로 모시구 가서 거기서 바루 인천항으루 오문 될거야! 거긴 지금 왜정때 해안경비대 자리를 김영기金永基 씨라는 분이 관리하구 있는데 그 분은 내래 좀 알구 있거덩. 그 분은 의리 있는 분이니끼니 잘 부탁하문 도와 줄거야!"

"고롬 우린 어드룽가문 돟가서?"

"응 만행이하구 승제는 한턴 앞바다에서 배를 가디구 기대리구 있다가 우리레 조 선생님을 모시구 오자마자 그대루 떠나두룩 해줘!"

"기룽가디!"

그리하여 나병덕은 김세준과 함께 그날 저녁으로 서울을 떠나 38선을 넘어 평양으로 숨어 들었다. 그때까지는 38선도 그렇게 경계가 심하지는 않았다.

고려호텔도 그날 밤에는 경계를 엄중하게 하고 있지는 않고 있었다. 창문으로 몰래 들여다 보니까 비서인 박재창이 의자에 앉아서 무슨 책을 읽고 있었다. 고당 선생은 침대에 누워 계시고 비서인 박재창은 나병덕과 숭인상업학교의 동기동창으로 절친한 사이이기도 하였다. 잘됐다 싶어 나병덕은 창문을 열고 방안으로 뛰어 들려고 하였다.

그순간 생각이 미치는 것이 있었다. 고당 선생을 서울로 모셔 가는데 있어서의 구체적인 명분을 준비해 가지고 오지 못했던 것이다. 나병덕은 주춤하였다. 김세준과 이슥한 구석에서 의논한 끝에 김병연 씨를 우선 찾아가서 고당 선생이 상경하도록 설득해 줄 것을 부탁하기로 하였다.

김병연은 고당이 운영하고 있던 여러 사회적인 기관과 단체의 모든 것에 항상 같이 돕고 있었으며 더욱이 건국준비위원회로부터 평남인민정치위원회 등 주요 정치기관에도 마치 고당의 그림자처럼 따라 다니던 사람이고 고당이 가장 믿는 동지였기 때문에 고당을 움직이는 데 있어서는 가장 적합한 인물로 생각해서 그 김병연을 찾아가기로 했다. 서울에 있을 나병덕 등이 깊은 밤에 느닷없이 들이닥치자,

"아니? 군들이 웬일이오?"

김병연은 깜짝 놀랐던 것이다. 한참 서울의 정계에서 이리 뛰고 저리 뛰고 할 사람들이 말이다. 어리둥절 할 수밖에.

"예에 기렇게 됐습네다. 서울 가서 한동안 정계지드자 여러 분을 쫓아 댕겠디만 역시 고당 선생님 같은 분이 계시야만 둥앙 정계두 수습이 되구 가닥이 잽힐 것 같애서 실은 고당 선생님을

모세 갈라구 왔습네다. 더욱이 들리는 말루는 고당 선생님두 세괴디 돟디 않다구 해서…….”

“뭐이 고당 선생님을?”

“예에.”

이번엔 김세춘이 앞으로 다가 앉으며 간절히 호소했다.

“고당 선생님이 아니구서는 둥앙정게를 바루 잡아갈 분이 계시디 않거시오!”

“…….”

“기래서 말인데……. 김선생님이 고당 선생님을 잘 설득해서 어드룧게 서울에 가시두룩 좀 힘써 주세야 가시오!”

“으… ㅁ.”

김병연은 잠깐 생각하였다. 그러나 곧,

“기룧게 하디! 고당 선생은 이 이북사람들을 기냥 냇버레두구 자기만 살갔다구 피양을 떠날 생각은 없다구는 말씀하시디만 자네덜이 사선을 넘구 서울에서 이 피양까디 다시 왔으니까니 내가 자네덜의 기 성의를 봐서락두 선생님께 한번 더 말씀을 딜에 보두룩 하디!”

“고맙습네다. 고맙습네다!”

두 청년은 마치 자기네가 뜻한 바가 다 이루어진 것처럼 몇 번씩이고 고개를 숙여 절을 한 뒤 그 이튿날 김병연과 고려호텔에서 만날 시간 약속을 하고 자기네가 묵고 있는 여관으로 돌아갔다. 헌데 김병연이 그 이튿날 아침 그런 사유를 고당에게 말하니까 고당은 진지하게 서울 갈 것을 생각해 보겠는데 5일간의 시간적 말미를 달라고 해서 나병덕과 김세준은 5일간을 또 기다려야 했다. 그런데 일은 참 묘해지고 있었다.

발 없는 말이 천리를 간다는 속담처럼 평양시민 중 고당을 아끼는 대다수가 그러기를 바랐는지는 모르지만 서울에서 고당 선생을 모시러 비밀특사가 왔다는 소문이 쫙 퍼졌기 때문에 나병덕 등 두 사람은 더 깊숙이 숨어야 했던 것이다. 그런데 측근인 김병연과 비서인 박재창이 그렇게도 강권했음에도 불구하고 고당의 결심, 평양을 떠나지 않겠다는 생각은 조금도 흔들리지 않았다. 그러면서,

"저네들이 아직은 내게 대해서 말을 안듣는다던가 하는 일은 없네! 국민들이 활동하는데 있어서 좌우 양측이 다소 충돌하는 일은 있갔디. 그룷디만 내가 여기 있는 한 크게 나빠디디는 않을거야!"

그러면서 자기 신변에 대해서는,

"내가 <오산학교>에서 가르톘던 사람이 내 밑에 있으니까 그 최용건이 말야. 그 사람이 소련군과 함께 인민군으로 들어와 있구 그 사람이 아딕두 학생때처럼 가끔 찾아오군 하니 무슨 불리한 일이 생기문 그 사람을 통해 수습할 수 있을 거야! 아마 당장 무슨 큰 일은 생기디 않을 거야! 걱정을 말라구!"

그리고 잠깐 무언가 생각을 하는 것 같더니,

"지금 둥앙엔 그러니까니 서울엔 너무 많은 인재덜이 모예

있는 것 같은데 디방 사람덜이 다 자기 디방을 버리구 서울에서만 활동하문 어드룹게 되디? 앞으로 독닙국가를 만들어서 운영해 나갈래문 디방에두 쓸만한 사람들이 있으야 되디 않가서? 이북두 마찬가디디!"

고당의 열변은 계속 되었다. 일정때 청년들을 앞에 놓고 열정적으로 설파하던 그 달변이 다시 되살아 난 것 같았다.

"서울두 내 나라구 이 피양두 역시 내 나라인데 거기나 여기나 모두 내 나라라는 걸 생각해서 열심히들 일을 해야디!" 하기까지 했다.

혹 떼러 갔다가 혹을 붙이고 온다는 속담격이었다. 오히려 설득을 당한 것이다. 그러자 나병덕은 빈 손으로 서울에 돌아와서 보니 한천항에서 고당을 모시고 오려고 기다리던 김만형과 김승제는 한 주일이나 거기서 기다리다가 아무 소식도 없으니까 역시 그냥 돌아왔다. 결국 고당을 서울로 모셔 오려던 책략은 수포로 돌아가고 말았다.

같이 가시디요

1946년 5월 어느날이었다. 고당의 세 번째 부인이지만 모든 면에 있어서 천정배필이었던 전선애 여사는 이날도 고려호텔에 연금되어 있는 아니 이제 외부 사람과의 면회를 거의 시키지 않는 감금 상태에 있는 남편 조만식을 만나기 위해서 그날은

1940년생으로 아직 여섯 살 밖에 안되는 넷째아들 연흥然興이와 그 밑으로 1942년생인 연수然守를 데리고 마냥 어두컴컴하고 무시무시한 산 길을 더듬어 간신히 고려호텔에 찾아가서 면회를 신청했다. 그날따라 별로 까다롭지 않게 선선히 만날 수 있었다. 고당은 아내가 어린 아들들을 데리고 온 것을 보자,

"아이구! 우리 아드님덜두 오셨군! 어디 한번 안아볼까!"

그러면서 여간 반가워 하질 않았다. 아무리 수양이 되어서 혼자 있는데 익숙해 졌다고는 하지만 역시 사람이 그리웠으며 더욱이 혈육인 자식들이 반갑지 않을 수가 없었다. 고당은 아이들과 한참 동안 정답게 놀다가 무슨 생각이 나서인지 갑자기,

"여보! 오랜만에 당신 피아노나 한 번 테줄 수 없소?"

"예?"

"피아노가 아마 아래층에 있을 것 같으니 미안하디만 같이 내레갑세다!"

부인 전선애는 남편 조만식이 왜 갑자기 피아노를 쳐달라고 청하는지 어안이 벙벙했으나 모처럼 남편의 청이고 보면 한편 반갑기도 했다. 사실 처녀 때에 피아노를 공부해 왔으나 결혼한 뒤 좀체로 피아노를 칠 여유도 없었고 이제 피다노 치는 것을 잊을 만한 때도 되었던 것이다. 전선애는 건반에 손을 올려 놓았다. 남편 조만식이 즐겨 부르는 찬송가 545장을 치기 시작했다.

하늘 가는 밝은 길이 내 앞에 있으니
슬픈 일을 많이 보고 늘 고생하여도
하늘 영광 밝음이 어둔 그늘 헤치니
예수 공로 의지하여 항상 빛을 보도다.

고당은 오랜만에 듣는 아내의 여전한 솜씨에 감탄하면서 자기도 모르게 입안에서 그 찬송가를 읊조리고 있는 자신을 발견하였던 것이다. 피아노의 건반에서는 멜로디가 계속 흘러 나왔다. 2절이다.

내가 걱정 하는 일이 세상에 많은 중
속에 근심 밖에 걱정 늘 시험하여도
예수 보배로운 피 모든 것을 이기니
예수 공로 의지하여 항상 이기리로다.

부인 전선애는 잠깐 힐끗 남편을 쳐다 보는 듯하더니 건반의 손을 멈추고 가느다랗게 흐느끼자 양쪽 팔에 두 아이를 껴안고 있던 고당이,

"아이덜 앞에서 거 무슨……. 어서 울음을 그티디 못하갔소?"

전선애도 들먹거리던 어깨를 간신히 가라 앉히고 다음 장으로 계속 이어갔다.

내가 천성 바라보고 가까이 왔으니
아버지의 영광 집에 가 쉴 맘 있도다
나는 부족하여도 영접하실 터이니
영광나라 계신 임금 우리구주 예수라.

남편 고당이 그동안 감금상태에서였는지 모르지만 무척 여위어서 보기가 안쓰러웠다. 아무래도 몸을 추스리도록 해드려야겠다고 걱정하면서 강서집으로 돌아와서 다음에 면회 갈 때에는 꼭 닭을 한마리 고아서 가져와야겠다고 단단히 마음 먹고 있었다. 며칠 뒤였다. 모처럼 씨암탉을 잡아서 푹 고았다. 인삼도 몇 뿌리 넣었다. 삼계탕을 끓인 셈이었다. 그리고 이번에는 설득을 해서 이남으로 같이 가자고 할 판이었다.

모처럼 닭을 고아서

"여보 연멩이두 서울 가서 잘 있는 모양이니 당신두 이 참에 여길 빠데나가 연홍이와 연수를 대리구 서울루 갑세다!"

그러자 고당은 깜짝 놀래면서,

"아니 와 기런 뚱단디 같은 소릴 합네까? 뭐? 내가 서울루? 거 무슨 당티 않는 소리요? 기럼 이 북조선에 남아 있는 사람덜은 다 어둥가라구!"

"아니 당신이 모주리 기 사람들을 책임디구 있나요?"

“기야 기렇던 않디만! 난두 기 사람덜이 겪구 있는 아픔이락두 같이 해야디. 기렇디 않가서? 내가 십자가를 디야디! 골고다의 예수님터럼!”

전선애는 그러한 고당의 숭고한 동포에 대한 동족애와 희생정신에 감격하면서도 역시 인간적인 정에 이끌리어 설혹 너무나 세속적이라고 생각은 하고 있지만 또 그것이 마귀의 속삭임과 시험인 줄을 알면서도 남편을 그냥 붙들고만 싶었던 것이다. 그토록 고당을 너무나 사랑하고 있기도 하였다. 고당의 서울행으로 결심을 바꾸는 데에는 마지막 기회라고 여겨지기도 했다.

“기룷디만…….”

고당의 결심은 단호했다.

“아니요!”

갑자기 전선애는 고당이 자기와 밤마다 살을 섞으며 정답게 지내던 남편이 아니고 완전히 다른 우주에서 온 큰 나무처럼 올려다 보였다. 높은 준령이 가로 막아서는 것 같았다. 피가 돌구 있는 사람이 아니라 다른 세상에서 온 침범할 수 없는 거인처럼.

“참 선영이두 이제 초등학교 3학년이 됐구 또 연흥이와 연수두 곧 학교에 딜어가야 하니까니 피양에선 청맹간일 만들게 뻔하니까 당신이 같이 대리구 서울에 가두룩 하오! 그리디 않아두 당신이 오문 말 할라구 기리던 참이었소!”

“아닙네다. 당신이 고려호텔에 갇혀 있는 한 난두 그냥 여기

있가시오!"

아내 전선애의 각오도 단단했다. 그러면 혹시 남편이 생각을 바꿀지 모르겠다는 요행수도 바랐던 것이다. 그러나 이제는 오히려 고당이 아내 전선애를 설득해야 할 판이었다.

"그럼 아이덜을 청맹간이루 만들 작덩이오?"

고당은 일부러 화를 내는 척까지 해야 했던 것이다.

"아뭇소리 말구 내일 당장 떠나요! 그래야 이 조만식의 부인이지!"

말투가 아주 엄격했다. 서슬이 퍼랬다. 그러자 고아온 닭이 생각났다.

"아참 닭을 고아왔는데 인삼을 넣었서요. 전번에 보니까 당신 너무 여위셨던데요!"

보자기를 풀어서 고아온 닭을 풀어놓았다.

"으응 그래 그름 그건 먹디!"

남편이 닭한마리를 다 뜯어먹는 것을 보고 전선애는 하는 수 없이 집으로 돌아가지 않을 수 없었다. 그날 밤 남편 고당을 호텔방에 남겨 두고 집으로 돌아가는 길은 예전과 달리 발이 몹시 을씨년스러웠다. 강서집으로 가려고 서두르기는 했으나 그날따라 발길이 떨어지지를 않았던 것이다. 예전에는 옆을 스치고 지날때마다 나뭇가지가 어떤 괴물처럼 무시무시하더니 그날 저녁에는 도무지 무서움도 느끼지 않고 언제 또 이 고개를 넘게 되려니 생각하자 가슴이 미어 오는 것 같았다. 하지만 그 뒤로도 몇 번 면회를 갔었다. 별로 아무런 일도 없었다. 1946년도 저물었다.

1947년 2월 중순이었다. 그날에는 마음먹고 닭을 한 마리 또 고아서 전선애는 설레는 마음과 서울로 떠나겠다고 결심을 굳혔기 때문에 남편 고당을 마지막으로 만나게 된다는 흥분된 가슴을 안고 고려호텔 문 앞에 다가갔다.

"뭐요? 뭐요?"

그날따라 인민군 경비병들이 삼엄하게 호텔문을 가로 막고 있었다. 전선애는 이상하다고 생각하면서도 태연히,

"고당 선생님 면회왔는데요! 내가 부인입네다."

경비병은 전과는 달리 무뚝뚝하게,

"오늘은 안되오."

"와요?"

"오늘은 3・1절 행사준비루 바쁘오. 3・1절이 끝난 뒤에 다시 오시오."

그 며칠 뒤에 고려호텔로 면회를 갔으나 고당 조만식은 그곳에 없다고 딱 잘라 말하자 부인 전선애는 하는 수없이 발길을 돌려야 했다. 나중에 알고 보니 옆에서 심부름 하던 둘째 아들 연창이와 사위 강의홍도 함께 행방불명이 되었던 것이다. 물론 이때에는 비서였던 박재창은 고당의 지시로 이미 월남한 뒤였다. 그것이 고당 조만식의 마지막 소식이 되었다.

그 뒤의 고당네 식구

통행증이 발급되기 전에

1948년 가을. 평안도의 가을은 서울보다 일찍 찾아온다. 높은 산마루턱으로부터 기슭으로 그 붉은 치맛자락을 펴 내리기 시작하고 마침내는 들판을 휩쓰는 것이 마치 차가운 하늬바람이 몰아치는 것과 같았다. 그럴라치면 벌써 나무들은 붉은 옷을 갈아 입고 입새들이 떨어져 오들오들 떨게 마련이다. 그런 어느날 남편 고당으로부터 두발을 잘라 넣은 누런 봉투를 받아 가지고 전선애는 조만식의 당부대로 아이들을 데리고 고향집을 떠나 월남하려고 서울길에 올랐던 것이다.

물론 고당의 옆에서 그림자처럼 지키고 있던 비서 박재창이 고당의 비밀스런 명령으로 이미 평양을 떠나 서울로 간지 1년도 훨씬 더 넘어서였다. 그가 월남한 것은 1947년 5월이었으니까! 그때는 고당 등이 이미 어디로 끌려 갔는지 소식이 묘연한 지 이미 2년이 지나고 가을도 깊어 곧 춥디 추운 평양의 겨울이 닥쳐오고 있었다.

서울에서는 섭씨로 영하 15도만 되어도 꽁꽁 얼어붙어 거리에는 두터운 외투를 입은 행인들도 드문드문한 그런 추위인데 평안도의 추위는 영하 섭씨 20도를 넘는 때가 수두룩한 그런 매서운 추위가 바로 코 앞에 다가오고 있는 그런 때였다.

이미 남한에 가있는 큰 딸 선부가 몇 차례 월남하라고 재촉한 바도 있지만 그래도 남편 조만식의 생사를 확인하고 또 어디로 끌려 갔는지나 알고 난 다음에 남하길을 떠나려고 했었으나 주변에서 조여드는 납덩어리 같은 숨막히는 압박에 더는 참을 수가 없기도 하고 남편 고당의 행방도 묘연하여 마침내 아이들을 이끌고 고향집을 떠났던 것이다.

그러나 그때에는 이른바 통행증이란 여행증명서가 곧 생긴다고 했다. 그것이 생기면 그것을 얻으려면 인민위원회의 승인을 받아야 하는데 고당의 가족에게 그런 면죄부 같은 여행증명서를 내줄 리는 결코 있을 수 없기에 그런 것이 발부되기 시작해 꼼짝달싹 할 수 없이 감옥과 꼭 같은 이북에 갇혀 있어야 하겠기 때문에 전선애는 월남길을 서둘렀던 것이다. 우선 그동안 늘 살펴서 도와 주고 있는 가까운 친척인 조연상曺然尙 청년을 찾아갔다.

"연상이, 우리가 아무래두 여길 떠나서 서울로 가야가서!"

조연상은 고당이 평양을 떠나 어디론지 끌려간 뒤에 자기네들을 돌봐 주고 사소한 일도 의논해 주던 믿을 만한 친척이었던 것이다.

"숙모님이 기리셔야 같다문 그래야디요! 여기 일은 걱정 마시구 떠나시고레!"

"선부네가 우릴 안내해서 38선을 넘겨줄 사람두 구해 주갔다구 하니까니 그 일두 잘 됐구 들리는 말에는 통행증인가 뭐인가가 진작 나온다구 하는데 기룹게 되문 떠나기두 어렵게 되갔으니까니 서둘러 떠나야하디 않갔네. 기롬 뒤를 잘 부탁하네!"

"걱정 마시라니까요!"

그리고 잠깐 무슨 생각을 하더니만,

"숙모님 뭘 닞엤버린건 없이요?"

"응 선생님이 쓰신 한시와 붓글씨두 몇당 네놨다. 기리문 됐디?"

"기건 우리집에 맡게 놓구 가시디요. 우리집 지붕에 감추면 깜쪽 같을 테니 념네 없을 거야요!"

"기렇게 하디 잘 간수하게."

"참 걱정두 팔재디!"

바로 그날 밤 야음을 틈타서 평양을 떠나 아들들과 딸을 데리고 전선애는 마침내 38선을 넘기로 했다.

1948년 11월 27일이었다. 전선애는 어린 세 자녀를 이끌고 남한 땅을 밟았으나 생계가 막연하였다. 하지만 무사히 그 얼어붙은 북쪽땅 질곡의 감옥 같은 곳을 벗어날 수 있는 것만도 고마워서 하느님께 우선 감사의 기도를 드렸다.

"자아 이제 38선을 넘었습니다! 여기가 바로 남한 땅입니다."

안내자도 기쁜 듯이 전선애에게 세 자녀의 손목을 잽혀 주면서 말하는 것이었다. 그녀는 그 말을 듣자마자 갑자기 온몸에서 기운이 쑥 빠져 나가는 듯 했다. 그러나 두 손이 저절로 모아졌고 다시 한 번 하느님께 감사의 기도를 드렸다.

"하느님 감사합니다! 비록 조 선생님을 북녘 땅에 내버려 두고 우리끼리 38선을 넘어 이남땅에 왔습니다만 그것이 당신이 바라던 바가 아닙네까! 오로지 당신님 하느님께서 그리고 우리 조 선생님께서 보호해 주셔서 이렇게 무사히 38선을 넘었습니다. 기뻐해 주소서! 예수 그리스도의 이름으로 기도드립니다. 아멘."

먼동이 희끄무레하게 트기 시작하였다. 곧 붉은 태양이 고개를 쑥 내밀기 시작할 것이다. 그러나 어쩐지 믿기지가 않았다.

"여보시오. 여기가 정말 남한입니까?"

"예에!"

안내자는 잠시 전선애가 왜 그런 말을 묻는지 그 뜻을 몰라 어리둥절했다가 그녀가 감격한 나머지 기쁨을 주체하지 못하고 월남한 사실을 확인하려고 하고 있다고 깨달았는지,

"그럼요! 여기가 분명히 남한 땅입네다. 더기 덩거당이 있디

않습네까! 가서 차표를 끊구 타시면 알디 않가시오!"

전선애는 아이들을 데리고 기차에 올라탔다. 눈은 떴지만 기지개를 키면서 낯설은 손님을 맞이한 시골 정거장 건물은 서울행 기차가 아직 어리둥절한 그녀들을 실었다. 기차가 떠나기 시작하자 그녀는 새삼 남한임을 실감했다.

평양에서 둘째 딸 선희네 집에서 닷새를 묵으며 이미 서울에 가 있는 큰딸 선부가 보내준 안내자를 맞아 아이들에게 누가 묻거든 해주에 있는 친척네 집에 혼인이 있어서 거기 간다구 대답하라고 신신당부했지만 도중에 별로 심문을 당하지 않고 무사히 38선을 넘을 수 있었던 것이다. 그래서 집을 떠날 때에 신분이 드러날 만한 것은 모두 버리고 그저 약간의 돈이 될만한 것만 챙겨가지고 길을 떠났던 것이다.

헌데 생각보다는 넘기가 쉽다고 정작 근심한 것보다 쉽게 정말 쉽게 38선을 넘을 수 있었던 것이다. 그것이 큰 딸 선부가 보내준 안내자 때문이었다는 것은 두말 할 것도 없다. 그 안내자는 큰딸 선부와 정세열 등 네 아들과 인덕 등 두 딸 그리고 고당의 여동생들을 평양에서 38선을 넘겨준 말하자면 안내의 프로였던 것이다.

이번엔 자진해서 창씨개명創氏改名

인촌 김성수가 고당 선생의 가족인 전선애 여사와 그 자녀들이 월남했는데 살림이 여러 가지로 어렵다는 말을 듣자마자 계동 자기네 집 근처에 쓸만한 집을 한 채 구해 놓았으니 당분간 살림이 필 때까지 거기서 계시라고 제의했으나 고당이 가족들이 월남하기 전에 서울에 가기는 해야 하되 결코 남에게 폐가 되는 짓은 해서는 안된다는 간곡한 당부가 있었으므로 완곡히 사양하고 나이가 훨씬 위였으나 단 한 사람의 오빠가 소실 타령으로 버린 조강지처가 인천에서 산다는 말을 듣고 체면불구하고 인천 송림동松林洞으로 소蘇 씨를 찾아갔다. 사실 문전박대를 각오하고 찾아갔던 것이다. 그런데 뜻밖이었다. 올캐 소씨는 반갑게 맞아 주는 것이 아닌가!

"아니 이게 누구야! 아가씨 아냐?"

"미안합니다, 형님! 서울에 올라 오긴 했는데 살아 가기두 막막하구! 생각다 못해 테멘 불구하구 어쩔 수 없이 형님을 찾아 왔수다."

"그게 무슨 말인가! 아가씨가 왔으문 의당 날 찾아와야지! 옛날 일은 잊어 버리구 우리 같이 살아야지! 아! 왜 그런 말 있지 않아. 콩 한 알두 반쪽씩 나눠 먹으라구! 아무리 어려워두 함께 살아야지!"

"고맙쉐다. 형님!"

"자아 그렇게 문간에 서 있지만 말구 애들 데리구 어서 들어 와요!"

"예에."

그 순간 전선애의 눈에서는 주먹만한 눈물이 뚝뚝 떨어졌다. 뜻하지 않은 사랑의 기쁨 그런 사랑을 내려주신 하느님께 새삼 감사함을 느꼈던 것이다. 그건 참 어려운 일이었다. 오빠한테 그렇게 홀대를 받고 간신히 살아온 올케가 게다가 150cm 밖에 안 되는 작은 여자가 대장부보다도 더 큰 도량으로 감싸 주었으니 얼마나 감사한가! 그거야 말로 성신님의 역사하심이다.

"참 그리구 형님! 아무래두 고당 선생네 식구라문 또 그자덜이 보낸 간첩에게 무슨 일을 당할디두 모르니까니 성두 고티구 이름두 바꾸는 것이 돟을 것 같은데 동회에는 기렇게 등록하는 거이 어카가시오?"

"그렇게 하지 뭐."

그래서 자기는 올케의 성을 따라 소 씨라고 하고 선영이는 이옥실, 연홍이는 이창진, 연수는 이창수라고 고쳤다. 말하자면 일제때에도 끝끝내 창씨개명을 거부한 고당 조만식은 대한민국에서 이만식으로 둔갑한 것이다. 해방된 조국에서 말이다. 그런데 어떻게 알았는지 한평생을 고당 조만식을 모시고 살던 박재창과 오윤선 장로의 아들인 극작가 오영진吳永鎭, 그리고 김병연과 박학전 목사 등이 가끔 은밀히 찾아와서 여러 가지로 도와주곤 하였다.

그러다가 어느날 박재창이,

"사모님! 그렇게 구차하게 지내시디 말구 서울 후암동 저의 집으루 옮겨 오시디요. 집은 보잘 것 없으나 마음은 편안하실겝니다!"

우선 선영이가 다니는 이화여자중학교가 가까워서 편리하였다. 그곳으로 이사한 뒤 이름도 다시 본래대로 찾았다. 전선애와 조선영, 조연홍, 조연수가 된 것이다.

마침내 십자가를 지고

<중앙일보> 1991년 7월 19일자의 보도에 의하면 당시 노동당 강원도당 부위원장이었던 김상호金相昊-그는 지금 1995년 현재 북조선 당국으로부터 숙청을 당하고 러시아의 모스크바에 살고 있다.-그가 증언한 바에 따르면 북조선 정권이 평안북도로 후퇴한 후 당간부들로부터 평양을 마지막으로 철수하던 날 밤 조만식 등 반동분자들이 총살되었다는 말을 들었다고 하였다. 또한 북조선노동당의 고위간부를 지내다가 해외로 망명한 바 있으나 이름을 밝히기를 원치 않는 큐라는 사람에 의하면 1950년 9월 말이나 10월 초순 사회안전부에서 조만식 등 민족진영 계열의 인사 주로 기독교계로 반공계인사에 대한 처형에 관한 결재서류가 올라와서 허가이許哥而에게 결재사인을 요청 허가이가 대충 훑어본 뒤 사인했다 라고 했다. 그러고 보면 고당은 끝까지 이북 1천만 동포와 생사를 같이 하다가 결국 십자가를 지고 저 세상 하늘나라로 간 것이 틀림없다.

이 사실을 더욱 상세히 전한 사람은 박길용 박사라고 하겠다.

그는 6·25전란 당시 북조선노동당과 정부에서 고위직을 지내다가 숙청당했는데 그런 여러 유명인사들의 증언에 따르면 더 상세히 살펴볼 수 있다고 했다. 더욱이 북한의 이른바 조쏘문화협회의 부위원장으로 소설 『새벽길』의 작가이며 문학가동맹 위원장을 지낸 바 있는 이기영李箕永 밑에서 부위원장을 지내던 박길웅 박사. 그는 초대 주동독과 주체코 대사를 지내다가 역시 숙청당해 모스크바에 살고 있는데 거기서 <중앙일보> 기자와 단독 회견하는 자리에서 상세히 밝힌 바가 있다.

그에 의하면 자기 친구이며 북조선노동당의 기관지인 <노동신문> 주필이기도 하고 문화성 부장을 지내다가 숙청당해 소련에서 죽었는데 그와 함께 전쟁의 진행상황을 듣기 위해 북한정권의 제2인자였던 소련출신 허가이의 사무실을 찾아간 일이 있었다. 거기서 나는 새도 무서워 벌벌 떤다는 최용건 민족보위상을 만났는데 그 자리에서 어떤 정치위원이 허가이에게,

"불가피하게 평양을 철수해야 할 경우에 평양형무소 등에 갇혀 있는 조만식 등 수백 명의 반동분자들을 어떻게 처리할 것인가?"

허가이는 즉석에서,

"이미 지시가 내려갔는데 명령을 못받았는가? 후퇴하면서 반동분자들까지 끌구 갈 수 없으니 그들의 목을 모두 따버리라는 지시가 내려갔네."

솔직히 토로했던 것이다. 아니나 다를까 북조선 정권이 평북

강계로 후퇴한 뒤 인민군이 평양을 떠나는 10월 18일 밤 평양 형무소에서 조만식 등 500여 명을 총살하고 그래도 조만식 등 일부 시체는 대동강변에 웅덩이를 파고 가매장했으며 나머지는 내버려 둔 채 그냥 철수했다는 것이었다.

그 이튿날인 10월 19일 UN군과 대한민국 국군이 입성하자마자 조만식 등의 시체를 발견하고,

"공산주의자들이 반공주의자들을 학살했다."

라고 선전하고 그 웅덩이에 다시 파묻었다고 하였다.

일세의 풍운아이며 끝가지 민족의 양심과 기독교신앙을 지키면서 곧고 꿋꿋이 살다가 유일하게 지조를 지켜낸 지사 고당 조만식은 너무나 초라하게 그러나 당당하게 하늘나라로 올라갔던 것이다.

후일담後日譚

1972년 11월의 어느날이었다. 평양의 11월은 무척 쌀쌀하였다. 하지만 이른바 7·4공동선언이 있은 뒤 남북조절위원회의 남측대표단의 일원으로 뽑힌 강인덕姜仁德은 공교롭게도 제1고급중학교 동기동창이며 고당 조만식의 외손자인 정동렬鄭東烈과 동행하게 되었던 것이다.

그들은 그리웁기 짝이 없는 평양에 도착하자마자 함께 문수리 옥류교 대동문을 그냥 지나갔으며 강인덕이 살던 대동원을

아깝게 스쳐가면서 모란봉 기슭에 있는 영명사 구역내의 초대소에 짐을 풀었다. 두 사람은 우선 부벽루에 올라가자 차가운 겨울바람이 뺨에 돌려가는 듯한 추위 속에서도 그립던 옛날을 회상하여 아직 얼어붙지 않고 유유히 흘러가는 대동강을 내려다 보며 한동안 감상에 젖기도 하였다.

"여봐 인덕이!"

"응?"

"우리 고려호텔에 한 번 가볼까!"

"응?"

"물론 지금 거기엔 안계시갔디만 우리 외할아바님이 2층 문가에서 물끄럼이 피양거리를 내레다 보시던 기 모습이……. 어떤디 다시 나타나실 것 같아서 말이야!"

그것이 한낱 헛된 몽상이라는 것을 잘 알고 있는 강인덕도 정동렬의 그런 고당에 대한 그리운 정이 북받쳐 올라 선뜻 그러자고 대답하였다.

"응 그르디! 설혹 그분이 안보이갔디만 호텔 이층을 올레다보던 우리 옛 모습을 추억하기 위해서락두 말이야!"

"기롬 이길루 가보디!"

두 사람은 거기서 고려호텔까지는 어느 정도 먼 거리였으나 단숨에 달려가고 있었다. 때마침 그들을 옆에 찰거머리처럼 붙어 다니던 북측 감시원들이 헐레벌떡 뒤쫓아 왔다.

"동무들 어디 가시우? 기것 보다두 피양 온 감상이 어드룹습네까? 우리 조국에 가족이 있습네까? 만나보구픈 사람 있습네까?"

강인덕이 그들이 숨 돌릴 사이 없이,

"정말 당신네덜이 애써 주시갔소?"

"그렇게 뜸만 들이디 말구 속시언히 말씀해 보시디요!"

"예에 그 분은 바루……."

북한요인들은 강인덕의 입을 뚫어져라 지켜 보았다. 강인덕이 무슨 수수께끼의 해답이나 풀어 놓은 듯,

"그분은 바로 고당 조만식 선생이오!"

"예에?"

"그 분은 바루 이 정종렬의 외할아바지요!"

북한요인들은 놀래는 빛이었다.

7·4공동선언은 근 30여 년 가까이 쓸데 없는 실랭이로 세월만 잡아 먹고 있었고, 지난 2000년 곧 21세기에 들어와서 민주당 정권의 햇빛정책의 결과로 지난 6월 13일 대한민국 김대중 대통령이 북조선인민공화국 정권의 실권자인 김정일 국방위원장을 만나기 위해 평양으로 직접 가서 정상회담을 성공적으로 가짐으로써 남북이 화해에 이르기까지 근 30년의 세월이 흐르도록까지 그 선언은 한낱 휴지조각으로 변해 버렸으며, 이제 고당 조만식의 이름은 압록강 저 건너편으로 영영 사라지고 나라의 평화통일과 자주독립이 눈앞에 다가왔다. 그리하여 7천만 민족의 마음속에선 그 분 고당 조만식의 거룩한 이름이 아로새겨 있을 것이다.

큰 스승을 기려서

세상을 앓던 사람

박남수(시인)

검은 두루마기는 무릎을 덮은 일이 없고
당신의 옥같은 몸은 비단에 감겨본 일이 없다.
한국의 村婦가 짠
씨날의 굵은 무명으로
당신은 족히 자랑을 만들었다.

실눈섭에 서리는 자부러움 뒤에서
당신의 작은 눈은 늘 타고 있었고
옳은 일이면 동강 부러질지언정

구불어져 휘는 일이 없었다.

오늘 누구도
그니의 생사를 아는 이 없다.
머리의 붕대를 감고 세상을 앓던 사람
그 육신은 사로잡혀 赤의 볼모가 되었지만
그니가 우리의 둘레를 떠난 것이 아니라
오히려 가슴마다에 새겨진 그니의 모습은
지워지지 않고 있다.

가져다 준 해방의 어려운 터전에
십자가를 스스로 지고
지금 어디서 당신은
銀錢에 팔려간 형제들을 굽어 보시는가.

오늘 누구도
그니의 생사를 아는 이 없다.

철조로 가로 질러진 남북 삼천리
잘리고 흩어진 몸 고달픈 형제들도 많지만
당신은 더 멀리 당신은
더 고달픈 어디에서 지금도

머리에 붕대를 감고 세상을 앓고 계시리라.

(이 시는 고당 조만식 선생 83회 생신기념 경모회 때 낭독하였음.)

植万古直

多石 柳永謨

億 兆 代 立 積 万 古
故 事 通 知 識 職 直
正 正 堂 堂 古 堂 日
碧 昌 牛 直 曺 輓 植

만고에 곧음을 심음

억조의 생명이 대를 이어 오랜 세월을 쌓고
옛일이 알리어 많은 곧은 일을 안다
정정당당히 산 고당을 기리는 날
벽창우로 곧은 조만식

(이 漢詩는 1971년 2월 21일 五山 출신인 한경직 목사가 고당일을 가졌을 때 다석 유영모 씨가 지어 보낸 것이다.)

미망인 전선애 여사의 추모시

안장식이 있던 날 아침 저는 고생만 하시다 세상을 떠나신 조 선생님을 생각하면서 아픈 마음을 이렇게 적었습니다.

그는 늘 외로웠습니다.
멀리 홀로 앞서 걷느라
또 나라를 빼앗긴 원통함으로……

그는 늘 슬펐습니다.
긴 세월 가족과 헤어졌기에
또 소식조차 알 수 없기에……

그는 늘 아팠습니다.
괴로운 나날을 살아가기에
세상을 볼 수도 들을 수도 없어서……

그는 늘 쫓기었습니다.
사랑도 위로도 동반자도 없었기에
낮과 밤이 모두 다 혼자였기에……

이제 편히 쉬소서

모-든 이들이 마음을 바쳐
위로를 드립니다.

샛별의 눈망울

고당의 노래

주요한 작사
김동진 작곡

등불을 드셨네 어둡고 험한 길
홀로서 맞섰네 포악의 풍랑을
배달의 역사에 남기신 발자국
영원히 지키리 이겨레 이강토

<후렴>
아아 고당 선생 조만식 선생
그이름 그정신 백두산서 한라산
오천만 가슴에 사모치네
오천만 가슴에 사모치네

묻노라 모란봉 창공을 솟아서
민족의 용맹을 북돋아 주는가

감도는 대동강 다정한 맥박이
민주와 자유를 품속에 지녔나

육신은 갔어도 샛별의 눈망울
분명코 살아서 지키어 보시네
늠름히 자라는 후손의 모습을
하나로 뭉치는 영광의 그날을

<샛별의 눈망울>은 평양출신으로 근대 우리 한국이 낳은 위대한 두 예술가들인 주요한 시인이 지은 시를 <가고파>의 작곡자인 김동진이 작곡한 <고당 선생찬가>이다.

외곬 벽창호로 지조를 지킨 고당 조만식의 한평생

1883.2.1.	평안남도 강서군 반석면 만일리 내동 안골이 본적이지만 평양에서 창령 조씨 경학景學과 경주 김씨 경건敬虔 사이에서 태어남.
1888.	6세 때 서당에서 한문을 배우기 시작함.
1896.	나이 13살에 박 씨와 결혼함.
1897.	국호가 대한제국으로 바뀌고 그 해에 15살의 나이로 장사를 시작함.
1899.	첫 아들 칠숭七崇이란 정신박약아 태어남.
1902.	처음 부인 박씨 죽고 17세의 이의식李義植과 재혼함.
1904.2.	러일전쟁이 터져서 장사를 일단 중지하고 대동강 중류에 있는 배기섬碧只島으로 피난함. 여기

서 고당의 인생은 일대 전환점을 맞이함. 죽마지고우인인 한정교韓貞教의 인도로 기독교에 입교함. 금주 단연을 함.

1905. 평양 숭실중학에 입학함.

1908. 3월에 숭실중학을 졸업하고 도쿄에 건너가 세이소꾸正則英語學校에 영어의 연수에 정진함.

1910. 도쿄 메이지대학 법학과에 입학함. 이 해 음력 3월 25일에 장녀 선부善富 태어남. 한편 8월 29일 조국 대한제국이 일본 제국주의에 의해 늑탈당함.

1911. 장감연합교회 창립. 당시 왜의 수도 도쿄에 유학 중인 조선인 학생은 수백 명에 달했으며 기독교 신자만도 수십 명이나 됐다. 다만 감리회 소속이 단 한 명인데 조만식은 생각다 못해 적국 일본의 심장부에서 조선인끼리 분열된 모습을 보여주지 않기 위해 도저히 있을 수 없는 장로회와 감리회의 합동 교회인 장감교회를 창립하였다. 조만식이 장로와 안수집사의 중간 성직으로 지금은 없어진 영수領袖가 되고 백남훈白南薰이 집사로 선임됨. 이 무렵 김성수와 송진우 드오가 사귐. 그 뒤 두 사람이 별도로 호남유학생친목회를 조직하였기 때문에 조만식이 지

역분열을 극히 싫어하게 되었음. 그래서 김요나 목사는 고당의 전기의 이름을 『고향을 묻지 맙시다』라고 짓기에 이르렀던 것이다.

1913. 메이지 대학 전문부 법학과 졸업. 귀국해서 고향 평양에 돌아오자마자 옥중에 갇혀 있는 남강 이승훈이 애제자들을 보내 오산학교의 교사로 초청함으로써 3개월을 한정으로 평안북도 정주定州 고읍古邑으로 감. 그것이 조만식에게는 젊음을 오산에 바친 결과가 되었음.

1914.5.20. 맏아들 연명然明 태어남.

1915. 그의 나이 33세에 <오산학교> 교장이 됨.

1916.5.15.(음) 차녀 선희善姬 태어남.

1919.12. 남강 이승훈의 특별 요청으로 오산학교 교장직을 사임함.

1919.3.3. 고당의 본적지인 모락장沙川市場 만세사건이 일어남.

1921.4. <오산학교> 교장 인가가 나지않아 교장직을 사임하고 평양에 돌아와 평양 Y.M.C.A를 조직하고 그 총무직을 맡았음. 당시의 회장은 창조의 발기인인 김동인의 친형인 김동원金東元이었음.

1922.4.5.(음) 차남 연창然昶 태어남.

1922.5.19. <조선물산장려회>를 조직하고 그 회장이 됨.

평양 산정현교회의 장로가 됨. 오윤선, 김동원 등 산정현교회의 3장로로 일컬어짐.

1925. <오산학교>의 교장으로 세 번째로 취임하였는데 일본의 도道학무국에서는 고당의 교장 사임을 조건으로 오산학교를 5년제로 승격시켜 준다는 방침을 통고해 옴.

이에 오산의 전 교직원, 전교생은 결사반대를 외쳐 동맹휴교에 들어가자 그를 저지하기 위해 출동한 관할 정주경찰서의 서장이 직접 지휘하는 경찰대와 1개월 여의 대치 끝에 경찰대가 퇴각함으로써 일단은 승리한 듯 보였지만 고당 조만식은 설립자 남강 이승훈의 운신의 폭을 넓혀주기 위해서 그 해 가을에 스스로 물러남. 이로써 조만식은 <오산학교>를 영영 떠나게 됨.

숭인상업학교崇仁商業學校를 설립하고 그 교장이 됨.

백선행기념관白善行記念館을 세움.

1927.2.25. 민족단일전선 <신간회> 창립총회가 있은 뒤 중앙위원 겸 평양지부장으로 선임됨.

1929.8.20. 맏딸 선부善富 변호사 정재훈과 결혼, 고당 힘을 얻음.

1930.4.14.(음) 부친 조경학 서거.

1930.5.9.(음)	월남 이상재 서거.
	한국독립운동에 있어서의 선배요 동지였고 마음을 이었던 남강 이승훈이 서거함
1931.1.9	모친 김씨 서거.
1931.7.2.	만보산萬寶山사건 터짐.
	만주사변滿洲事變 일어남.
	인정도서관仁貞圖書館 건립.
1932.6.15.	<조선일보> 사장에 취임하다.
	항일투쟁의 새로운 병기로 언론을 택함.
1933.7.18.	제8대 <조선일보> 사장 사임. 그 후임은 계초啓超 방응모方應謨 사장이 취임함.
1934.	평양숭실전문학교 신사참배 거부사건 발생함.
	학생들 고당을 찾아와서 차후 행동에 대해 의논함.
1935.1.5.	주로 기독교 청년들을 위한 강연을 많이함.
1935.12.8.	부인 이의식李義植 여사 향년 50세로 별세함.
1936.	평양에서 을지문덕장군 묘수보회墓修保會를 창립함.
1936.8.18.	차녀 선희善姬 강의홍康義弘과 결혼함.
1936.8.19.	중국 노구교에서 일본군이 불법으로 중국군을 공격함으로써 중일전쟁이 발발함.
	수양동우회 사건 발발함.
	고당 서울로 압송되었다가 곧 풀려남.

1937.1.18.	고당 55세의 나이로 서울 천향원天香園에서 33세의 처녀 전선애田善愛와 화촉을 밝힘.
1937.7.7.	3·1운동 직후 큰 사명을 띠고 도인권都寅權과 함께 상해 임시정부로 가려다가 평안남도 강동군 열파閱波라는 곳에서 일본 헌병보조원에서 쫓겨난 불량청년에게 붙들려 평양형무소에 압송당해 1년형을 선고받고 10개월의 형을 치른 뒤 풀려남.
1938.2.2.	3녀 선영善英 태어남.
1938.3.10.	도산 안창호 서거.
1939.9.1.	제2차 세계대전 발발
1940.2.6.	3남 연흥然興 태어남.
1942.11.14.	4남 연수然守를 얻음.
1943.8.14.	그동안 고당의 오른팔 노릇을 하던 정재윤鄭在允 장로가 변호사로서도 많은 사건을 처리해 주던 맏사위가 41세의 젊은 나이로 아깝게도 죽음으로써 고당의 한 팔이 꺾임. 둘째 아들 연창의 학병문제를 고당 일본경찰에 정면으로 거부함.
1945.	간신히 일본 군국주의자들의 갖은 압박을 피해 고향인 강서군 반석면 반일리 안골로 소개서 일개 농군으로 흙냄새 속에 취해 지냄. 전선애

부인은 결혼한 뒤 처음으로 단 꿈을 맛볼 수가 있었음.

1945.8.15. 자유 해방됨. 고당 뒷동산에서 시름을 달래던 중 아침에 평양으로 돌아가던 맏아들 연명이 되돌아와서 소식을 전해주어 조선이 일본제국주의로부터 해방됨을 들음.

1945.8.17. 동지들 모두가 눈이 빠져라 기다리는 평양으로 돌아옴. 조선건국 평남준비위원회 창립, 그 위원장이 됨.

1945.8.26. 진주해 온 소련군의 종용에 의해 공산진영과 연립으로 평안남도인민정치위원회 수립, 그 위원장이 됨.

9월 중순부터 조선민주당 조직에 착수함.

1945.11.3. 조선민주당 발족 그 당수가 됨. 부당수 이윤영, 최용건. 당이 발족하자마자 당원이 50만 명을 초과함.

1946.1.2. 모스크바 삼상회의에서 한국의 신탁통치안 가결됨.

1948.11.27. 전선애 여사 등 가족 월남함.

1948.8.15. 대한민국정부 수립.

1950. 북한 갑자기 이주하李舟河, 김삼룡金三龍 등과 고당 조만식의 교환을 재의함. 6·25 새벽 4시

에 북한인민군 전면 남침해 옴. 한국동란 발발. 10월 殉國. 내무성 정보처의 한규만 소좌에 의해 대동강 변에서 사살당함으로써 끝끝내 지조 지키며 쌓아온 파란만장의 68세의 생애를 마감함.

1991.11.5. 동작동 국립묘지에서 안장식을 거행함. <일제와 맞서 정면으로 대결하여 끝끝내 지조를 굽히지 않은 지도자로서 온 겨레가 기려야 할 큰 스승의 영혼은 우리 가슴에 영원히 환히 비치는 별이 됨>

『지조를 지킨 지도자들-남강 이승훈』에 있어서는 <학교법인 오산학원> 이영근 이사장과 <남강문화재단>의 심창룡 상임감사에게 큰 도움을 받았다.

『지조를 지킨 지도자들-백범 김구』에 관해서는 친우인 현 <백범 김구 선생 기념사업협회> 고문인 김우전 회장으로부터 여러 가지 자료제공과 많은 조언을 받았다.

『지조를 지킨 지도자들-고당 조만식』에 관해서는 <고당 조만식 선생 기념사업회>의 박재창 상임이사의 도움을 크게 받았다.

『지조를 지킨 지도자들-월남 이상재』편에 있어서는 <평생교육복지진흥회 회장 겸 월남장 증정위원회> 박규채 위원장으로부터 도움을 받았다.

『지조를 지킨 지도자들-도산 안창호』에 있어서는 흥사단 이사장이었던 주요한 씨의 『안도산전서』에 힘입은 바 컸다.

더욱이 아내 김혜경이 항상 옆에서 의견을 보태주어 말하자면 두 사람이 같이 쓴 샘이 되었고, 이번에 책이 나오게 됨은 큰아들 김진왕과 첫째 며느리 최미순, 또 둘째아들 김진준과 둘째 며느리 김성복의 도움이 없었다면 출판이 어려웠을 것이다.

한편 조카 사위인 연세대학교 문경환 교수의 추천으로 <도서출판 월인>의 박성복 사장과 연결되어 이렇듯 출판되게 된 데에 감사한다.

그리고, 이글을 쓰기 시작한 것이 내가 '미국'으로 이민 온 다음 다음 해인 1988년부터이므로, 지금까지 전작이 씌어진 것이 근 17, 8년에 이르렀다고 할 것이다. 말하자면 그만큼의 노작인 셈이다.

2010년 가을

당째 김경옥

이렇게 살아왔다

당째 김경옥 金京鈺 Kim, Kyung Ok

주후 1925년 2월 25일, 平安北道 定州郡 德彦面 大山洞 慕顔中里 <당째> 아랫 마을에서 태어났다.

1932년 五山 私立普通學校에 들어갔고, 이어 1937년 오산 사립고등보통학교에 들어가서 5년 간의 수업 끝에 졸업하고 <일본 동경>에 가서 재수하다가, 고향 오산학교가 있는 定州郡의 葛山面의 경의선 고읍에 돌아와서, 사립초등학교의 교원으로 있는데,

1945년 8월 15일, 일본군이 항복하여, 조국이 해방되고,

1946년 6월, 기독교 사회주의를 표방한 <古邑青年同盟>의 위원장으로 있으면서 새 해방 조국의 건설에 힘쓰려고 했으나, 대낮의 날벼락으로 이른바 <모스크바 三相會議>에서 <信託統治>가 발표되자, 反託運動을 전개하다가 하루 아침에 친탁으로 돌변한 공산당에 의해, 肅清 당하고 남쪽으로

亡命하였다.

1946년 다행히 高麗大學校의 입학시험에 들었으나, 등록금을 마련하기 위해 다시 그 지옥 같은 북한땅 평양으로 갔다가, 千辛萬苦 끝에 간신히 또 다시 자유의 서울에 돌아왔다.

1946년 10월, 좌익이 國大案反對 투쟁으로 들끓던, 가뜩이나 공산당이 날뛰던 해방정국에서, 그들과 맞서서 싸우는 데는 여간한 용기가 필요하지 않았다.

1947년, 대학신문 <고대신보>의 創立委員으로 창간 1주년 기념행사인 <고대신보 창간 1주년 기념문화제>를 조직한 그 대표자로, 아일랜드 lirland의 극작가 샨 오케이시 Sean Ocaisy의 <쥬노오와 공작 Juno and Peacock>을, 뒤에 國立劇場이 된 명동의 <市公館>에 상연 대성공을 걷우었다.

1948년 2월에 예과 과정인 제1전문부를 나오고 곧바로 동 대학교 英文學部에 진학했다.

1949년 7월, <全國學生文總> 最高委員에 선출되었다.

1949년 10월 초에, 柳致眞 씨가 회장으로 있는 <韓國演劇學會> 주최의 <제1회 전국남녀대학 연극경연대회>에 <고대극회>는 이태리 극작가 루이지 피린델로R. Pirandello의 <天痴>로 당당 수석 입선했다. 이 때 승무의 시인 趙芝薰 지도교수는 공연비가 딸려 장치를 못 찾고 있는 극회의 딱한 사정을 보고 자기 봉급을 선불 받아 극회의 어려움을 도와 주었다.

1949년, <대학극회>를 조직했다. 김경옥은 연출자 李化三의 추천으로 한국 초연의 오페라 <카르멘>의 演出者로 추천되어, 평생의 반려인 합창단원 金蕙卿을 만났다.

1950년 6월 25일, <중앙여자고등학교> 지하실에서 연극을 가르치던 중, 同族相殘인 참극 韓國動亂이 일어났다.

1950년 9월 서울수복 뒤, <現代群舞團>의 <平和의 攝理>를 按舞했다.

1951년, <무용소대장>으로 1·4 후퇴하고, 대한민국 공보처의 계몽운동으로 <중앙여자고등학교> 계몽대를 이끌고 남한 일대를 도는 가운데 濟州島에서 평양 이앗다리 안면옥을 만나 오랜만에 먹고 싶었던 냉면을 실컷 먹었다, 그리고 慕瑟浦 國民兵訓練所에서 동향 친구 金陽濟를 만날 수 있었다.

1951년 겨울, 趙東華와 함께 鎭海의 교육도서관 문관으로 갔다.

1952년, <고대신보>의 復刊을 위해 馬山으로 가서, 대학 선배들에게 자금 지원을 부탁해서 성적을 걷우었고, 다시 부산에 돌아와서 龍頭山에 판자집을 전세 내어 송원영 군과 같이 집을 빌려 살게 됐다.

1953년 봄에 대구에 올라 가서 고려대학교를 졸업 英文學士가 되었다. 이때 장편 희곡 <성웅 이순신>이 準當選되어 文壇에 登壇 되었다.

1952년 여름에 서울대학교 사범대학에서 영국작가의 <배>라는 연극을 연출하였다. 이어, 대구에서 고대극회의 소포클

레스 원작 <오이디프스> <코로노스의 오이디프스> <안티고네>들을, 연출하여 문화극장에서 상연하였다. 최창봉 연기지도, 영원한 벗 조동화 미술이었다.

1953년 여름에 다시 부산에서 이번에는 朱耀翰-同人詩 創造에 <빗소리> 등 시를 발표한 시인이면서, 화신산업의 전무로 연쇄점을 만들어 和信百貨店을 살린 경제인이면서, <민주당정권> 때 상공부장관을 지낸 바 있는 정치가이기도 하고, <興士團>의 이사장도 지낸 바 있다-씨 밑에서, 金在淳 씨-뒤에 대한민국 국회의장을 역임 했음-와 함께 퓨처서비스 Future service를 전문으로 하는 <新潮社>에 근무했다. 이때부터, 金奎成 선생, 김재순, 宋元英-장면 총리의 공보비서를 지냈으며, 東大門區에서 國會議員에 다섯번 당선된 바 있었음-崔桂明-서울특별시 내무국장을 지내다가 5・16으로 숙청됨-들과 사귀었다.

1953년 겨울, 환도하였다.

1954년 7월 17일 저녁 7시, 서울 安國洞의 安洞教會에서 李今植 목사 주례로 金鍾大 牧師의 맏딸 金蕙卿 양과 결혼식을 올렸다. <가고파>의 작곡자 金東振 씨가 신랑 김경옥이 지은, <새로운 계절>이라는 詩를 작곡한 노래를 직접 불러 결혼식을 축하해 주었다. <안동교회>는 대통령을 지낸 바 있는 尹潽善 씨 등도 다니는 예배당으로 유명하다.

1954년 7월, <한국 UNESCO> 선전과장으로 취임하여, 대학생들로 조직된 계몽대를 이끌고 강원도의 華川 楊口 등 수복 지구로 출장갔다. 그 곳에서 <敵軍墓地가 있는 마을의 夜話>의 詩想을 얻었다.

1955년 11월 17일, 맏아들 晋汪을 얻었다.

1956년 9월, 清州大學의 專任으로 부임하였다.

1956년 겨울에 서울 중구 을지로 舟橋洞 김경옥 집에서, 車凡錫, 崔彰鳳, 吳史良, 조동화, 盧熙燁 등과 <制作劇會>를 창립하였다.

1956년 가을, I.T.I 한국본부 사무국장이 되었다.

1957년 10월 9일, 둘째 晋俊을 얻었다.

1958년, 시집 <灰色의 거리를 걸어간다> 출간하였다. 시인 辛東門씨가 '멍든 낭만이라'는 평을 하였다.

1958년, 民主黨 서울시당부 文化部長이 되었다. 따라서 민주당 대통령 후보 海公 申翼熙의 宣傳要員이 되었다.

1959년 4월 18일, 시위를 끝내고 돌아가던 고려대학교생들이 동대문에서 정치깡패의 졸도 임화수의 똘마니들에게 습격당하였고, 그것을 계기로 <4・19학생혁명>이 일어났다.

1959년 4월 26일, 자유당의 대통령 李承晩 獨裁者가 下野를 선언하고, 許政過渡政權이 태어났다.

1960년 11월, <舞臺藝術 協議機構>가 성립되고 김경옥이 그 의장이 됐다.

1960년, <서울특별시 文化委員>, <文教部文化保存委員>에 위촉되

었다.

1961년 5월, 大韓民國 國務院事務處 公報局長(2級甲 理事官)에 임명되었다. 5·16 군사혁명으로 파면되었다.

1962년, <制作劇會>에 의해 <山女人>이 드라마센타에서 상연되었다.

1963년 4월 25일, <東亞放送局>이 개국하는 날부터 1년 3개월 여에 걸쳐 우리나라 최초의 實錄劇-다큐멘타리-Documentary drama <黎明 80년>을 집필하였다. 따라서 <創造社>에 의해 출판되어, <韓國出版文化賞> 著作賞을 받았다.

1968년 봄, <예그린악단> 단장이 되었다.

1970년, 국립극장에서 가면극 <山臺놀이>를 편극, 연출하고, 장막극 <新羅人>이 상연되었다. 國立劇場 運營委員이 되었다.

1971년, <韓國演劇協會>의 副理事長, <韓國戲曲作家協會> 副會長에 선출되었다.

1960～1988년, <한국문인협회> <한국연극협회> <국제펜클럽 한국본부> 회원으로 있었다.

대학강, 문학평, 연극평, 무용평 등 30여년 집필하고 있다.

1988년 7월 17일, 美國으로 移民하였다.

1994년, 한국 YWCA의 성극 <에스더>를 연출하였다.

1995년, 선교극단 <부활> 창단 그 단장에 취임하였다.

1988～2006년, <平安道民會> 이사를 역임하였다.

2002년, <咸錫憲記念事業會 시카고지회>장 역임.

2006년 11월 10일, <月南章> 받음.

2010년 11월 9일, 별세.

· 지은 책들

『한국근대 풍운사 黎明 80년』(전5권), 희곡집 『公演날』 『功德人』, 학술논문 「演劇槪論」, 실명소설 『志操를 지킨 指導者들』(월남 이상재, 남강 이승훈, 백범 김구, 도산 안창호, 고당 조만식)-전5권-출판 예정 등

· 주소

4606, N. Sheridan rd. #1209 Chicago IL. 60640, Tel 1-773-989-6895

지조를 지킨 지도자들 3
고당 조만식

초판 1쇄 인쇄 • 2011년 2월 7일
초판 1쇄 발행 • 2011년 2월 10일

저 자 • 김경옥
발행인 • 박성복
발행처 • 도서출판 월인
서울특별시 강북구 수유2동 252-9
등 록 • 제6-0364호
등록일 • 1998년 5월 4일
전 화 • (02) 912-5000
팩 스 • (02) 900-5036
www.worin.net

ISBN 978-89-8477-473-5 (세트)
ISBN 978-89-8477-476-6 04810

값 18,000원

지조를 지킨 지도자들 3
고당 조만식

초판 1쇄 인쇄 • 2011년 2월 7일
초판 1쇄 발행 • 2011년 2월 10일

저 자 • 김경옥
발행인 • 박성복
발행처 • 도서출판 월인
서울특별시 강북구 수유2동 252-9
등 록 • 제6-0364호
등록일 • 1998년 5월 4일
전 화 • (02) 912-5000
팩 스 • (02) 900-5036
www.worin.net

ISBN 978-89-8477-473-5 (세트)
ISBN 978-89-8477-476-6 04810

값 18,000원